UTET

For Bob
and our longtime friendship
with appreciation
[illegible]
Bologna, May 7, 2022

Redazione: Via Inverigo, 2 – 20151 Milano
www.deaplanetalibri.it

Prima edizione: marzo 2022

www.utetlibri.it

Gianfranco Pasquino

TRA SCIENZA E POLITICA

Una autobiografia

UTET

A Tucano Norby e ai nostri affetti

Indice

Premessa 7

1. Bildungsroman 9

A scuola con Bull – Addio al menisco – Teletris in tv – I miei maestri – Alla scoperta dell'America – Ho messo in imbarazzo Kennedy – La discriminazione razziale

2. Lo scienziato 45

La mia prima monografia – Un redattore capo in spider – Il Dizionario di politica – Il battesimo dell'insegnamento – Il primo libro non si scorda mai – Di nuovo in America – Il 2 agosto 1980 – Un editorialista errante

3. Il politico 87

Una telefonata inaspettata – «Pasquino, sei candidato» – Nelle file del Pci, ma di lato – La giostra dei comizi – Al Senato per la prima volta – Primi tentativi di riforme istituzionali – Pochi premi e cotillon – Addio Roberto – Primo dei non eletti

4. Il globetrotter 139

Il manuale di scienza politica – Il mio corpo mi dice di fermarmi – Vicissitudini latinoamericane – All'Old Trafford a vedere il ManUnited – Back in the Usa – Dall'Ulivo al Partito democratico

5. Quasi sindaco e più 189

Nell'arena pubblica – Bologna non proprio dotta – "la Repubblica" mi saluta, e io ricambio – L'Associazione il Mulino – L'estraneo sono io – L'università mi mette a riposo – L'avventura referendaria del 2016 – L'Accademia dei Lincei – Le riviste – L'era del Covid-19

Provvisoriamente 251
Bibliografia dei testi citati 255
Indice dei nomi 263

Premessa

La domanda non è perché si scrive un'autobiografia, ma perché ho scritto la mia autobiografia. Sono stato particolarmente importante, famoso, potente, influente? No. Però credo di avere vissuto una vita variamente interessante. Ho fatto molte esperienze non usuali, non diffuse, non ripetibili. Raccontarle può soddisfare qualche curiosità. Può dimostrare che esistono insegnamenti da apprendere. Può evidenziare quanto nella vita, non soltanto nella mia, è prodotto sia dal caso (fortuna) sia dalla virtù, in quali quantità rispettive giudicheranno i lettori. Un'autobiografia, almeno per quel che mi riguarda, è anche l'occasione di "rileggere" la propria vita, ricordarsi del fatto, del non fatto, del fatto male. Inevitabilmente, vi ho trovato rimpianti per le cose non fatte, per le occasioni dalle quali non ho tratto insegnamenti, per le opportunità non colte, ma anche rimorsi per le cose fatte male. Non porto (quasi) nessun rancore per i torti che ho subìto.

Qui racconterò quel che mi è successo e quello che ho fatto nel corso della mia vita "pubblica" mantenendo il collegamento con gli avvenimenti in Italia e in alcune parti del mondo. Lo farò offrendo informazioni e conoscenze che ritengo di qualche interesse, ma soprattutto utili per capire dove eravamo alcuni decenni fa, come siamo arrivati alla situazione attuale, in quale direzione stiamo andando. Quando possibile, individuerò e, se ci riesco, spiegherò i fattori alla base dei cambiamenti e discuterò le alternative possibili. Certo, sarà sempre il mio punto di vista, non estemporaneo, però, ma argomentato e fondato sui dati disponibili dei più vari generi.

Il titolo mi è stato suggerito più di trent'anni fa da Gigi Pedrazzi come resoconto della mia esperienza di parlamentare. Il sottotitolo avrebbe dovuto essere *Indipendente al Senato*.

1
Bildungsroman

A scuola con Bull – Addio al menisco – Teletris in tv – I miei maestri – Alla scoperta dell'America – Ho messo in imbarazzo Kennedy – La discriminazione razziale

Sono un europeo nato a Torino. Quasi, ma non proprio. I documenti di identità dicono Trana (e devo sempre sottolineare "con la *a*"), provincia di Torino. Mia mamma era sfollata a Trana poiché Torino veniva frequentemente bombardata. Ho una foto di me bambino di un anno o poco più in piedi su un balcone con ringhiera. Non sono mai tornato a Trana. I primi, in verità, unici, ricordi della mia infanzia risalgono a quando avevo già cinque-sei anni. Frequentavo le scuole elementari Edmondo De Amicis, a circa cinque isolati da casa. Il mio maestro, Roberto Grandis, era severo, preparato, bravo a insegnare e tenere viva l'attenzione della classe. Sono stato uno scolaro ligio e studioso, mai il primo della classe. Non ho frequentato la seconda poiché con un esame, anche grazie a mia nonna materna che era maestra, sono passato direttamente in terza, senza difficoltà. Sono stati anni spensierati anche se certamente non caratterizzati dall'abbondanza. A me la minestrina in brodo con pasta e patate, spesso la cena della sera, è sempre piaciuta. Ricordo che quel tragico 4 maggio 1949, il secondo più grande e incancellabile dolore della mia vita, quando la radio comunicò che l'aereo che riportava a casa i giocatori del Torino si era schiantato a Superga, stavo per l'appunto mangiando una minestra con pastina e patate. Nulla ha mai incrinato la mia fede granata. Avevo visto una sola partita del Grande Torino, quella di fine aprile prima della trasferta in Portogallo. Ne ho poi viste tantissime, anche al leggendario Filadelfia. Fui abbonato nei distinti per più di dieci anni. Il 15 ottobre 1967 al Comunale ho visto l'ultima partita giocata da Gigi Meroni: Torino-Sampdoria 4-2. Quella sera Meroni morì investito da un'auto. In seguito, abitando a Bologna, sono andato frequentemente con mio figlio Emanuele a vedere le partite del Toro quando giocava in Emilia: a Bologna, ovviamente, a Reggio, a Parma, a Cesena. Di recente, un'associazione di tifosi mi ha fatto un graditissimo regalo: la maglia granata con il mio cognome e il numero 12. I tifosi sono il dodicesimo giocatore.

Figlio unico, stavo molto da solo senza nessun problema. Giocavo e leggevo. Non sono stato uno studente particolarmente bravo né al liceo né all'università. Le medie al Costantino Nigra e il liceo classico al Camillo Benso di Cavour, stesso edificio per raggiungere il quale dovevo soltanto attraversare corso Tassoni, erano scuole tradizionali, serie e severe, con ottimi docenti che ricordo tutti preparati, esigenti, mai "punitivi".

Qui sento il bisogno di collocare un ricordo tenero, quello del mio cane Bull, un trovatello che di certo veniva dalla campagna poiché al traffico della città non riuscì mai ad abituarsi. Ci incontrammo due giorni prima del Natale 1949. Scodinzolava in via Nicola Fabrizi seguendo con il naso qualche passante, me compreso. Mi convinse e mia mamma non si oppose. Con il tempo imparò le strade. Usciva con me accompagnandomi sia, prima, al ginnasio sia, in seguito, al liceo, stessa strada. Entrando a scuola lo salutavo dicendogli di tornare: quattro, cinque isolati, poco meno di trecento metri, ma non in linea retta, doveva fare un paio di curve. Trotterellando senza fermarsi arrivava sotto casa e alzava il musotto per vedere se mia mamma lo aspettava (come no!). Morì il 2 novembre 1959. Ci siamo fatti buona compagnia per dieci anni. Non me la sono più sentita di prendere un cane. Tuttavia, per una decina d'anni a partire dall'inizio del Duemila ho avuto una relazione reciprocamente affettuosa, testimoniata da più di una foto insieme, con Simon, il quasi schnauzer della giovane collega Donatella Campus.

***

Alla fine degli anni cinquanta del secolo scorso il Cavour non era il miglior liceo di Torino, sopravanzato dal mitico D'Azeglio che aveva grandi professori, a cominciare da Augusto Monti, Umberto Cosmo, il più giovane Franco Antonicelli (il quale curiosamente fu anche supplente nella scuola dove aveva studiato mia mamma), e che era frequentato soprattutto dai figli della buona borghesia torinese. È una storia resa molto nota anche nelle pagine scritte da molti ex studenti fra i quali Norberto Bobbio, Vittorio Foa, Cesare Pavese, Leo Pestelli, Massimo Mila, Leone Ginzburg, Giorgio Agosti, Giancarlo Pajetta. Di recente, nella primavera 2020, mi sono molto compiaciuto leggendo che, nelle classifiche ufficiali, il Cavour è diventato il primo liceo di Torino per qualità collocandosi fra i primi a livello nazionale. Il più famoso dei suoi allievi dei miei tempi è certamente stato Livio Berruti, vincitore nei 200 metri alle Olimpiadi di Roma nel 1960. Meno famosa, ma importante per la politica italiana, è stata Adelaide Aglietta, che all'inizio degli anni settanta divenne dirigente del Partito radicale e fu poi anche europarlamentare. La ricordo bene poiché andavamo insieme allo stadio comunale ad allenarci per alcune gare di atletica, corsa, salto in alto e salto in lungo (no, non ho eccelso in nessuna di quelle discipline, ma sono stato per due o tre volte campione del liceo). Diversi anni dopo, nel 1977, Adelaide, allora segretaria del Partito radicale, fu sorteggiata per fare la giurata al processo contro le Brigate rosse a Torino. Le Brigate rosse avevano già ucciso un paio di sorteggiati e minacciavano di morte chiunque avesse accettato. Ci furono 134 defezioni fra i sorteggiati. Con grande coraggio, Adelaide dichiarò la sua disponibilità e fece parte di quella giuria. Raccontò la sua esperienza nel *Diario di una giurata popolare al processo delle Brigate rosse* (1979). Avendo rinunciato ad avvalersi di un loro avvocato, le Brigate rosse decisero di minacciare di morte sistematicamente anche chiunque venisse designato a difenderli. Il giovane avvocato Alberto Mittone, in seguito divenuto molto famoso, che avevo conosciuto nel mio ultimo anno di liceo quando lui era in quarta ginnasio e avevo reclutato per la squadra di calcio, accettò di essere il loro difensore d'ufficio (e visse sotto scorta per più di un anno con grave danno per le sue relazioni femminili).

Negli anni cinquanta, il Cavour non era un liceo particolarmente politicizzato, né a Torino la vita politica era particolarmente vivace. Almeno in un'occasione, però, si ebbe in città una notevole mobilitazione anche degli studenti medi. Nel novembre 1956 molto fiero di me sfilai contro la repressione sovietica della "rivoluzione ungherese": fu la mia prima partecipazione a una manifestazione politica. Forte e radicato era il Partito comunista; ma solido era il controllo del Comune a opera della Dc e dei suoi alleati centristi (e della Fiat!). Nel dopoguerra i primi due sindaci furono comunisti: Celeste Negarville e Domenico Coggiola, ma dal 1951 al 1975, i sindaci furono tutti democristiani oppure esponenti del centrismo. In un modo o nell'altro, la famiglia Agnelli e la Fiat controllavano la vita della città che fu scossa soltanto dai "fatti di piazza Statuto" del luglio 1962, una violenta impennata sindacale contro accordi separati firmati dall'azienda con la sola Uil. Al liceo Cavour il punto più alto della politicizzazione nei miei anni fu raggiunto con la pubblicazione di, se ben ricordo, un foglio quindicinale di quattro pagine intitolato "Malebolge" sul quale fui invitato a scrivere più di un articolo. Degno di nota è che i promotori e animatori erano studenti di simpatie socialiste che parecchi anni dopo sarebbero stati tutti eletti al consiglio comunale di Torino. Uno di loro, Giorgio Cardetti, diventò sindaco dal gennaio 1985 al maggio 1987. Furono loro, più giovani di me, a portarmi ad alcune iniziative, non entusiasmanti, del Psi torinese malamente diviso in correnti. Quando, prima delle elezioni politiche del 1968, mi azzardai a chiedere alla federazione del partito i nomi dei candidati vicini a Giolitti e a Lombardi, mi fu risposto che non era possibile fornire quella informazione: le correnti non esistevano. Ricordo che, comunque, votai la lista di quello che allora si chiamava Partito socialista unificato dando la preferenza a Eugenio Scalfari che fu eletto, ma poi optò per la circoscrizione Milano-Pavia e non lo vedemmo più.

Complessivamente, i professori del liceo Cavour erano competenti e bravi insegnanti. Ricordo in particolare Clementina Luotto, professoressa di italiano, latino, greco. Severa, non priva di senso dell'umorismo, mi affibbiò due in un compito scritto di greco. Mi chiamò alla cattedra per avere chiarimenti su quanto avevo scritto. Risposi alle sue domande ripetendo con grande coerenza tutti gli stessi errori: «Pasquino, lei è uno studente di carattere». Peraltro, Luotto aveva molto apprezzato il mio compito delle vacanze: un breve saggio sulla clamorosa vittoria nel 1956 del cavallo italiano Ribot a Parigi nel Prix de l'Arc de Triomphe. Poi, riuscii a imparare decentemente il greco, ma non feci una maturità brillante. Tutt'altro. Oltre all'atletica, giocavo al pallone in una squadretta di cui non ricordo più il nome. Come mezz'ala sinistra di punta e, talvolta, centravanti, non ero male. A riprova, dopo una partita, venne il responsabile di una squadra del bar Bava a chiedere a mia mamma di darmi il permesso di giocare in esclusiva per loro e offrendo addirittura 300 lire al mese. Non se ne fece nulla poiché mia mamma, giustamente, disse che dovevo concentrarmi sugli studi. Tuttavia, continuai con la meno impegnativa squadra del liceo, partecipando a qualche torneo nella provincia di Torino. Andavamo a giocare in luoghi "esotici": Settimo Torinese, Moncalieri e, ricordo, Torre Pellice. Fu una partita memorabile. Piovve tutto il tempo. Quei ragazzi valdesi erano molto più forti fisicamente di noi. Perdemmo 4 a 3, ma ebbi la soddisfazione di fare un paio di gol e finimmo all'attacco. Il ginocchio sinistro mi faceva male, di tanto in tanto si bloccava. Lo trascurai per diversi, troppi mesi, poi nel gennaio del 1960 mi sentii costretto a farmi visitare. Verdetto semplice e lapidario: menisco da asportare. Da tempo è divenuta un'operazione di routine, persino da day hospital. Allora, invece, all'ospedale Maria Vittoria, a 200 metri da casa, fu un semidisastro. Rimasi a letto quasi una settimana. Purtroppo, non feci nessuna rieducazione. Camminai prima con un bastone, poi a lungo titubante, zoppicando un po'. La gamba sinistra perse un po' di tono muscolare che non ha più recuperato. Persi anche non pochi giorni di lezione, ma non cerco giustificazioni. Venni rimandato in scienze, avendo fatto errori clamorosi. Per ragioni che ancora oggi non riesco a spiegarmi non passai neanche l'esame di storia. Da allora, però, mi sono molto istruito in materia come dimostrarono i miei trenta in tutte le materie storiche all'università. La mia, mai straordinaria, carriera di calciatore continuò per un paio d'anni quando Gigi, il figlio del centravanti del Grande Torino Guglielmo Gabetto, organizzò una squadra a Scienze politiche, dal 1961 al 1963. Non eravamo granché, ma giocammo partite abbastanza divertenti.

***

Dal novembre 1960 al 10 marzo 1965, data della mia laurea, frequentai regolarmente gli insegnamenti di quello che allora era il corso di laurea in Scienze politiche della Facoltà di Giurisprudenza. Tutte le volte, e sono molte, che ascolto qualcuno deplorare il declino dell'università in Italia, penso ai miei docenti di allora e ne ricordo i nomi, gli insegnamenti, i contributi, persino lo stile. Naturalmente, non ne posso in nessun modo fare un vanto personale. Fu certamente un enorme colpo di fortuna. Anche se non mi pare il caso di stilare una classifica, sento che debbo, senza dubbio, cominciare con Norberto Bobbio di cui seguii i corsi di Filosofia del diritto e di Scienza politica. Per entrambi il mio voto fu trenta. Anche di Luigi Firpo seguii entrambi i corsi: Storia delle dottrine politiche e Storia delle dottrine economiche, la mia prima esposizione a Marx e ai suoi *Manoscritti economico-filosofici del 1844*. Ho imparato le Istituzioni di diritto pubblico nel corso "dettato" da Marcello Gallo. "Dettato" è l'antico aggettivo utilizzato per segnalare chi era il titolare di un determinato insegnamento. Qui è quanto mai appropriato poiché le frasi di Gallo, sempre dense, "rotonde", compiute, contenevano, oltre alle digressioni che non divagavano e non si disperdevano mai, virgole, punti e virgola, due punti e, naturalmente, gli a capo. Straordinariamente dispersivo, ma ogni dispersione conteneva un surplus di conoscenze, era, invece, Leopoldo Elia nel suo insegnamento, sulla scia di Mortati, di Diritto costituzionale italiano e comparato. È stato un corso nel quale ho non solo imparato i fondamenti delle forme di governo, ma, soprattutto, come fare le domande appropriate per cercare e per andare oltre le norme giuridiche, gli impianti costituzionali. Non posso, però, passare sotto silenzio che Elia aveva la incomprimibile tendenza a "sforare". Le sue lezioni non finivano mai alle tredici in punto, ma regolarmente quindici, venti, venticinque minuti dopo. Riuscivo ad arrivare a casa con il tram poco prima delle quattordici, ben oltre l'ora del pranzo per i torinesi, con la mia mamma preoccupata per il mio appetito e l'inevitabile conseguenza di pasti consumati in maniera frettolosa.

In seguito, poi, non mi pare il caso di passarlo sotto silenzio, ho avuto parecchie occasioni di disaccordo con Leopoldo Elia sulle tematiche istituzionali. Autorevole consigliere di Moro, giudice e poi presidente della Corte costituzionale, senatore per la Dc e presidente della commissione Affari costituzionali, componente della commissione Bozzi (della quale feci parte anch'io), Elia fu sempre troppo attento ai dettagli e non al quadro generale e fin troppo preoccupato da equilibri politici che si andavano inesorabilmente disgregando.

Ho ottimi ricordi anche di tutti gli altri corsi che frequentavo diligentemente, senza perdere neanche una lezione, senza mai mettermi in mostra. Fui un esemplare studente a tempo pieno. Imparai moltissimo ai corsi di Storia contemporanea tenuto da Ettore Passerin d'Entrèves e di Storia moderna tenuto da Guido Quazza (autore nel 1976 di *Resistenza e storia d'Italia*, un libro che mi piacque molto, ma fu molto criticato per la sua rigidissima prospettiva "resistenziale"). Quazza, che aveva partecipato alla Resistenza, era un docente colto e solido, intenso, ma non imaginifico, coadiuvato da Anna Bravo, in seguito, storica e femminista di notevoli qualità. Anni dopo, nel 1989, quando da tempo non eravamo più in contatto, in occasione della scomparsa di mia mamma, Quazza, non so come, mi inviò un gentile e affettuoso biglietto di condoglianze.

Cugino di Ettore, Alessandro Passerin d'Entrèves insegnava Dottrina dello stato con una prospettiva anglosassone, molto lontana dai formalismi tedeschi. Aveva vissuto e insegnato per un decennio in Gran Bretagna, a Oxford. Molto amico di Bobbio, fu tra i fondatori nel 1969 della Facoltà di Scienze politiche. A coronamento di quello che mi pare un vero irripetibile *parterre de rois* di accademici (sì, tutti uomini, come uomini erano i loro assistenti) colloco i due docenti di Economia, entrambi provenienti dalla Lombardia: Siro Lombardini (Politica economica) e Francesco Forte (Scienza delle finanze). In seguito, tutt'e due, Lombardini, cattolico di sinistra, e Forte, socialista, diventarono autorevoli ministri. Infine, il docente di Sociologia era Filippo Barbano, ma le lezioni, su Teoria delle élite e classe politica (ho ancora le dispense e, addirittura, so dove si trovano nella mia disordinata e arruffata biblioteca) alle quali andai con grande godimento intellettuale, furono tenute in maniera seminariale dal giovane Carlo Marletti. Nell'Istituto di Scienze politiche di via San Francesco da Paola, intorno a un lungo tavolo eravamo una ventina di studenti, alcuni dei quali ancora ricordo. Seminariali erano anche le lezioni di Alessandro Passerin d'Entrèves, mentre Bobbio teneva un apposito seminario in aggiunta al suo corso di Scienza politica. Assolutamente gratificanti.

Frequentavo tutte le lezioni che, classicamente, duravano quarantacinque minuti, nessuna delle quali si sovrapponeva. Anzi, il lunedì, martedì, mercoledì, avevo un buco fra le dieci e le undici. Ancora oggi non mi capacito dello straordinario colpo di fortuna. Vedendomi libero e deambulante dopo la lezione terminata alle dieci, Franco Cazzola, che era nel mio stesso anno e che diventò in seguito anche lui professore di Scienza politica, mi disse che potevo impiegare quell'ora in maniera intellettualmente molto stimolante e gradevole. Al secondo piano di palazzo Campana, Nicola Abbagnano teneva il suo corso fondamentale di Filosofia. Uomo distinto, non alto, ma dritto, con i capelli bianchi e gli occhi azzurri, carnagione rosata, leggero accento campano, Abbagnano entrava in un'aula colma, un centinaio di studenti e, lo debbo aggiungere, studentesse, silenziosissime e attentissime. Con voce sicura, mai sopra le righe, spiegava un argomento senza nessuna esitazione, facendo le opportune pause, mai avendo il bisogno di correggersi, in maniera lucidissima per i quarantacinque minuti di rito. Ma, e qui viene il bello (frase fatta che l'allora giovane docente di cui parlerò quasi, sottolineo quasi, certamente mi perdonerebbe), mentre nessuno degli altri professori che ho menzionato, neppure Bobbio, che già allora aveva una pluralità di impegni, mancò praticamente mai a una sua lezione, Nicola Abbagnano, almeno nei due anni in cui ebbi l'opportunità di frequentare i suoi corsi, fu di tanto in tanto assente senza nessuna comunicazione preventiva. Veniva regolarmente sostituito da un giovane assistente, sicuro di sé e delle sue doti intellettuali e oratorie, il trentenne Umberto Eco, a sua volta, come sarebbe poi diventato noto a tutti, uno straordinario affabulatore sia che approfondisse il tema trattato da Abbagnano sia che si esercitasse in qualche apposita opportuna digressione di semiotica o addirittura in un'escursione sulla fenomenologia di Mike Bongiorno.

In una (buona) Facoltà di Scienze politiche inevitabilmente e, aggiungo, appropriatamente, la politica si sente, circola, viene davvero studiata e discussa anche con l'intento di suggerire cambiamenti, miglioramenti. Tuttavia, nessuno dei miei docenti politicizzò mai i suoi corsi e i suoi insegnamenti. Non ricordo prese di posizioni politiche, meno che mai partitiche, non fra i docenti del corso di laurea in Scienze politiche, ma neppure dentro la Facoltà di Giurisprudenza – nella quale peraltro il professore di Diritto civile, a lungo Magnifico Rettore, Mario Allara, era stato più volte candidato democristiano al consiglio comunale e, nelle sue parole, regolarmente "trombato", mentre Giuseppe Grosso, severissimo e irritabilissimo docente di Storia del diritto romano, un esame molto difficile, a lungo preside della Facoltà, era stato presidente democristiano della provincia di Torino dal 1951 al 1965 e poi sindaco di Torino, dal 1965 al 1968. Naturalmente, i più "avvertiti" di noi studenti sapevamo come la pensavano i nostri docenti poiché avevamo letto, variamente, ma con grande curiosità e interesse, che cosa avevano fatto e anche che cosa avevano scritto nel corso della loro carriera. Peraltro, in quegli anni, 1960-1965, per quanto chiaramente interessati alla politica, non della sola Italia, non ricordo che qualcuno dei miei colleghi studenti fosse impegnato a fare politica dentro i partiti, come attivista o come semplice iscritto.

Un avvenimento, però, causò grande e giustificata eccitazione: la defenestrazione avvenuta il 14 ottobre 1964 del segretario generale del Partito comunista dell'Unione sovietica Nikita Chruščëv. Facemmo subito una improvvisata, ma bella, discussione all'Istituto di Scienze politiche. Scoprii allora che, sì, c'erano non pochi studenti comunisti diventati molto perplessi. Una settimana dopo ci ritrovammo più numerosi, ma sto parlando di piccoli numeri fra i venticinque e i trenta, a discutere della lettera da Bobbio inviata ai comunisti (sintetizzo: non è ora che diate vita insieme ai socialisti a un solo partito dei lavoratori?) pubblicata con risalto da "Rinascita", la rivista settimanale del Pci che vidi per la prima volta. La risposta di Giorgio Amendola, interlocutoria, vera arrampicata sugli specchi, parve a molti (Bobbio compreso) alquanto deludente. Non fu seguita da nessuna altra riunione. Rimanemmo scettici e insoddisfatti.

Per qualche tempo, esistette un'associazione di studenti di scienze politiche che si era data l'obiettivo di organizzare conferenze su temi di cultura politica invitando alcuni protagonisti. All'inizio dell'anno accademico 1964-1965 Franco Cazzola mi propose di diventare presidente dell'associazione. Riuscii a organizzare un'unica conferenza, ma di grande rilievo. Attraverso Bobbio presi contatto con Antonio Giolitti, che aveva concluso da qualche mese la sua prima esperienza al governo come ministro del Bilancio. Alto, molto magro, poco incline al sorriso e all'affabilità, Giolitti non fu un conferenziere trascinante, ma la sua concretezza senza fronzoli ci insegnò molto su quanto complicata sia l'attività di governo e sui limiti incontrati dal primo centrosinistra. Lessi alcuni scritti di Giolitti, a cominciare da *Riforme e rivoluzione* (1957) e scoprii con mia grande sorpresa che era opera sua la traduzione einaudiana delle conferenze di Max Weber, *Il lavoro intellettuale come professione* (1948).

Il 10 marzo 1965 mi laureai. Divenni il secondo laureato della famiglia Pasquino, prima di me si era laureato, in Chimica, soltanto zio Sergio, l'ultimo dei quattro fratelli di mio padre, che avevano contribuito a mantenerlo agli studi negli anni quaranta.

Il mio relatore, Norberto Bobbio, era eccellente, ma la mia tesi era piuttosto mediocre; volonterosa, ma priva di nerbo e di verve. Bobbio aveva subito accolto la mia richiesta di "darmi la tesi". Purtroppo, colpa tutta mia, non avevo saputo scegliere un argomento. Quindi, non ebbi nessuna obiezione alla sua proposta, probabilmente estemporanea: scrivere un'analisi della rivista antifascista "La Critica Politica" (1920-1926) fondata e diretta dal repubblicano Oliviero Zuccarini che ebbe collaboratori di grande livello, fra i quali Gaetano Salvemini, Mario Pannunzio, Vilfredo Pareto, e che conteneva articoli di notevole interesse improntati a una ammirevole visione di antifascismo politico ed etico. In seguito mi sono talvolta interrogato sul perché non avevo fatto un buon lavoro. Molto semplicemente mi mancavano gli strumenti metodologici, da un lato, per collegare le analisi formulate nella rivista agli avvenimenti allora in corso (nascita e consolidamento del fascismo, incertezze, divisioni, sconfitta delle opposizioni) e quindi valutarne sagacia ed efficacia; dall'altro, per fare un'analisi del contenuto degli articoli anche dal punto di vista della comunicazione politica, disciplina, peraltro, allora appena nascente. Infine, lo dico adesso, non mi ero certamente dimostrato un grande scrittore. Mi piace pensare che lo sono diventato. Comunque, certamente oggi scrivo molto meglio di allora e confesso di essere spesso abbastanza soddisfatto degli oramai molto numerosi prodotti. Allora, la mia scrittura faticosa, non brillante, scolastica (anche se mai insegnata a scuola) discendeva anche da una delle classiche pecche dell'università italiana: non avere nessun incentivo e nessuna opportunità di praticarla per quattro anni, per l'appunto, fino alla stesura della tesi di laurea.

Scrissi anche due tesine: una sotto la supervisione di Alessandro Passerin d'Entrèves sul ruolo degli intellettuali nell'amministrazione Kennedy. Me ne ricordai quarant'anni dopo vedendo *Thirteen Days* sulla crisi dei missili a Cuba: non un grande film, ma interessantissimo come indagine sulle modalità decisionali del ristretto gabinetto di guerra nel quale il presidente Kennedy veniva garbatamente e ripetutamente contraddetto, ma poi si assumeva la responsabilità politica della decisione. Il film è molto debitore a uno dei grandi libri di scienza politica e relazioni internazionali: *Essence of Decision: Explaining the Cuban Missile Crisis* di Graham T. Allison (1971) che lessi qualche anno dopo. L'altra tesina, sul breve, ma affascinante libro di Karl Marx, *Il 18 Brumaio di Luigi Bonaparte*, la scrissi per Luigi Firpo. Erano testi piuttosto sintetici, entrambi tra le venti e le trenta pagine dattiloscritte spazio due, purtroppo andati perduti. Sia Passerin d'Entrèves sia Firpo mi comunicarono il loro apprezzamento, che mi rese molto contento. Forse era quello il mio formato. Sicuramente, non avevo ancora la capacità di scrivere testi di grande respiro. Però, quelle tesine furono un buon inizio.

Non ricordo esami di lingue nell'allora corso di laurea in Scienze politiche a Torino. Al ginnasio e poi al liceo Cavour avevo studiato il francese che, a lungo, a Torino e in Piemonte, era, del tutto comprensibilmente, la lingua straniera obbligatoria e, comunque, allora, spesso la lingua preferita. A ogni buon conto, cercai di perfezionarne la conoscenza andando a frequentare nell'estate del 1961 un corso di otto settimane tenuto a La Rochelle, un tempo la roccaforte degli ugonotti. Lezioni tutte le mattine, pomeriggi liberi, al mare nell'Atlantico che aveva basse maree di settanta-ottanta metri. Pranzi e cene con tavolate da otto persone, stile Club Méditerranée. Imparai prestissimo che se finivo al tavolo dove c'erano gli scandinavi, in particolare gli svedesi, dovevo servirmi tra i primi altrimenti non rimaneva niente. Mangiavano come lupi biondi molto affamati. Mantengo vividissima la memoria della mattina del 13 agosto 1961 quando giunse la notizia che a Berlino era cominciata la costruzione del muro che avrebbe separato la cosiddetta Repubblica democratica tedesca dalla Repubblica federale per un tempo indefinito. A lungo pensai che quel muro non sarebbe caduto *during my lifetime*, nel mio tempo di vita. Quel giorno l'atmosfera fra gli studenti, lo staff e i docenti (tutti francesi) fu cupa e triste. Gli studenti tedeschi ci spiegarono il loro punto di vista. Ci fecero partecipi delle loro intense emozioni. Notai che in tutti, scandinavi e spagnoli, italiani (pochissimi), inglesi, irlandesi, olandesi e belgi, c'era un forte sentimento emotivo di condivisione, di empatia.

Per una strana coincidenza scrivo queste righe nei giorni che conducono al sessantesimo anniversario dell'avvenimento. Quel muro divise la Germania, ma al tempo stesso (mi) segnalò che tra quegli studenti era già diffuso un senso di appartenenza a una comunità più ampia: la nascente Europa. Tutte le volte, oramai molte, che ricordo quell'avvenimento nelle mie conferenze pubbliche sull'Europa, la voce mi s'incrina dalla commozione. Nell'aprile 1966 in gita studio con un gruppo di studenti della Johns Hopkins ebbi l'occasione di passare da Berlino Ovest a Berlino Est attraverso il famosissimo Checkpoint Charlie. Al modico prezzo di cinque marchi della Germania orientale, che tutti erano costretti a comprare, potei aggirarmi fra grandi edifici tetri e visitare alcune librerie. Quei marchi dovevamo spenderli poiché non cambiabili. Ne uscii con un libro di Bertolt Brecht e un piccolo orsacchiotto di peluche, mascotte della città di Berlino.

Su preveggente insistenza di mia mamma, a partire dal 1962 mi ero iscritto a un corso di lingua inglese in un istituto privato di Torino. L'insegnante di inglese, bravissima, era, lo venni a sapere alcuni anni dopo, la moglie di Alessandro Galante Garrone, Maria Teresa detta Mitì. All'inizio del 1963 partecipai a un quiz televisivo: *Teletris*, condotto da un presentatore chiamato appositamente dagli Usa, Roberto Stampa. Mi ritirai imbattuto (!) dopo tre o quattro puntate nelle quali vinsi complessivamente settecentomila lire, una sommetta per quei tempi. La misi a buon frutto. Per approfondire e migliorare la conoscenza dell'inglese, andai per due mesi, luglio e agosto, a frequentare una scuola per stranieri in Inghilterra, non nella dispersiva e tentacolare Londra, ma a Bournemouth, pubblicizzata come "ridente" cittadina balneare. Alloggiavo a pagamento presso una signora che aveva altri due ospiti: un ragazzo austriaco taciturno e una ragazza svizzera anche lei molto silenziosa. Capii in seguito il perché. Preferivano non mettere alla prova il loro inglese primitivissimo facendo brutta figura (persino con me che pure ero agli inizi). Le colazioni del mattino, l'unico pasto in comune, erano, già di per sé, molto silenziose anche perché dovevamo raccapezzarci con strane cose. La fame poteva tanto, ma di mattina quell'aringa che navigava in un liquido bianco che poteva anche essere latte non riuscii proprio a trangugiarla.

Quattro ore di lezione tutte le mattine e nessuno studente italiano nella mia classe mi costrinsero a usare sempre l'inglese, ma combinazione (*bad luck*) volle che l'intero mese di agosto piovesse incessantemente, inesorabilmente, impietosamente. Impossibilitato a corteggiare le studentesse di altri paesi, anche loro chiuse in casa, già di mio incline alla lettura, passai tutti quei trenta e più lunghissimi e tristissimi pomeriggi rintanato nella mia comoda stanza, oppure in biblioteca, a leggere, con la necessaria compagnia del dizionario inglese-italiano. L'elenco delle letture fatte ancora oggi mi pare impressionante: Joyce, *Dubliners* e *A Portrait of the Artist as a Young Man*; molto Shakespeare a cominciare da *Romeo e Giulietta* e *Otello* passando per *Il mercante di Venezia* e *Sogno di una notte di mezza estate*; non poteva mancare Orwell, *1984* e *La fattoria degli animali*; ma soprattutto trovai molto efficace Arthur Miller, *Morte di un commesso viaggiatore*, *Uno sguardo dal ponte* e *Il crogiuolo*; inoltre, tutto il Tennessee Williams allora disponibile, da *Un tram chiamato desiderio* a *La gatta sul tetto che scotta* a *La dolce ala della giovinezza* (e molto altro); infine, Francis Scott Fitzgerald, *Il grande Gatsby*, e John Steinbeck, *Pian della Tortilla*. Sono molto riconoscente alla casa editrice Penguin poiché è grazie a quei tascabili, il cui prezzo era nelle mie disponibilità, che sono riuscito a farmi una vera e propria cultura in materia di letteratura inglese e americana che, come vedremo, in seguito, del tutto inaspettatamente, mi fu di grande aiuto.

***

Appena laureato, complessivamente molto soddisfatto del piano di studi, grato a quei docenti dai quali ho imparato molto (me ne resi sempre più conto con il passar del tempo), non soltanto come contenuti, ma anche come "stile", ricevetti un del tutto inaspettato invito a partecipare a una conferenza di un paio di giorni fra i cosiddetti Young European Leaders che si tenne all'inizio del maggio 1965 al Bologna Center della Johns Hopkins University. Appresi che la mia appartenenza agli Young Leaders derivava dall'essere stato il presidente dell'associazione degli studenti di scienze politiche di Torino. Furono giorni molto gradevoli con lezioni interessanti dedicate alla politica internazionale e all'Europa. Proprio nell'anno accademico che si chiudeva, Altiero Spinelli aveva tenuto al Bologna Center un corso su quella che allora era la Comunità economica europea (Cee). Con materiale tratto anche da quel corso, Spinelli pubblicò un libro importante, molto critico di sviluppi che, secondo lui, non conducevano all'integrazione politica: *The Eurocrats: Conflict and Crisis in the European Community* (1966). L'assolutamente imprevedibile conseguenza di quella conferenza fu l'incoraggiamento, rivoltomi da un paio di docenti americani del Bologna Center che avevano organizzato le attività di quel lungo fine settimana, a fare rapidissimamente domanda di ammissione al programma di master in Relazioni internazionali.

La mia "qualifica" di giovane leader europeo mi fruttò anche un altro inatteso e graditissimo invito: due settimane tutto spesato in un'isola allora molto selvaggia e incontaminata, Port-Cros, raggiungibile da Marsiglia, unico impegno la partecipazione due ore tutte le sere a un seminario, peraltro interessante, sulla Nato, la sua organizzazione, il suo ruolo; più in generale sulla politica internazionale. Il resto della giornata sole e mare, camminate e nuotate. Ricordo, da un lato, di essermi molto abbronzato, dall'altro, di avere mangiato benissimo, cucina francese al suo meglio, essenziale, senza fronzoli e con pochissima *béchamel*! Ricordo anche, con mia grande sorpresa, di essere riuscito a dormire nell'alloggiamento spartano di una grande camerata per venti-venticinque studenti, con un letto abbastanza duro, ma con cinque docce. A conclusione del soggiorno ne approfittai per andare a Parigi, la mia prima volta, gentilmente invitato da un francese che mi ospitò nel grande appartamento di sua proprietà. Grazie ad Anne, anche lei reduce da Port-Cros, feci il turista per quattro-cinque giorni, andando dappertutto, ma fui particolarmente attratto dall'esposizione degli impressionisti, allora alla Galérie nationale du Jeu de Paume (dal 2004 trasferiti al Musée d'Orsay), e dalla sensazione di grandi spazi e di una grande storia.

Poche settimane dopo avere inoltrato la domanda di ammissione al Bologna Center, con mia grande letizia e curiosità, fui invitato al colloquio decisivo che, lo imparai in seguito, oltre a consentire agli esaminatori di farsi un'idea di che tipo fosse il candidato, doveva soprattutto sondarne la serietà delle motivazioni allo studio delle relazioni internazionali. Di quel colloquio ricordo in particolare una domanda, per i reclutatori assolutamente importante, che non mi ero mai posto: «Qual è il suo progetto di vita?». Mi barcamenai accennando alla possibilità di scegliere la carriera diplomatica (almeno due studenti italiani di quegli anni intrapresero poi una brillante carriera diplomatica), il giornalismo e, naturalmente, l'accademia. Fui ammesso con una borsa di studio che copriva i costi, già allora notevoli, e all'inizio del settembre 1965 entrai in un ambiente che non avevo mai neppure immaginato. La prima enorme differenza fra l'università italiana e il Bologna Center consiste(va) nella strutturazione del curriculum di studi: quattro corsi per semestre, due ore di lezione alla settimana per ciascun corso, tutte le classi erano, tranne pochissime eccezioni, condotte in forma seminariale, il numero degli studenti di ciascuna classe era abitualmente circa dieci-dodici e mai più di venti. Non c'era nessun libro di testo, ma un *syllabus* molto dettagliato, al quale i docenti si attenevano rigorosamente, che indicava per ogni lezione le letture "consigliate" che, imparai prestissimo, significava assolutamente da fare per non rimanere imbambolati quando il docente lanciava la discussione dopo una sua, abitualmente breve, ma sostanziosa, introduzione dell'argomento. La partecipazione (intelligente) alla discussione contava molto nella valutazione dello studente e nel voto finale del corso. Nessun esame orale, ma un test scritto su varie domande a scelta oppure un *term paper*, ovvero un saggio di trenta-quaranta pagine dattiloscritte su un argomento concordato con il docente. I voti ottenuti contavano molto sia per il proseguimento degli studi sia per ottenere e mantenere l'esenzione dal pagamento della *tuition*, cioè la tassa di iscrizione, allora già alta, oggi iperbolica. Eravamo in competizione fra noi, ma soprattutto con noi stessi: fare sempre meglio. Quei seminari, le numerose conferenze di studiosi e persone con cariche istituzionali in Italia e in organizzazioni europee e internazionali e una biblioteca fornitissima fecero il resto. Imparai tantissimo.

Come un po' in tutte le (migliori) università americane, e la Johns Hopkins era allora e rimane fra le migliori, gli studenti venivano incoraggiati ad andare a seguire altri corsi oltre a quelli per i quali avrebbero poi dato l'esame. *Auditing* significa ascoltare liberamente e c'era molto allora da seguire "ascoltando". Nell'ampio auditorium del Bologna Center (può accomodare anche fino a duecento persone), ogni settimana teneva lezione di Contemporary Italian Politics un professore di Diritto del lavoro dell'Università di Bologna già piuttosto famoso: Federico Mancini (1927-1999). Imperdibili. Con maestria, persino un po' istrionica, grande conoscenza dell'inglese e notevole capacità di "narrazione" (uso una parola allora nient'affatto di uso comune), Mancini, un po' come Umberto Eco, affascinava gli studenti, quaranta-cinquanta, spiegando la storia politica italiana dal 1945 al 1965, ma con frequenti, necessari, flashback sul fascismo. La sua "narrazione", ricca di aneddoti, con riferimenti a libri e a film, certamente istruttiva, offriva un alto godimento intellettuale. Dieci anni dopo, Mancini fu eletto al Consiglio superiore della magistratura. Poi nella sua assolutamente prestigiosa carriera divenne avvocato generale della Corte di giustizia europea (1982-1988) e, infine, nel 1988 giudice della stessa Corte, carica che mantenne fino alla morte per tumore il 21 luglio 1999. Lo ricordo con stima, riconoscenza e affetto.

Per alloggiare i circa centoventi studenti, metà europei (di cui nel mio anno otto italiani) e metà provenienti dagli Stati Uniti, il Bologna Center aveva affittato un intero stabile a Bologna, in via degli Orti, raggiungibile a piedi dalla scuola. Erano appartamenti con due camere da letto, nelle quali alloggiare due studenti per camera affinché socializzassero. L'altro occupante della mia camera era un ex prete belga che, come si dice, aveva gettato la tonaca alle ortiche. Più grande di me di quattro-cinque anni, serio e pensieroso, mi rivelò molto semplicemente che aveva dovuto lasciare la Chiesa cattolica poiché, a un certo punto, si rese dolorosamente conto di non credere più alla resurrezione. Non completò l'anno. Diventò uno psicologo famoso autore di molti libri importanti. L'altra camera era condivisa da un tedesco, serio e posato, che sarebbe poi diventato un ambasciatore di successo, e da un texano di Dallas, città tristemente famosa poiché due anni prima vi era stato l'agguato mortale, che tutti noi ricordavamo perfettamente, al presidente John Kennedy. Alto e magro, biondo e assolutamente poco dotato per le lingue, Drury (Drew) Sherrod III (nonno e padre portavano lo stesso nome di battesimo) era un Christian Scientist praticante. Scoprì subito l'esistenza di un luogo di culto per i correligionari a Firenze, dotato di una sala di lettura dove era ovviamente disponibile l'allora ottimo quotidiano "The Christian Science Monitor". Vi si recava da solo tutte le domeniche, approfittandone anche per fare un po' di turismo, affreschi di Piero della Francesca ad Arezzo compresi. Talvolta, alla sera, cenavamo insieme a casa con una chiara divisione dei compiti, il mio consisteva nel cucinare, prevalentemente tagliatelle al ragù e insalata molto mista, il suo nel lavare i piatti.

Approfittammo di una vacanza per andare a casa mia a Torino. Si era preso un forte raffreddore, ma mi spiegò che i Christian Scientists non credono nelle medicine. Le loro malattie si curano leggendo la Bibbia poiché derivano da una falsa coscienza di sé che tocca al malato scacciare con la lettura e la preghiera. La mattina dopo quando facemmo colazione notai che il raffreddore era sostanzialmente sparito e Dru lo attribuì alla sua devozione religiosa della sera prima. Più tardi, più prosaicamente, con un sorriso, mia madre mi confessò di avergli sciolto due belle aspirine nel bicchiere di latte caldo con miele che gli aveva fatto bere prima che andasse a dormire. L'anno successivo, per qualche settimana, condividemmo l'appartamento a Washington, dove lui ostentava una Mustang. Per un po' di tempo ci tenemmo in contatto, tanto che una decina d'anni dopo, un giorno di fine ottobre del 1978, lo andai a trovare allo Hamilton College, nella parte settentrionale dello Stato di New York. Prestigiosissimo college di Liberal Arts, nono nell'apposita graduatoria di eccellenza, con aule belle spaziose (quella dove insegnava Dru dava sulla vallata), palestra grande, biblioteca ricca e comoda, cucina più che accettabile, lo Hamilton College aveva per gli occhi e, aggiungerei, per le ossa di un texano, un difetto insuperabile: era nella *snow belt*. Vale a dire che nevicava da fine ottobre (infatti, era cominciata già al mio arrivo) fino a marzo inoltrato. Poi ci perdemmo di vista per un lungo periodo, ma mi fece sapere – con una cartolina che riferiva anche di un *torrid affair* con una californiana – che dopo quella esperienza di insegnamento aveva preso un dottorato in Psicologia sociale da un'università in California, Claremont Graduate University.

Molti anni dopo, nel 1998, ero a Los Angeles, mi invitò nella sua bella casa a Pasadena presentandomi il suo compagno, un relativamente giovane professore di letteratura inglese, annunciandomi in italiano che era diventato «finocchio». Mi raccontò sorridendo che sia a Roma sia in Umbria aveva incontrato non pochi albergatori riluttanti e palesemente turbati dalla loro richiesta di una camera doppia, matrimoniale. La sua relazione durata venticinque anni è terminata pochi anni fa con la morte per tumore del compagno. Infine, mi aggiornò sulla sua attività professionale. Era diventato piuttosto ricco facendo il consulente, prevalentemente, per la difesa, nella selezione dei giurati, un compito importante di suo gradimento e godimento. Non si identificava più come Christian Scientist. Siamo ancora in seppur sporadico contatto.

Oltre ai corsi e alle conferenze che portavano al Bologna Center personalità italiane, europee e americane di notevoli prestigio e competenze, in quell'anno a Bologna ebbi la straordinaria opportunità di vedere la finale della Coppa dei Campioni di pallacanestro 1965-1966. Quel primo aprile 1966 ricordo di essere arrivato trafelato, subito dopo una lezione al Bologna Center, al Palazzo dello Sport, oggi noto come PalaDozza dal nome del primo sindaco comunista (1945-1966), riuscendo ad acquistare il biglietto al botteghino. Dall'ultimo anello del palazzo che, comunque, offre splendida visibilità, assistetti alla vittoria della mitica Simmenthal Milano (la squadra dalle scarpette rosse) contro lo Slavia Praga. Capitano della Simmenthal era il famoso Sandro Riminucci, ma il giocatore davvero decisivo fu un americano, l'allora ventiquattrenne Bill Bradley. Rhodes Scholarship (le ricche borse di studio assegnate a chi, oltre alle doti sportive, ha un adeguato curriculum accademico) a Oxford, quell'anno Bradley ne approfittò per mantenersi in forma giocando con grande profitto per la Simmenthal. Tornato negli Usa vinse due titoli Nba con i New York Knicks. Poi sfruttò la sua grande visibilità, ma anche le sue conoscenze di politica, per diventare senatore democratico del New Jersey (il suo stato) dal 1979 al 1997. Infine, si candidò, senza successo, alle primarie presidenziali del 2000. Lo incontrai nuovamente a Washington, DC (District of Columbia) nel 1994, quando accompagnava in un tour preelettorale un autorevole dirigente socialdemocratico tedesco, Rudolf Scharping, candidato alla Cancelleria.

Ai due migliori studenti italiani di ciascun anno il Bologna Center offriva la possibilità di frequentare il secondo anno a Washington con una borsa di studio che copriva tutti i costi. Avevo frequentato ottimi corsi, studiato e imparato moltissimo, ottenendo voti buoni, ma non eccellenti, in tutti gli esami. Nella commissione che aveva il compito di scegliere i due studenti italiani, il parere decisivo a mio favore fu quello espresso, lo seppi poi, da Federico Mancini, il quale, sulla base del colloquio, mi ritenne dotato di maggiori potenzialità. Ovviamente, quella decisione mi cambiò la vita, oggi lo so, più di qualsiasi altro evento. Non riesco a immaginare che cosa avrei fatto se non mi si fosse presentata la grandissima opportunità dell'America.

***

Per contenere i costi le diverse commissioni Fulbright in Europa organizzavano un viaggio comune sulla stessa nave per tutti gli studenti europei che avevano vinto una borsa per le università Usa. A qualche centinaio di europei che andavano negli Stati Uniti si accompagnava qualche centinaio di studenti americani che tornavano a casa dal loro anno Fulbright in Europa. La motonave *Aurelia*, al suo ultimo viaggio, salpò un giorno dell'inizio di agosto 1966 da Boulogne-sur-Mer con destinazione il porto di New York. Dopo il primo giorno relativamente tranquillo, il mal di mare colpì più della metà dei giovani viaggiatori, me compreso. Seguirono tre giorni di vomito con costante andirivieni dalla mia cabina al ponte, salvo tragitti più brevi dal letto alla toilette. Poi, un medico mi salvò con una iniezione che non esito a definire miracolosa, che pose fine ai miei dolori e che mi consentì di frequentare il salone dei pasti, che rimaneva costantemente semideserto. Non pochi americani soffrivano anche di mononucleosi. Nella seconda parte del viaggio, durato complessivamente otto giorni, oltre a guardare il mare, a pensare al futuro prossimo e a leggere, partecipai a una competizione di cha cha cha. Con la mia compagna di ballo, un'americana non alta e cicciottella (imparai anche l'aggettivo appropriato, *chubby*), sfiorammo la vittoria. Continuo a esserne molto fiero e a vantarmi del secondo posto, con relativa medaglietta.

L'arrivo a New York con l'ingresso nel porto all'alba di una splendida giornata di inizio agosto limpida e soleggiata fu un'esperienza inimmaginabile e ineffabile, non raccontabile. Lo skyline era tutto di fronte a noi come nessuna ripresa cinematografica riuscirà mai a riprodurlo. Da allora capisco che cosa vuol dire "rimanere a bocca aperta". Lo sbarco richiese un'oretta e il controllo passaporti, anche se riservato soltanto a noi studenti, fu caotico, ma non "doloroso" anche se l'inglese del funzionario di colore non mi parve di facilissima comprensione. Ad attendermi, la signora Rosemary Mallory Gregg che era venuta a prendermi con la sua auto per condurmi a Montclair, New Jersey. Su suggerimento della commissione Fulbright avevo accettato di partecipare a un programma che "sistemava" gli studenti in una selezionata famiglia americana che ne aveva fatto richiesta. Trascorsi quattro serene e istruttive settimane di ambientamento in un'ampia bella casa su due piani, con molte stanze, e un grande giardino. I Gregg avevano quattro figli, tre dei quali già frequentavano il college, solo il più piccolo, Timothy, dodicenne, era a casa. La figlia più grande era in giro per gli Usa. Il secondo partecipava a numerose gare di canoa. Il terzo era a un *summer camp*, una colonia estiva. Alla *high school* cittadina organizzarono un bel ricevimento per i due studenti stranieri, l'altro, di etnia Ashanti, veniva dal Ghana. Fui invitato a visitare le aule, la biblioteca, la palestra, la sala per la musica, tutto lindo e funzionale. Con la signora Gregg andai a giocare a tennis e al cinema. Ricordo di avere visto tra l'altro la prima del *Dottor Živago*. I Gregg mi portarono a visitare New York, a cenare in un elegante ristorante che dominava dall'alto la città, a frequentare il MoMA (Museum of Modern Art) e, indimenticabile, a Forest Hills dove allora si giocavano le partite del torneo internazionale di tennis, gli Us Open (con tanto di hot dog abbondantemente conditi di senape!).

Qualche mese dopo, con squisita ospitalità, la signora Gregg mi invitò a passare il Natale con tutti i suoi parenti, all'incirca una quarantina di persone, nella casa di famiglia, un palazzotto dell'alta borghesia della città di Filadelfia, in uno scenario diventato quasi fiabesco per una fitta nevicata durata un paio di giorni. Sotto il grande albero di Natale c'erano anche dei pacchetti regalo per me, ai quali si aggiunse un quadro di dimensioni non eccessive dipinto dalla signora Gregg. Fa tuttora bella mostra di sé nel salottino dove guardo la televisione. Mi dolgo di non avere saputo tenere contatti abbastanza stretti e frequenti con due persone squisite. Rividi entrambi molto tempo dopo, all'inizio degli anni novanta dello scorso secolo a New York all'Istituto italiano di cultura, dove il direttore Furio Colombo aveva fatto organizzare la presentazione di un volume sull'Italia curato da Steve Hellman e da me. Cenammo insieme gradevolmente, ma con un velo di tristezza. La signora Gregg manteneva il suo buonumore, ma aveva contratto una malattia muscolare progressiva che le rendeva il camminare molto difficile e faticoso.

Alla fine di agosto con il treno Amtrak da New York mi trasferii a Washington alla ricerca di un appartamento per i nove mesi in cui avrei frequentato la School of Advanced International Studies. Con l'altro studente italiano, Francesco Bascone, dopo un primo tentativo che non ci parve soddisfacente, trovammo un appartamentino di cui ricordo ancora l'indirizzo: 1615 Riggs Place, NW, affittatoci dalla signora Schumacher, pulito, con mobili in ordine, cucina funzionale, un bel soggiorno spazioso e luminoso e, soprattutto, *within walking distance* dalla Sais e, cruciale, da un supermercato Safeways, rinnovato esiste ancora. Nel 1966 Washington era sostanzialmente una città di provincia, persino un po' sonnolenta. Appresi, poi, che la maggioranza dei politici, rappresentanti e senatori, che giungevano alla fine del loro mandato, per età, per sconfitta elettorale, per esaurimento e delusione, tornavano alle loro città e nei loro stati. Negli anni successivi sono, invece, stati molti i politici che decisero di rimanere a vivere e a lavorare nella capitale, spesso nei fiorenti e potenti studi di avvocati, nelle molte fondazioni e istituti di ricerca e come lobbisti nella fattispecie che si chiama *revolving doors*. Per i diplomatici inglesi, Washington, DC continuava a essere a causa del clima, molto caldo e umido dall'inizio di giugno alle fine di agosto, quello che si chiama un *hardship post* (sede disagiata), che giustificava un'indennità aggiuntiva. La vita culturale era molto limitata. Il Kennedy Center for the Performing Arts sarebbe stato inaugurato solo nel 1971. La bellissima e straordinariamente funzionale metropolitana avrebbe cominciato le sue corse nel marzo del 1976. In un certo senso, praticamente la sola industria cittadina era la politica, ma c'erano anche alcune università. Oltre alla Sais, già prestigiosa, c'erano la Georgetown University, dei gesuiti, la American University, la Catholic University e la Howard University, fondata per dare istruzione qualificata soprattutto agli studenti di colore. La vicepresidente Kamala Harris vi si sarebbe laureata nel 1986.

La School of Advanced International Studies era stata fondata nel 1943 da Paul H. Nitze (oggi, porta anche il suo nome in riconoscimento di un molto cospicuo lascito testamentario) e da Christian Herter, che avevano alle spalle, e anche nel loro futuro, una apprezzabile carriera diplomatica e politica, ma che soprattutto condividevano una fortissima preoccupazione che gli Usa, emersi dalla seconda guerra mondiale vittoriosi e dominanti, non disponessero delle conoscenze e delle persone per attrezzare la loro diplomazia e condurre una efficace politica estera. La Sais fu progettata proprio per perseguire l'obiettivo di offrire insegnamenti specialistici di alto livello per studenti già laureati (*graduate*). L'edificio, bello, spazioso, otto piani, fu costruito nella parte della Massachusetts Avenue dove si trova(va)no numerose ambasciate, quindi definita Embassy Row. Il termine divenne tristemente famoso quando nel settembre 1976 alcuni sicari del dittatore cileno Augusto Pinochet assassinarono, facendo saltare in aria la sua auto, il diplomatico ed economista socialista Orlando Letelier, fermo oppositore della giunta, e la sua segretaria. La storia, densa di intrighi e di connivenze, comprese quelle di alcuni *policy makers* Usa, è magistralmente narrata da John Dinges e Saul Landau in *Assassination on Embassy Row* (1980).

Non ho nessun bisogno di fare pubblicità alla Sais poiché la qualità dei docenti e il livello dei corsi già allora parlavano da sé e hanno continuato a farlo fino ai nostri giorni. Questo non significa, naturalmente, che tutto vada nel migliore dei modi. Ho le mie differenze d'opinione riguardo ad alcune scelte strategiche, ma l'istruzione che ricevetti allora a Washington fu di alta qualità e mi è servita molto a lungo. Fui anche fortunato perché nel mio anno lì, 1966-1967, mi trovai significativamente esposto alla scienza politica americana in una delle sue fasi migliori. Era in corso l'ondata di studi sullo sviluppo politico, con particolare riferimento alla decolonizzazione in Africa e in Asia, alla formazione degli stati, alle possibilità e modalità di costruzione della democrazia. Proprio grazie a questi studi si stava facendo strada la necessità scientifica di nuovi approcci, prospettive originali, solidi metodi di comparazione. Fu in un seminario dedicato all'Africa tenuto da un antropologo, Robert Lystad, con notevoli propensioni sociali e politiche, che fra le letture fortemente consigliate trovai il testo di Gabriel A. Almond e G. Bingham Powell Jr., *Comparative Politics: A Developmental Approach* (1966). Il Mulino ne pubblicò la traduzione nel 1970 invitandomi a scriverne la presentazione. Anche l'edizione ampiamente rivista, pubblicata nel 1988 sempre dal Mulino contiene una mia introduzione. Un altro piccolo libro (A. Zolberg, *Creating Political Order: The Party-States of West Africa*, 1966) mi influenzò notevolmente sia per l'efficacia dell'analisi comparata sia per la precisione nell'uso dei concetti.

L'altro corso svolto in maniera seminariale aveva come tema centrale le relazioni internazionali nel periodo post 1945 con particolare accentuazione della politica estera statunitense. Nell'ultima lezione del corso, un giorno di maggio, il docente Seth Tillman ci invitò, come talvolta fanno alcuni professori americani, a casa sua. Era un bel sabato pomeriggio soleggiato e tiepido. Nel giardino si trovavano bevande, sandwich e pasticcini. Verso le 17.30, senza nessun preavviso, senza guardie del corpo, senza "fanfara", arrivò il senatore dell'Arkansas William J. Fulbright. Distinto gentiluomo del Sud, presidente della commissione Affari esteri del Senato, già critico severo e fermo oppositore della guerra in Vietnam, Fulbright aveva da poco pubblicato *The Arrogance of Power* (1966), duro atto d'accusa delle modalità di esercizio del potere esecutivo da parte del presidente Lyndon Johnson. Per più di un'ora si trattenne a parlare con noi, a rispondere alle nostre, talvolta esitanti e imbarazzate, domande, a spiegare il perché delle sue critiche alla politica estera di Johnson. Imparai anche una parola nuova: *treat*. La comparsa del senatore, resa possibile poiché il nostro docente era il capo dello staff della commissione Affari esteri (il cui funzionario più importante era stato studente alla Sais), sussurrarono un po' tutti gli studenti americani, meritava di essere definita un grande regalo, inaspettato quindi ancora più gradito: una festa.

Fulbright fu il secondo senatore statunitense che incontrai quell'anno. Infatti, nel novembre 1966, ad anno accademico appena inoltrato, tutti gli studenti di Washington e dintorni che avevano ottenuto una borsa Fulbright furono invitati a un apposito ricevimento in un grande albergo non distante dalla Sais. Al tradizionale servizio di tartine, *cookies*, bevande, non mi ero accalcato intorno ai tavoli, preferendo esplorare il salone e dare un'occhiata al panorama. A un certo punto notai una forte oscillazione degli studenti, i cui gruppetti si aprivano per lasciare passare una persona, relativamente giovane, di statura media, di corporatura esile, apparentemente senza guardie del corpo, che veniva nella mia direzione, non per me, ovviamente, ma perché mi trovavo, per caso, nei pressi di una pedana sulla quale lui salì. Soltanto allora riconobbi il giovane senatore dello Stato di New York, Robert F. Kennedy. A lui era stato affidato il saluto ufficiale agli studenti Fulbright 1966-1967. Accento leggermente metallico, parole semplici e chiare, un affettuoso augurio affinché il nostro soggiorno in un paese ospitale fosse produttivo e gratificante. Poi, come si usa, spazio per le domande. Nel silenzio ebbi solo un attimo di esitazione, poi colsi l'opportunità e in maniera del tutto irrituale, forse anche inconsapevolmente sgradevole, feci la mia domanda: «What do you think of the Warren Report?» (il discusso rapporto, da molti considerato lacunoso e insufficiente, sull'assassinio del presidente Kennedy stilato dalla commissione speciale presieduta da Earl Warren, presidente della Corte suprema). Dopo un attimo di esitazione, con espressione appena rattristata, guardandomi, Kennedy rispose laconicamente: «Let's not talk about it». Ancora oggi mi chiedo non se, ma quanto la mia domanda fosse inopportuna.

Non è facile datare l'inizio della guerra in Vietnam. La presenza di soldati americani era cominciata subito dopo la sconfitta a Dien Bien Phu nell'agosto 1954 dei colonizzatori francesi che furono costretti ad abbandonare l'ampio territorio che allora si chiamava Indocina. A capo dei vietnamiti che lottavano per la libertà e l'indipendenza del loro paese, si trovava Ho Chi Minh che, per ironia della storia, all'inizio del ventesimo secolo, aveva per diversi anni studiato e lavorato non solo in Francia, non solo a Parigi, ma anche a New York e Boston, Londra e Mosca. Quella che sembrava una guerra locale in un luogo di marginale importanza sullo scacchiere mondiale era venuta caricandosi di significati vieppiù importanti. Da un lato, si trattava di difendere l'indipendenza del Vietnam del Sud (regime, peraltro, notoriamente molto corrotto), mantenendo fede a impegni presi. Dall'altro, gli americani pensavano che dietro i guerriglieri Viet Cong ci fosse l'espansionismo cinese che, se lasciato libero, avrebbe prodotto un effetto domino: caduto il Vietnam del Sud rapidamente sarebbero seguiti quantomeno il Laos e la Cambogia, forse tutto il Sudest asiatico. Argomento tutt'oggi discutibile e rimasto considerevolmente controverso, sul quale sono stati scritti molti libri, il più incisivo dei quali, per spiegare la sequenza di errori a opera dei presidenti Kennedy e Johnson e dei loro collaboratori tutti di alto livello, mi pare quello di David Halberstam, *The Best and the Brightest* (1972), che lessi con grande interesse qualche anno dopo.

La presenza militare statunitense nel Vietnam del Sud era andata aumentando nei primi anni sessanta, ma la prima svolta significativa avvenne dopo uno scontro aeronavale fra un cacciatorpediniere Usa e alcune motosiluranti nordvietnamite nel golfo del Tonchino, il 2 agosto 1964. Il presidente Johnson ne approfittò per ottenere una risoluzione che lo autorizzava a decidere personalmente, senza necessità di un voto preventivo da parte del Congresso, una pluralità di azioni di guerra che, naturalmente, richiedevano l'aumento dei militari da impegnare. Sui campus delle università fecero la loro comparsa gli ufficiali reclutatori. Nel 1966-1967 si stava diffondendo una crescente preoccupazione fra gli studenti per l'eventualità di essere obbligati ad andare a combattere in Vietnam. Per la prima volta dalla fine della seconda guerra mondiale venne reintrodotta la coscrizione, che non risparmiava neanche gli studenti universitari. Alla Sais non pochi dei miei compagni temevano che anche loro sarebbero stati chiamati alle armi. Il più noto degli arruolati fu un mio compagno di corso John McLaughlin, combattente in Vietnam dal 1968 al 1969. Tornato sano e salvo, non parlò quasi mai della sua esperienza. Intraprese una lunga carriera nella Cia, che lo ha portato a diventare vicedirettore e poi direttore *ad interim*. Andato in pensione è stato nominato Senior Fellow e Distinguished Practitioner-in-Residence al Merrill Center for Strategic Studies della Sais.

Erano molte le buone ragioni, professionali e personali, che spingevano gli studenti a volere saperne di più sulla guerra in Vietnam e sulle procedure di elaborazione della politica estera statunitense. Dopo qualche tentennamento iniziale, la Sais rispose adeguatamente chiamando a parlarne separatamente nell'aprile 1967 un molto noto oppositore della guerra, Hans J. Morgenthau, professore di Relazioni internazionali all'Università di Chicago, e il sottosegretario agli Affari dell'Asia orientale e del Pacifico, William Bundy.

Ebreo tedesco esule negli Usa dalla fine degli anni trenta, diventato cittadino americano, Hans Morgenthau (1904-1980) era meritatamente considerato uno dei più autorevoli studiosi di relazioni internazionali di quei tempi (e anche oggi, a mio parere, i suoi libri sono letture raccomandabilissime). Fra l'altro, generazioni di studenti avevano letto il suo fondamentale *Politics Among Nations* (1948). Fin dall'inizio Morgenthau fu molto critico della guerra in Vietnam che gli pareva, a prescindere da qualsiasi altra considerazione, in totale contraddizione con il principio dell'interesse nazionale che riteneva dovesse essere il fondamento della politica estera di tutti gli stati, anche dei più potenti. Lo aveva brillantemente argomentato nel suo *In Defense of the National Interest* (1951). Lo ricordo relativamente piccolo di statura, con il suo persistente, ma non sgradevole, accento tedesco, nell'auditorium della Sais affollatissimo dagli studenti molti anche in piedi, esprimere in maniera serrata e anche con qualche sarcasmo le sue critiche alla politica statunitense in Vietnam. Convincente e molto applaudito. Un paio di settimane dopo, fu il turno di William Bundy. Alto, snello, con gli occhialini e l'apparenza di un intellettuale che ne sapeva di più, esponente di una famiglia importante della borghesia di Boston, difese punto per punto la necessità dell'intervento militare americano, ben consapevole di essere in competizione con quanto Morgenthau aveva brillantemente argomentato. A giudicare dalle domande, talvolta ostili, e dai commenti successivi, la maggioranza, seppur stretta, degli studenti si schierò con Morgenthau e contro Bundy. Quel che più conta è che tutti noi, lo scriverò con un po' di retorica, imparammo moltissimo non soltanto sui pro e contro di quella guerra, ma su come e quanto la conoscenza delle relazioni internazionali consentisse di capirne di più sulle motivazioni, sui rischi, sui problemi e sulla difficilissima conclusione. La fine di quella bruttissima guerra arrivò soltanto nell'aprile 1975. Per me e non solo, rimane fissata nelle straordinarie riprese dell'ammaina bandiera sul tetto dell'ambasciata Usa di Saigon e della fuga in elicottero dell'ambasciatore.

Già nell'anno trascorso al Bologna Center, ma ancora di più nell'anno successivo alla School of Advanced International Studies di Washington, DC, constatai la straordinaria e positiva varietà di esperienze e di interessi degli studenti, soprattutto di quelli americani, ma anche degli europei. Non pochi sono entrati nel giornalismo, altri scelsero il mondo delle banche e delle fondazioni, molti, come dicevano loro stessi, andarono a lavorare per la *Administration*: Dipartimento di stato e Dipartimento della difesa (il Pentagono), in non pochi casi avendo passato due anni nei Peace Corps in Africa, America latina, Asia. Qualche anno dopo avrei scoperto che le due cariche più elevate dei funzionari delle commissioni Affari esteri della Camera dei rappresentanti e del Senato Usa erano ricoperte da ex studenti della Sais.

Non di solo studio vivono gli studenti e le studentesse. Anzi. Non mancavano le occasioni sociali alla scuola. Piccoli ricevimenti prima o dopo alcune conferenze, incontri con esponenti di banche e di industrie interessati ad assumere gli studenti che avrebbero conseguito il master in Relazioni internazionali. Qualche cena organizzata in onore di alcune personalità che avevano o avevano avuto ruoli importanti nel governo federale alle quali a rotazione venivano invitati una decina di studenti. A una di queste cene, mi trovai seduto allo stesso tavolo, abitualmente a sei commensali, di Allen Dulles, direttore della Cia dal 1953 al 1961, fratello di John Foster Dulles, segretario di Stato, conversatore cortese, ma riservato, più incline ad ascoltare che a parlare. Per quanto non credo che quello che mi successe in seguito sia dipeso da quella cena, verso la fine di maggio qualche giorno prima della cerimonia ufficiale della consegna dei diplomi, fui invitato unitamente ad altri tre o quattro studenti americani a un colloquio di lavoro. Erano due funzionari del governo che sondarono la mia disponibilità a svolgere attività di consulenza, di raccolta di informazioni, di discussione della situazione politica in alcuni paesi europei, per me pensavano in particolare all'Italia e alla Francia, e, se me ne fossi sentito in grado, anche alla Spagna. Molto semplicemente, ma esplicitamente, il committente, che si limitava a chiedere riservatezza, era la Central Intelligence Agency. Sbalordito, ma anche comprensibilmente lusingato (*sic*), chiesi tempo per riflettere. Qui, a scanso di qualsiasi equivoco, affermerò solennemente che non vi fu seguito. Peraltro, in numerose circostanze successive, conferenze e convegni, incontrai altri funzionari, uomini e donne della Cia, preparati, competenti, persino dotati di *sense of humour*.

Fra le non poche occasioni di convivialità vi erano anche le classiche *happy hours* del venerdì pomeriggio per festeggiare la conclusione della settimana di lezioni e di studio. Ma il mio incontro più importante, quello con Eleanor, avvenne nell'ascensore. Eravamo solo noi due diretti all'ultimo piano dove si trovava la biblioteca, già allora fornitissima. Invece di guardare la porta, in alto o i piedi, Eleanor mi rivolse innocentemente la parola: «I don't think we have ever met» e mi si presentò. In effetti, non l'avevo incontrata prima di allora. Non so come, ma decidemmo di uscire insieme per andare al cinema, che piaceva molto a entrambi. C'era una sala, il Circle, da qualche tempo non esiste più, raggiungibile a piedi con una bella passeggiata, dove davano anche due film di seguito, europei tipo d'essai (vedemmo, per esempio, *Fahrenheit 451*), in lingua originale. Mi portò a giocare a bowling. Lei era molto più brava di me, ma riuscii rapidamente a diventare quantomeno competitivo. Nella città di Washington, DC, la capitale federale, dove vive una molto alta percentuale di donne e uomini di colore, imparai un'altra importante lezione che non ho affatto dimenticato e che, purtroppo, mantiene tutta la sua validità. Quella lezione merita di essere definita "razzismo strisciante ed eterno".

Sulla scia delle promesse programmatiche che l'amministrazione Kennedy aveva faticosamente iniziato ad attuare, il texano Lyndon Johnson era riuscito a fare approvare due importantissimi provvedimenti legislativi: il Civil Rights Act (1964) e il Voting

Rights Act (1965). Il fatto che qualche ristorante di Washington, che pure aveva accettato la mia prenotazione, una volta vista la coppia, mi/ci dicesse che: «Oh, sorry, siamo al completo» e che Eleanor prontamente mi portasse via, aveva, però, qualcosa a che vedere con atteggiamenti e comportamenti sui quali quelle leggi non stavano, dunque, incidendo affatto. Storicamente, sì, proprio con questo avverbio pesante, sugli autobus le donne e gli uomini di colore si seggono nel retro. Già, ma che cosa deve fare una coppia "bianco/nera"? La prima volta che prendemmo un autobus insieme, molto semplicemente, senza la minima consapevolezza del "problema", trascinai una riluttante Eleanor a sedersi dove c'erano due posti liberi. Era, però, la zona dei bianchi, i quali mi lanciarono il messaggio "non si fa", alcuni alzandosi e allontanandosi. Però, quando, la volta successiva, i posti liberi si trovavano nella zona dei passeggeri di colore, gli sguardi di disapprovazione diretti fondamentalmente a lei non mancarono. Scherzosamente, potrei concluderne che ci trovavamo in una *no win situation*. Decidemmo di non rinunciare a sederci ovunque vi fossero due posti disponibili.

Avendo già superato il concorso d'accesso al Foreign Service e ottenuto il master dalla Sais, che ci fu consegnato in una tersa e soleggiata giornata del 13 giugno 1967 a Homewood, vale a dire il bellissimo campus della Johns Hopkins a Baltimora, Eleanor iniziò a frequentare al Dipartimento di stato il corso di preparazione alla storia e alla cultura del paese al quale era stata assegnata come sua prima destinazione all'estero: la Thailandia. Quanto a me ne approfittai per andare in Brasile, a San Paolo, dove da quasi vent'anni risiedevano la zia Franca (sorella maggiore di mia mamma) e suo figlio Gian Arturo, due anni più giovane di me (deceduto nella prima ondata del Covid-19 nella primavera 2020) il quale, avendo frequentato le scuole a San Paolo, parlava italiano con accento portoghese. Molto gentilmente mio cugino mi portò ovviamente a vedere Rio de Janeiro, ma anche Santos, dove avevano una casa per l'estate, e Campinas, dove c'è una buona università. Volammo anche nel Mato Grosso dove i miei parenti possedevano una *fazenda* di medie dimensioni con tanto di fattore e molte mucche e buoi, un luogo abbastanza selvaggio di grande interesse, che si poteva raggiungere soltanto con un aereo per non più di quattro passeggeri, dove, oltre alla carne del *churrasco* feci scorpacciate di palmito. Era il Brasile dove dal primo aprile 1964 si era insediato un governo militare fortemente repressivo che, avendo scarsissimo consenso popolare, controllava quasi totalmente i mezzi di comunicazione.

Dopo qualche difficoltà iniziale, cominciai a comprendere il portoghese sufficientemente bene sia per seguire la televisione sia per leggere il quotidiano del tutto filogovernativo che veniva acquistato dai miei parenti "O Estado de São Paulo". Imparai molto sulla politica di quello che fu un regime militare precursore. Ricordo che, in seguito, agli "insegnamenti" dei brasiliani si richiamarono la giunta militare presieduta da Pinochet (settembre 1973) e quella argentina guidata da Videla (marzo 1976), ma, ovviamente, i brasiliani avevano già esercitato una considerevole influenza diretta anche sui militari golpisti uruguayani (giugno 1973). Quello che avevo letto, visto e studiato nei due mesi brasiliani, mi tornò utile, insieme ad altre letture, a quanto avevo imparato alla Sais, a scambi con colleghi latinoamericani e ad alcune interviste per scrivere un libro, pubblicato dal Mulino nel 1974, di cui sono tuttora soddisfatto: *Militari e potere in America latina*. Ne dirò di più in seguito. Fenomeno molto raro, quel libro ottenne una recensione per di più molto favorevole nella prestigiosa "American Political Science Review".

Tornato a Washington nel caldo agosto 1967, fui raggiunto dalla persona della Sais incaricata di tenere i rapporti con gli studenti che mi annunciò con allegria ed entusiasmo che aveva ricevuto un'offerta di lavoro esplicitamente per me. La Florida Agricultural and Mechanical University (Tallahassee), considerato il mio curriculum, le mie votazioni e la mia nazionalità, mi avrebbe voluto per un'intervista propedeutica a una molto probabile offerta di incarico di insegnamento. Alquanto lusingato, altrettanto incuriosito, riflettei un paio di giorni. Sarebbe stata una scelta di vita, poi declinai. Desideravo tornare a casa, dalla quale mancavo da più di un anno, e, forse sbagliando, pensavo che quel college non era il luogo migliore per cominciare il mio percorso (carriera) di docente universitario. Anche quel mio "no" rappresentò una svolta le cui conseguenze non sono in grado di valutare neppure con il senno di poi (peraltro, non ne ho mai avuto molto). Con Eleanor passammo quattro settimane felici. Il suo corso di preparazione al Dipartimento di stato si svolgeva nella mattinata cosicché ci vedevamo tutti i tardi pomeriggi e le sere. In agosto, pochissimo affollata, Washington era una città ideale per passeggiare spesso andando verso il Mall. La mattina, senza riuscire mai a rasarmi poiché a causa dell'umidità il rasoio elettrico non scivolava sulla pelle, andavo alla Sais prima a leggere i quotidiani nella biblioteca con abbondante aria condizionata, poi a sfruttare la grande collezione di libri e soprattutto a compulsare e sfogliare le sempre numerose nuove acquisizioni. A fine agosto venne il tempo della inevitabile separazione con la promessa di ritrovarci presto in un altro continente. Come, in effetti, avvenne, prima in Europa: Torino, golfo del Tigullio, Bologna, Firenze, Roma, Napoli. Poi in Asia: a Bangkok e Chiang-mai. In seguito ancora negli Usa, a New York, Boston, Cincinnati. Una storia troppo complessa e intima per poterla raccontare.

Mais la vie sépare ceux qui s'aiment tout doucement, sans faire de bruit (Jacques Prévert).

2
Lo scienziato

La mia prima monografia – Un redattore capo in spider – Il Dizionario di politica – Il battesimo dell'insegnamento – Il primo libro non si scorda mai – Di nuovo in America – Il 2 agosto 1980 – Un editorialista errante

Tornato in Italia andai a visitare Bobbio che, sempre molto gentilmente, mi ricevette subito, ascoltò il mio racconto di quanto avevo fatto e imparato negli Usa, mi disse che a Torino non c'erano possibilità di inserimento, ma che a Firenze Sartori aveva fatto un bando per reclutare borsisti al suo Centro studi di politica comparata. Poteva segnalarmi, avrei dovuto fare domanda, ma non sapeva quali fossero le intenzioni di Sartori. Traduco. A quei tempi, la prassi, per lo più, era che i posti messi a concorso venivano banditi quasi esclusivamente quando il docente, che meritava l'appellativo di barone, aveva già trovato chi voleva fare vincere e reclutare. La prassi è proseguita; negli anni novanta e duemila è addirittura peggiorata. L'omertà fra docenti ha assunto spesso caratteristiche decisamente scandalose. Chi si chiede il perché della emigrazione/fuga dei cervelli trova al proposito gran parte della risposta. Invece, forse anche perché Sartori voleva che la disciplina scienza politica nascesse su gambe solide, quel concorso era aperto. Fatta la domanda, mi convocarono per l'esame scritto, un tema di scienza politica, fissato per il 15 dicembre 1967. Nel frattempo, non ero stato con le mani in mano. Da un lato, avevo continuato a leggere alcuni testi di scienza politica in inglese, dall'altro, su suggerimento di mia mamma, mi ero preparato per l'abilitazione all'insegnamento di lingua e letteratura inglese e lingua e letteratura francese nelle scuole medie e superiori. Sono molto orgoglioso di avere superato gli esami, scritti e orali, ottenendo nel novembre 1967 entrambe le abilitazioni. Le letture fatte a Bournemouth in quell'indimenticabile agosto piovoso si rivelarono utilissime, decisive.

Alla Facoltà di Scienze politiche Cesare Alfieri di Firenze, via Laura 48, nella quale entravo per la prima volta, il test scritto su un tema generale di scienza politica mi apparve, grazie a tutto quello che avevo imparato alla Sais, piuttosto facile. Al colloquio, ricordo la faccia piacevolmente sorpresa di Giovanni Sartori e quella incuriosita di Nicola Matteucci («Chi è questo allievo di Bobbio che non conosco?»). Ottenni, quindi, una borsa di studio biennale con inizio a gennaio 1968. Oggi, posso dire che quello fu il vero e proprio momento di partenza della mia carriera accademica. Avrei voluto trasferirmi da Torino a Firenze. Con mia mamma esplorammo all'inizio di gennaio questa possibilità andando a vedere quattro o cinque piccoli appartamenti. Erano tutti piuttosto brutti e piuttosto cari cosicché, dato che gli incontri del seminario di Sartori si tenevano mercoledì e giovedì, decisi che sarei andato avanti e indietro con il treno pernottando a Firenze il mercoledì sera. Fu una scelta saggia. Ho fatto molti viaggi insieme a Giuliano Urbani, anche lui borsista non proprio giovane (cinque anni più grande di me), con un lavoro ben remunerato, una moglie, due figli, alcuni anni di vivace attività politica nella associazione universitaria degli studenti liberali e poi nella associazione giovanile del Partito liberale italiano. Ricordo che Giuliano faceva un'imitazione spassosissima di Giovanni Malagodi, segretario del Pli, e che mi annunciò un paio di volte la sua ferma intenzione che a cinquant'anni sarebbe entrato in politica. Nel 1994, oramai quasi cinquantasettenne, fu eletto deputato per Forza Italia, movimento che aveva contribuito a delineare e fondare, e venne subito nominato ministro della Funzione pubblica nel primo governo guidato da Silvio Berlusconi alla cui vittoria aveva dato un contributo molto notevole. Fu poi ministro dei Beni culturali e consigliere di amministrazione della Rai.

Al Centro studi di politica comparata di Firenze ciascun seminario settimanale si svolgeva prendendo le mosse da uno o più articoli o capitoli di libri scelti di volta in volta da Sartori. Qualche volta la discussione veniva introdotta da lui, qualche volta da uno dei borsisti. Di tanto in tanto dovevamo scrivere un commento esteso a un testo che aveva suscitato maggiore interesse. I testi erano tutti rigorosamente in inglese. Gli anni sessanta furono, non soltanto negli Usa, ma anche in Europa (in particolare dai paesi scandinavi alla Germania, mentre sia la Francia sia la Gran Bretagna rimasero nell'alveo delle loro tradizioni nazionali di ricerca) anni di grande espansione degli studiosi e degli studenti di scienza politica. Frequentemente Sartori portava con sé e ci faceva leggere uno specifico paper da lui presentato a uno dei numerosi colloqui e simposi scientifici ai quali aveva partecipato, ed erano molti. Soprattutto, ricordo che fece circolare fra noi la prima versione dattiloscritta di quello che sarebbe diventato il suo fondamentale studio sui partiti e i sistemi di partiti, allora poco più di duecento pagine in una carpetta di colore azzurro che ho tristemente perso in uno dei traslochi. Nel 1976 fu finalmente pubblicato il volume *Parties and party systems: A framework for analysis*, versione rivista e molto più ampia, da tempo divenuto un vero classico della scienza politica. Lo abbiamo variamente commentato a dicembre 2016 in un fascicolo di "Quaderni di scienza politica" dedicatogli con il titolo *Classico fra i classici. "Parties and Party Systems" quarant'anni dopo*. Premiato nel 2006 dalla American Political Science Association come il libro di maggiore importanza a trent'anni dalla sua pubblicazione, esaurito da tempo, è stato ripubblicato nella collana dei classici, a cura di Peter Mair, che nutriva una sincera ammirazione per Sartori, dallo European Consortium for Political Research (Ecpr), l'associazione europea degli studiosi di scienza politica.

Alla fine del primo anno di borsa, Sartori incoraggiò alcuni di noi a scegliere il tema sul quale scrivere un libro, la famosa monografia da sempre considerata indispensabile per intraprendere la carriera accademica. Il secondo anno, il 1969, avrebbe dovuto essere dedicato appunto alla stesura del libro con pochi incontri programmati a Firenze, ma a me fu chiesto, forse, dirò scherzosamente, in quanto "persona informata dei fatti", di partecipare attivamente ad alcuni seminari di scienza politica che Bobbio teneva a Torino. Non fu un'esperienza propriamente piacevole poiché buona parte di quei sette-otto borsisti con l'aggiunta di qualche imbucato conducevano il loro personale Sessantotto contro la scienza politica "americana", per lo più non sapendo di cosa parlavano, e non sufficientemente contrastati da Bobbio. Particolarmente sgradevole fu la contestazione condotta nei confronti di Dankwart Rustow (1924-1996), tedesco di nascita, antinazista, esule con il padre a Istanbul, dove imparò il turco, poi professore di Scienza politica alla City University di New York, fra i fondatori di un'ottima rivista "Comparative Politics", uomo elegante, colto, garbato, che rimase profondamente amareggiato dal livore degli studenti che gli contestavano chi sa cosa. Conoscevo Rustow per avere letto sia il suo bel libro *A World of Nations: Problems of Political Modernization* (1967) sia la sua precedente ottima analisi della politica in Svezia, come autore di uno dei più meritatamente tuttora citati articoli sulle modalità di nascita delle democrazie *Transitions to Democracy: Toward a Dynamic Model*, pubblicato nell'aprile del 1970 su "Comparative Politics" (aprile 1970, pp. 337-363) e come curatore, insieme a Robert E. Ward, di *Political Modernization in Japan and Turkey* (1964), entrambi contributi molto importanti nel settore di studi che avevo oramai scelto per il mio primo libro: lo sviluppo politico. Retrospettivamente, mi rallegra il fatto che soltanto uno di quei borsisti ha poi avuto una carriera accademica di qualche rilevanza.

Da quel che mi ricordo, ho sempre desiderato insegnare. Non saprei neppure dire da quale esempio di docente né da quale esperienza specifica sia venuto questo mio desiderio. Forse, è stato il subconscio che non dimenticava con quale affetto la mia nonna materna, insegnante elementare per parecchi decenni, da ultimo a Sale (Alessandria), veniva accolta ogni volta che tornavamo nel suo paese. Forse, il fatto che anche le tre sorelle di mio nonno materno, (Clo)Tilde, (Clemen)Tina e Amelia (sposata con il pittore Oscar Marziali), donne intelligenti, argute, dotate di grande *sense of humour*, erano state, a loro volta, maestre per decenni nel milanese. Poi erano andate a vivere insieme in pensione a Rapallo. In luglio e agosto le zie andavano in collina nei pressi di Pistoia consentendo a mia mamma e a me, talvolta anche con lo zio Sergio, di soggiornare nel loro appartamento. Non avremmo potuto permetterci un hotel. Fu così che per diversi anni dal 1956 al 1964 ebbi l'opportunità di passare le vacanze a Rapallo, luogo frequentato soprattutto da lombardi, in particolare milanesi, non ancora affollatissimo. Era facile andare al Covo di Nord-Est a Santa Margherita, a quei tempi dancing sul mare dove non era costoso ascoltare Gino Paoli, Celentano, Peppino di Capri, e ballare le loro canzoni. Era ancora possibile arrivare a Paraggi e a Portofino senza trovarsi bloccati per ore in lunghe code di auto. Infine, non posso proprio dimenticare le molte ore delle notti d'agosto trascorse a parlare della vita, seduti sullo scalino di casa sua non distante dal mare, con Elda, snella, elegante, eccellente nuotatrice, con un cocker femmina di nome Beauty, fidanzata. Uno spicchio di amorevole romanticismo.

Tornando all'insegnamento, forse, nella mia propensione contò che anche la mia mamma, che si era diplomata alle magistrali, ma non ho mai saputo se avesse effettivamente insegnato e non ne abbiamo mai parlato, potrebbe avermi trasmesso una (in)certa inconscia propensione. Infine, con gratitudine, attribuirei un qualche peso nella mia scelta al professore di storia e filosofia del liceo Cavour, il quale, antifascista e valdese, era stato sospeso per anni dall'insegnamento. Infatti, a lungo ho pensato che mi sarebbe piaciuto diventare professore di liceo proprio in storia e filosofia. Tutt'altra la preferenza di mia mamma che mi voleva ingegnere, soprattutto per il prestigio del titolo ma, chi sa, anche per i potenziali guadagni. Però, nonostante la sua propensione a pensare che suo figlio era bravissimo, persino lei aveva preso atto che la matematica non era il mio forte. Ho già detto del compromesso raggiunto con la mia iscrizione a Scienze politiche che sembrava poter offrire numerose opportunità occupazionali. Il desiderio di mia mamma di avere un ingegnere in famiglia è stato soddisfatto, purtroppo quando lei ci aveva già lasciati da tempo, da mio figlio Emanuele, suo amatissimo nipote, laureatosi in Ingegneria a Bologna. Mi è fin troppo facile immaginare quanta felicità avrebbe/ha provato.

L'anno 1969 fu segnato da tre avvenimenti non soltanto ciascuno dei quali di grande importanza specifica, ma tutti destinati a incidere sulla mia vita personale e professionale per molti decenni. La casa editrice Utet e il suo amministratore delegato Gianni Merlini decisero che nella loro collana di classici era tempo di fare posto a un *Dizionario di politica*. Si rivolsero a Bobbio e a Matteucci che aveva appena curato l'edizione della *Democrazia in America* di Alexis de Tocqueville. I due direttori ritennero essenziale che un redattore capo capace di svolgere una molteplicità di compiti fosse associato a un'impresa che si presentava piuttosto complicata e onerosa. Nel frattempo, secondo avvenimento, il ministero della Pubblica istruzione stabilì che in tutti i piani di studi delle Facoltà di Scienze politiche doveva figurare come materia fondamentale la scienza politica. Matteucci avrebbe desiderato che a Bologna quell'incarico di insegnamento fosse attribuito a Urbani, che conosceva e che sapeva essere liberale come lui. Invece, Sartori gli comunicò che Urbani avrebbe avuto l'incarico di Politica comparata a Firenze e che il designato per Bologna era Pasquino. Trent'anni dopo ricordai a Sartori che non mi aveva voluto a Firenze e ne ottenni come risposta che aveva preferito Urbani poiché sapeva che vi sarebbe rimasto per poco, liberando presto il posto. Cosa che avvenne in tempi relativamente brevi. Ed è anche vero che nel 1970, proprio con l'obiettivo di ampliare la gamma di insegnamenti di scienza politica, Sartori mi assegnò a Firenze l'incarico di Storia e istituzioni dei paesi latinoamericani da "impartire" nella prospettiva dello sviluppo politico. In effetti, tre anni dopo, l'insegnamento assunse il titolo di Teoria e politica dello sviluppo. Lo lasciai nell'autunno del 1975 dopo avere vinto il concorso per professore ordinario di Scienza politica ed essere stato fulmineamente chiamato a Bologna. Il ricordo dei seminari con gli studenti di Firenze sullo sviluppo politico con particolare riferimento all'America latina è uno dei più belli dei miei quarant'anni di insegnamento universitario: interesse, impegno, voglia di discutere, di approfondire, di andare alla ricerca di quanto era stato trascurato da storici, economisti, sociologi, di quanto la scienza politica fosse effettivamente in grado di mettere a disposizione per capire e cambiare la politica, non solo dei sistemi politici latinoamericani. Alcuni di quegli studenti hanno fatto una brillante carriera accademica: Luciano Bardi, Stefano Bartolini, Carlo Guarnieri e Gianna Pomata. Con altri sono ancora in contatto.

***

Una volta che fu chiaro che mi sarebbe stato affidato l'incarico di insegnare Scienza politica a Bologna, Bobbio mi propose con parere favorevole di Matteucci di svolgere il compito di redattore capo del *Dizionario* (a Torino decisivo fu presso la Utet il ruolo di Giuliano Martignetti). Avevo deciso che non avrei seguito il cattivo esempio dei professori con la valigia che facevano avanti e indietro da casa alla sede di una università anche lontana e mi sarei trasferito a Bologna. Potendo (e desiderando) tornare frequentemente a Torino da mia madre, avrei comunque facilmente mantenuto i contatti fra i due direttori. Si decise che la sede della redazione sarebbe stata a Bologna, presso l'Istituto Cattaneo. Per conoscere il giovane redattore che, per di più, avrebbe anche insegnato all'Università di Bologna, il direttore editoriale del Mulino, Giovanni Evangelisti, mi chiese se fosse possibile incontrarci. La ricostruzione dell'episodio fatta da lui è entrata nell'aneddotica della casa editrice. Fissammo l'appuntamento per un giorno d'agosto, forse, non ricordo esattamente, addirittura Ferragosto, a Firenze, al Caffè Paszkowski (esiste ancora) di piazza della Repubblica verso le undici di mattina. Ero in vacanza con amici in un camping a Castiglione della Pescaia. Guidavo una Giulietta spider azzurra decapottabile con qualche anno di vita che mi aveva regalato mio zio Antonio, ricco commerciante di pellicce, che si era comprato una splendida Jaguar granata. Ovviamente, ero vestito come uno che sta al mare, non proprio come ci si aspetterebbe da un professore universitario (di scienza politica o altro). Avevo ventisette anni. Accompagnato da Carla Carloni, la sua giovane segretaria, Evangelisti avrebbe poi raccontato dell'impatto "traumatico" di quell'incontro anche se il colloquio rivelò che qualcosa sapevo e che quel *beach boy* torinese era abbastanza promettente.

Inevitabilmente, per il ruolo di entrambi (l'autore e l'editore), ma anche per libera scelta, i rapporti con Evangelisti furono molti e molto frequenti. Vi furono anche alcune frizioni, ma non ho nessun dubbio che il bilancio debba essere considerato di gran lunga positivo sia sul piano lavorativo sia sul piano professionale sia sul piano personale/amicale.

Riporto qui l'articolo che pubblicai su "la Repubblica" di Bologna il 6 ottobre 2008 qualche giorno dopo la sua improvvisa scomparsa.

Addio infaticabile e curioso cittadino Evangelisti

Ci siamo incontrati per la prima volta, Giovanni Evangelisti e io, in un luogo assolutamente atipico: un giorno dell'agosto 1969 a Firenze al Bar Paszkowski. Avevo ottenuto l'incarico di inaugurare l'insegnamento di Scienza politica nella neonata Facoltà di Scien-

ze politiche dell'Università di Bologna. Approfittando della coincidenza, Nicola Matteucci suggerì che il lavoro di redazione del Dizionario di politica, *di cui era condirettore con Norberto Bobbio, venisse da me svolto presso l'Istituto Cattaneo. Giovanni decise che era il caso di vedere chi era questo giovane torinese disposto a trasferirsi subito a Bologna. Da Castiglione della Pescaia arrivai a Firenze, ovviamente vestito come chi sta in vacanza, in agosto: mocassini senza calze, pantaloni bianchi, camicia a righine bianco-azzurre, abbronzato. Negli anni successivi scherzammo spesso su questo abbigliamento: non avevo proprio l'aspetto di un intellettuale da Mulino! Infaticabile, attento ai particolari, curioso, anche della nascente scienza politica, Giovanni svolse un ruolo sempre attivo, di incoraggiamento e di sostegno, in molte delle attività nelle quali ero impegnato nell'Istituto Cattaneo, nell'associazione, quando, rapidamente, fin dal 1970, ne divenni socio, nella rivista, quando venni eletto direttore. Ma, soprattutto, contribuì a fare crescere la scienza politica dando immediatamente il suo avallo alla pubblicazione fin dall'aprile del 1971 della "Rivista Italiana di Scienza Politica". «Se la fa Pasquino – disse il direttore in pectore Giovanni Sartori – sono d'accordo a lanciarla». E Giovanni confermò di fidarsi di me. Grandissimo lavoratore, attento e meticoloso, finché gli fu possibile, vale a dire fino a quando il numero di libri da pubblicare non divenne grandissimo, seguiva i libri che la casa editrice avrebbe pubblicato dalla loro presentazione a opera dell'autore alla scelta della collana e della copertina. Attorno a lui ruotava un gruppo di intellettuali che riusciva a coinvolgere, conoscendone pregi e debolezze, sapendo come trattarli, con chi scherzare e con chi mantenersi sulle sue. Senza di lui, senza il suo senso pratico di organizzatore e di manager, senza la sua cordialità e la sua generosità, quel gruppo non avrebbe potuto coagularsi e mantenersi. Il Mulino non avrebbe raggiunto la preminenza nelle scienze sociali. Nei tempi più difficili del Mulino, che ci sono stati, in particolare nella fase dell'inflazione a due cifre degli anni settanta, moltiplicò le ore di lavoro, accompagnando la cura dei libri alla ricerca dei finanziamenti. Naturalmente, non tutti gli autori e non tutti i soci gli furono egualmente cari. Quando in un piccolo gruppo, a pranzo, uno dei modi gentili coi quali festeggiava con l'autore la pubblicazione d'un suo libro, oppure alla fine di una riunione, parlava dei suoi incontri o citava frasi celebri, spesso veniva fuori l'ammirazione profonda che ebbe per due soci importanti: Altiero Spinelli e Nino Andreatta. Ma se il Mulino ha macinato tanta cultura e prodotto buona politica, il merito è, come amministratore delegato e direttore editoriale, come intellettuale-manager fra intellettuali meno operativi, specialmente suo. Schivo e riluttante a mostrarsi in pubblico, lascia un'eredità culturale imponente e una successione difficile. Cittadino (era il sostantivo col quale si rivolgeva ad alcuni di noi) Evangelisti, ti dobbiamo molto. Ti siamo davvero grati.*

Nel settembre 1969 mi trasferii a Bologna dove ho vissuto, senza interruzione di continuità, salvo i periodi di studio e insegnamento all'estero, per oramai davvero troppi anni. Di recente, mi sono anche chiesto che tipo di vita avrei avuto se fossi rimasto ad abitare a Torino (certo sarei andato a tutte le partite del Toro!). Mi misi subito al lavoro a commissionare, leggere, qualche volta suggerire a Matteucci e Bobbio di respingere le voci del *Dizionario*, a scriverne un certo numero (con le tre riedizioni almeno una trentina, fra le quali "Corruzione politica", "Governo", "Militarismo", "Rivoluzione", "Socialdemocrazie"), scelte seconde le mie competenze e preferenze, ma, talvolta, anche per rimediare alle inadempienze di qualche collaboratore. Lo stile dei due direttori era diverso. Matteucci era severo nei confronti di collaboratori il cui contributo, giudicato non sufficientemente pensato e centrato, veniva respinto; Bobbio aveva un atteggiamento più diplomatico e più preoccupato dalle suscettibilità di alcuni collaboratori. Salvo un paio di casi eccezionali, entrambi delegavano a me la risposta e i suggerimenti per la revisione delle voci. Naturalmente, le mie lettere erano sempre al plurale: "Abbiamo pensato che"; "Le suggeriamo che"; "Riteniamo che sia necessario", e così via. Non ho mai contato né le voci né i collaboratori (forse dovrei farlo), ma il *Dizionario di politica* è il frutto di molta fatica, di molto impegno, di moltissime ore di lavoro. Tecnicamente, non è forse stato un best seller; certamente è un long seller. Rimane, credo, un'opera importante poiché mira, a mio modo di vedere, riuscendovi, a combinare la chiarezza concettuale delle definizioni con la storia del loro uso e della loro affermazione. La prima edizione fu pubblicata nel 1976, con notevole successo di vendite. In occasione della seconda edizione (1983) sostanzialmente invariata, con molta generosità Bobbio propose a Matteucci di farmi diventare condirettore, promozione di cui fui e rimango molto felice e orgoglioso.

Il *Dizionario di politica* fu quasi subito tradotto in spagnolo e pubblicato in Messico (Siglo Ventiuno Editores 2007, dov'è giunto alla quindicesima edizione) e tradotto in portoghese e pubblicato dalla casa editrice dell'Università di Brasilia alla metà degli anni ottanta (vedo su Internet che ne è attualmente in circolazione l'undicesima edizione!). In seguito seppi, rallegrandomene, che i traduttori in lingua spagnola erano stati alcuni intellettuali e docenti argentini costretti all'esilio dalla giunta militare. Alla fine degli anni novanta ne incontrai due a Buenos Aires. Non sono mai venuto a sapere dove sono finiti i diritti d'autore. Ancora nel 2010-2011, in una visita a un'università messicana gli studenti mi fecero firmare il *Diccionario de politica* in un'edizione in due volumi nei quali si trova una selezione delle voci originarie accompagnate da testi di studiosi messicani e latinoamericani che soltanto in parte conosco.

In Italia, ne uscì anche un'edizione paperback nel 1990 (Tea). Fece seguito una terza edizione (2004) notevolmente riveduta in seguito alla caduta del Muro di Berlino che ci consentì/obbligò a riscrivere, anche eliminare, non poche voci relative al tema "comunismo". Bobbio me ne affidò il compito anche poiché nella prima edizione avevo scritto le voci "Stalinismo" e "Trotskysmo". Ricordo che l'ultima volta che vidi Bobbio nella sua abitazione di Torino alla fine del novembre 2003 mi chiese, fra l'altro, notizie proprio del *Dizionario* in corso di stampa. Morì il 9 gennaio 2004. Non fece a tempo a vedere la nuova, terza, edizione che uscì una settimana dopo. Scomparso anche Matteucci nell'ottobre 2006, l'ovviamente importante e necessario compito della revisione e dell'aggiornamento (il bello della politica è che cambia e richiede di essere costantemente pronti e attrezzati a definire, studiare, analizzare le novità) toccò completamente a me. Vi ho proceduto tenendo conto, sia nelle esclusioni sia nelle *new entries*, di quello che penso e credo di sapere che Bobbio e Matteucci avrebbero voluto e gradito. La quarta edizione del *Dizionario di politica*, disponibile dal 2016, la intendo anche come atto di gratitudine per entrambi.

L'11 novembre 1969 iniziai il mio primo corso di insegnamento di Scienza politica in una piccola non luminosa aula al pianterreno di via Zamboni 33. C'erano quattro studenti, uno dei quali era Angelo Panebianco, della cui tesi di laurea fui relatore, poi, a sua volta, professore di scienza politica, ma soprattutto da più di trenta anni editorialista di punta del "Corriere della Sera". Alla terza lezione, ovvero alla fine della prima settimana del corso, proposi agli studenti di scambiarci il numero di telefono per eventuali assenze, soprattutto mie (che pure non prevedevo affatto di fare). Sono lieto e fiero di dichiarare solennemente che negli anni non ho mai mancato a una sola lezione – segno anche di buona salute, quindi, non solo virtù, ma anche fortuna. Nel corso del tempo gli studenti aumentarono di numero. All'inizio degli anni duemila, la mia classe aveva quasi quattrocento studenti e il corso venne sdoppiato. Quando fui "messo a riposo" (è la dizione ufficiale) nel 2012, il corso di Scienza politica venne diviso in quattro (dunque, "uno non vale uno"!). Una collega che sapeva che avrebbe dovuto insegnare uno di quei quattro corsi venne ad ascoltare un paio delle mie lezioni. Seppi, poi, che era rimasta negativamente colpita dal fatto che le mie modalità di esposizione delle tematiche della scienza politica non escludevano la possibilità di ironizzare su alcuni avvenimenti, su alcuni comportamenti, su alcune pseudoteorie, su alcuni leader e, naturalmente, su come troppi giornalisti commentano fenomeni che non conoscono a sufficienza e sui quali non si documentano. Già, i miei studenti mantenevano attenzione e interesse anche attraverso sane risate sulla superficialità e sul dilettantismo dei politici e dei commentatori. *Castigat ridendo mores*.

Mi ero inventato una modalità interessante per iniziare il corso, modalità che utilizzai regolarmente negli ultimi quindici anni di insegnamento. L'argomento della prima lezione lo lasciavo/facevo scegliere agli studenti. Da un lato, proponevo loro alcune tematiche di attualità che potevano essere le elezioni in Germania (il corso iniziava a fine settembre e ogni quattro anni il lunedì avevamo già i risultati di quelle elezioni), il terrorismo (per esempio, prendendo lo spunto dal film di Bellocchio, *Buongiorno, notte*), il governo diviso negli Usa ovvero quando il presidente non ha la maggioranza in una Camera o in entrambe, la formazione del Partito democratico italiano, le leggi elettorali proporzionali e maggioritarie, un editoriale di "Repubblica" oppure del "Corriere", per esempio, sulla legittimità dei cambi di governo, i leggendari "ribaltoni", in parlamento. Dall'altro, incoraggiavo gli studenti a indicare un avvenimento che avesse particolarmente colpito la loro curiosità. Attraverso votazioni successive giungevamo a un ballottaggio fra le due tematiche rimaste in lizza. Nel tempo mi ero fatto *Una certa idea di scienza politica* (è il titolo del molto gratificante libro pubblicato nel 2016 a cura di Angelo Panebianco, che contiene saggi di miei allievi, maestri, Giovanni Sartori, ed estimatori, Giuliano Amato, dedicatimi in occasione della mia ultima lezione).

La specializzazione in un settore specifico può essere utile a fare carriera, ma se intendiamo fare della scienza politica una scienza applicata, seguendo l'insegnamento di Sartori, anche per incidere sulla cultura politica della classe dirigente, allora è indispensabile conoscere una ampia pluralità di argomenti e utilizzare al meglio il metodo comparato. Leggere, studiare, imparare e comparare. Credo di avere seguito quell'insegnamento con il massimo dell'impegno. Molti anni dopo fui premiato da questa dedica di Sartori scritta nella prima pagina del suo libro *Mala Tempora* (2004) che mi diede in regalo.

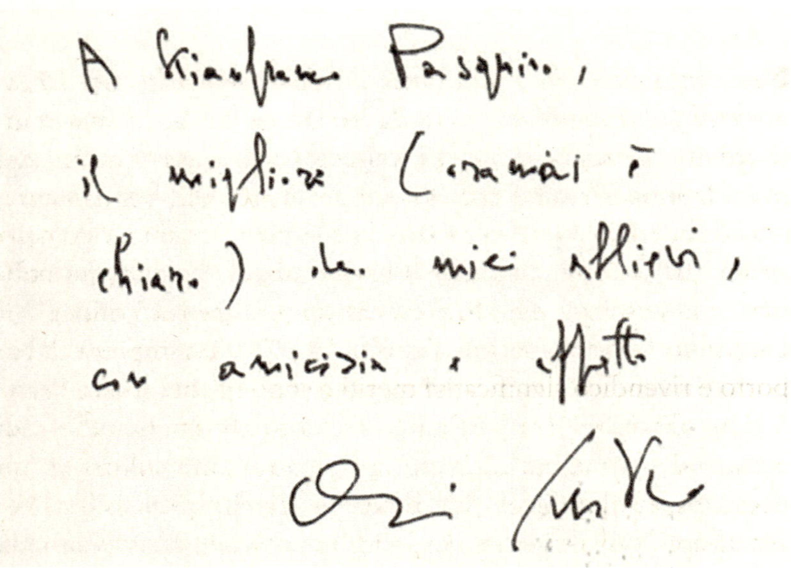

Una decina di giorni prima del Natale del 1970 ebbi fra le mani la copia del mio primo libro: *Modernizzazione e sviluppo politico* (pubblicato dal Mulino, fu tradotto in spagnolo nel 1974). Nel corso della sua preparazione ho letto molto, in svariati settori della scienza politica. Ho incontrato grandi autori e trovato grandi libri, ma anche testi deludenti. Complessivamente, la scrittura di quel libro la considero un'esperienza istruttiva e gratificante, ma, tempo dopo, quando ne ho riletto alcune pagine, non ne sono rimasto entusiasta. Al contrario. Non sono ipercritico di me stesso né mi considero impeccabile, ma quante righe e quante parole di quei capitoli vorrei e saprei cambiare e migliorare. Per fortuna, da allora ho imparato a scrivere più distesamente, con maggiore cura per le parole e per la costruzione delle frasi, con maggiore attenzione all'impianto complessivo e alle digressioni necessarie. Pur mantenendo una sana insoddisfazione, da qualche tempo ritengo apprezzabile il risultato, confortato dal parere dei lettori.

***

Negli anni che seguirono, oltre a essere impegnato nel *Dizionario di politica*, fui coinvolto da Sartori in due altre importanti attività: l'insegnamento a Firenze di Storia e istituzioni dei paesi latinoamericani, che dovetti costruire dalle fondamenta, ma considerevolmente facilitato da quanto avevo imparato nella stesura del mio libro sulla modernizzazione e lo sviluppo politico, e la nascita della "Rivista Italiana di Scienza Politica" (il cui primo fascicolo uscì nell'aprile del 1971) un'impresa di cui porto e rivendico significativi meriti e sono tuttora molto fiero.

Una disciplina che vuole non soltanto affermarsi nelle sedi accademiche, ma anche avere un impatto sulla cultura di un paese, ha assoluta necessità di una rivista che ne manifesti l'esistenza e la qualità e ne consolidi la presenza. Esistevano già numerose riviste nelle quali apparivano articoli di riflessione politica, di storia politica, di pensiero politico, di relazioni internazionali, di tutto un po' in maniera miscellanea e talvolta confusa. Dal canto suo, Sartori aveva già maturato una notevole esperienza con le riviste accademiche, per esempio, con "Studi politici", curandola e pubblicandovi numerosi articoli. Poi, negli anni sessanta, scrisse di frequente per la "Rassegna Italiana di Sociologia" diretta da Camillo Pellizzi, ma, anche per esprimere meglio le sue posizioni molto critiche della sociologia, avrebbe nettamente preferito un'altra sede. Non sono in grado di ricostruire con precisione da chi, come e dove iniziò il percorso che condusse alla “Rivista Italiana di Scienza Politica”. Ricordo, però, perfettamente come e quando fu presa la decisione definitiva: un giorno di inizio novembre 1970, a una cena apposita al ristorante Sabatini di Firenze opportunamente a poca distanza dalla stazione ferroviaria di Santa Maria Novella, commensali Sartori, Evangelisti, Carla Carloni, il sottoscritto. Quando Evangelisti sollecitò l’assenso di Sartori, come ho già ricordato, la risposta fu lapidaria: «Se Pasquino se la sente, d’accordo, facciamo la rivista». Il tutt’altro che sventurato, ma molto lusingato Pasquino, lietissimo della fiducia accordatagli da Sartori, confermò la sua azzardata disponibilità. In quattro e quattr’otto, Sartori costruì un ristretto comitato scientifico, commissionò gli articoli (fra i quali uno mio, derivante dal libro *Modernizzazione e sviluppo politico*), e scrisse un fondamentale saggio-manifesto sulla politica comparata. Quanto a me, lanciai la sezione “Recensioni” scrivendone per il primo fascicolo addirittura quattro.

Ho sempre avuto un ottimo rapporto con le recensioni. Mi paiono uno strumento indispensabile non soltanto per informare gli studiosi e i lettori di quanto avviene in una disciplina accademica, ma per garantire un confronto, anche aspro (le recensioni non debbono essere esclusivamente riassunti del contenuto dei libri, anche se il contenuto va raccontato ai lettori), fra gli studiosi. Quasi tutti i libri che recensivo li avrei, prima o poi, letti, anche senza obbligo di renderne conto, ma confesso che i libri mi piace toccarli, annusarli, sfogliarli, possederli e, addirittura, leggerli e confrontarmi con loro. Appena le case editrici straniere si resero conto che ero un recensore affidabile cominciarono a mandarmi regolarmente i libri di scienza politica che pubblicavano, tanti. La mia biblioteca ne è un testimone “parlante”. Dall’aprile 1971 all’agosto 1977 fui redattore capo della “Risp”. Praticamente, la rivista era il prodotto del rapporto personale tra Sartori, che recuperava le relazioni migliori dei convegni internazionali ai quali partecipava e che otteneva articoli inediti dai suoi autorevoli colleghi (per esempio, gli americani Daniel Bell e Samuel Huntington, l'olandese Arend Lijphart, lo spagnolo Juan Linz, il norvegese Stein Rokkan), e me che procedevo sia a commissionare alcuni articoli ai colleghi del comitato scientifico e ai loro giovani allievi sia a rivedere le traduzioni in italiano. Tutto questo ebbe bruscamente termine in seguito ad alcune incomprensioni quando Sartori si era oramai stabilito a Stanford. Mi ritenni ingiustamente criticato per l'accettazione di un articolo e non solo. Molto irritato diedi le dimissioni, subito accettate dal direttore, senza che neanche uno dei componenti del comitato scientifico si facesse vivo con me. Per non intralciare la continuità della pubblicazione e incorrere in ritardi, non solo completai il fascicolo già in lavorazione con una (bella) rassegna sugli studi del ruolo dei militari in politica, ma corressi anche le bozze del fascicolo dell'agosto 1977.

Il tempo sana le ferite (senza farle mai dimenticare completamente). Di quell'avvenimento con Sartori non ne parlammo mai. Per più di vent'anni rimasi fuori dalla "Risp". Non scrissi più nessuna recensione per la rivista e non fui chiamato a collaborare, neanche quando l'argomento era, come le riforme istituzionali, uno di quelli da me approfonditamente frequentato. Qualche anno dopo il suo rientro in Italia, alla fine degli anni novanta, Sartori ebbe uno scontro durissimo con l'allora direttore e con il ristretto comitato editoriale per la immeritata promozione a professore ordinario di uno di loro, il meno bravo e il meno produttivo, che non aveva mai scritto un libro ed era diventato professore associato non per concorso, ma *ope legis*. In occasione di una cena romana dopo la presentazione in Senato di un suo libro, Sartori mi chiese di punto in bianco, come se nulla fosse, se me la sentissi di fare la rivista in qualità di condirettore. Condividendo tutti i motivi di polemica con quel comitato direttivo e consapevole di avere l'esperienza e la capacità necessarie a fare vivere e prosperare una rivista di scienza politica, non ebbi nessuna esitazione. Per tre anni, anche grazie a un generoso finanziamento del professor Fabio Alberto Roversi Monaco, presidente della Fondazione Cassa di risparmio di Bologna, e alla preziosissima collaborazione di Donatella Campus come redattrice capo, riuscimmo, nonostante l'imperdonabile sabotaggio dei predecessori, nessuno dei quali scrisse più una riga, a confezionare nove eccellenti fascicoli. Uno dei quali scaturì da una brillante idea di Donatella: fare dei ritratti intellettuali di alcuni dei migliori studiosi della scienza politica contemporanea. Organizzammo un convegno con gli autori e trasformammo le loro relazioni in un libro con nostra curatela, pubblicato nel 2004 dal Mulino, con il titolo *Maestri della scienza politica*. Il libro piacque e ci venne richiesto per una pubblicazione in inglese (*Masters of political science*), apparsa nel 2009 con l'aggiunta di un capitolo: *Giovanni Sartori: Democracy, Parties, Institutions*.

Soltanto di recente ho capito perché Sartori tenesse molto alla pubblicazione della "Rivista Italiana di Scienza Politica". Non doveva essere soltanto, ai fini di affermazione della disciplina, la destinataria dei migliori articoli suoi e dei giovani e non giovani (fra i quali Domenico Fisichella, sempre preciso e puntuale) studiosi di scienza politica. Doveva essere soprattutto lo strumento di contrasto alle culture politiche, ancora dominanti in Italia all'inizio degli anni settanta, cattolico-democratica e comunista, e di formulazione e affermazione di una cultura politica empirica, laica, con ambizioni di cambiare il modo di concepire e persino di fare la politica. Verso la fine della sua vita Sartori prese tristemente atto che non aveva (non avevamo) vinto. Non mi sento neppure di dire che la battaglia continua poiché non vedo i combattenti, mentre vedo chiaramente che uno, non minore, dei problemi del sistema politico italiano è diventato la sostanziale scomparsa di culture politiche degne di questo nome.

***

All'inizio del 1974 mi fu offerta una interessantissima opportunità. La proposta veniva dalla Fondazione Agnelli attraverso un suo dirigente, Ubaldo Scassellati, a quei tempi socio dell'Associazione di cultura e politica il Mulino. La Fondazione aveva deciso di rilanciare finanziariamente una cattedra a Harvard costituita quarant'anni prima da una allora molto nota attrice e drammaturga Ruth Draper in memoria del suo compagno Lauro de Bosis, trentenne poeta antifascista il quale, dopo avere lanciato su Roma manifestini contro Mussolini, si inabissò con il suo aereo. La cattedra, denominata *Lauro de Bosis Chair in the History of Italian Civilization*, era stata per circa un decennio ricoperta da Gaetano Salvemini. Nel dopoguerra, esauriti i fondi, rimase dormiente per l'appunto fino all'intervento rivitalizzatore della Fondazione Agnelli. Il primo *fellow* nel periodo febbraio-maggio 1974 fu Romano Prodi. Per il periodo settembre 1974-gennaio 1975 la scelta operata da un ristretto comitato di Harvard nel quale si trovava un famoso studioso di letteratura italiana, Dante Della Terza, scomparso novantasettenne nel 2021, e un grande studioso di relazioni internazionali, Stanley Hoffmann (1928-2015), cadde su di me. In seguito, fra gli altri, furono chiamati anche il grande economista Paolo Sylos-Labini e un'importante scrittrice come Dacia Maraini.

Arrivai a Cambridge all'inizio del settembre 1974. Il mio compito implicava lo svolgimento di un corso sulla politica in Italia e tre *public lectures* su temi di politica italiana. Pochi furono gli studenti del non sufficientemente pubblicizzato corso, mentre le conferenze pubbliche tenute alle 18 registrarono una notevole affluenza di studiosi, di italiani della comunità intorno a Cambridge e Boston, di colleghi e studenti interessati. Credo di potere dire che furono anche apprezzate. Mi ci ero molto impegnato. Dopo una revisione, i tre testi sui principali partiti italiani, Democrazia cristiana, Partito comunista, Partito socialista, furono pubblicati in italiano come articoli e capitoli di un libro, quello sul Pci anche in inglese.

Avevo una base presso il Center for European Studies che muoveva i suoi primi passi, in Bryant Street, dove si tenevano non poche conferenze nei tardi pomeriggi nonché un pranzo conviviale (a pagamento) tutti i venerdì. A due passi dal Ces si trovava l'abitazione tutta rosa del grande economista John Kenneth Galbraith, che talvolta frequentava le conferenze. Venni affiliato a una residenza studentesca Adams House come *junior fellow* con il diritto di accesso gratis ai (non memorabili) pasti insieme agli studenti partecipando, su loro invito e a mia discrezione, alle attività da loro organizzate. In alcune di quelle occasioni ebbi modo di conoscere due giganti delle scienze sociali: il sociologo Talcott Parsons e lo psicologo behaviorista B.F. Skinner, allora ai vertici del successo professionale. Lo Harvard Faculty Club, al quale si poteva accedere solo se docenti oppure invitati da docenti, offriva pasti di gran lunga migliori, oltre alla possibilità di incontrare qualche premio Nobel. Invitato da Stanley Hoffmann fui presentato al grande linguista e semiologo Roman Jakobson e all'economista Simon Kuznets, entrambi già premiati con il Nobel. Con mia grande sorpresa, quando si seppe della mia presenza a Harvard (anche da parte di coloro che erano sull'indirizzario delle conferenze pubbliche) cominciai a ricevere una pluralità di inviti ad andare a parlare di scienza politica e di politica italiana ed europea in alcune università, non soltanto del Massachusetts, dove è presente una estesa rete di ottimi college. Ricordo di essere andato alla Brandeis University, all'Università di Yale, invitato da Joseph LaPalombara e Juan Linz, e soprattutto allo Smith College di Amherst, luogo bellissimo, invitato dal filosofo politico Felix Oppenheim, ebreo belga rifugiatosi negli Usa all'inizio degli anni quaranta, che aveva scritto alcune fondamentali voci del *Dizionario di politica*: “Giustizia”, “Libertà”, “Uguaglianza”. Là ebbi modo di incontrare Michele Cantarella che era stato l'ultimo segretario di Salvemini. Feci anche un'avventurosa (a causa di un'inaspettata tempesta di neve) escursione all'Università di Richmond, Virginia, invitato da Raphael Zariski, studioso dell'Italia e di politica comparata.

Nello spazio geografico compreso tra Harvard e il Massachusetts Institute of Technology (a tre fermate della linea rossa della metropolitana che parte da Cambridge e va fino a Boston) si trovava una non tanto piccola comunità di italiani, non solo studenti e docenti. Scoprii quasi subito che c'erano due punti di riferimento: Franco Modigliani e Sergio Brosio. Il grande professore di economia (1918-2003), esule negli Usa dai tempi del fascismo in quanto ebreo, che avrebbe avuto il premio Nobel nel 1985, invitava spesso un selezionato gruppetto di italiani a prendere il tè di domenica nella sua casa dotata di un ampio e bel giardino. Era curiosissimo di noi, dell'Italia, della politica in generale. Conversatore brillante, Modigliani era anche molto attento alle nostre opinioni che suscitava sagacemente. Quell'anno fra i suoi studenti di dottorato c'era un giovane (cinque anni meno di me) romano, Mario Draghi. Nessuno di noi allora pensò che fosse destinato a una brillantissima carriera in economia fino a diventare presidente della Banca centrale europea (2011-2019) e poi, addirittura, presidente del Consiglio (febbraio 2021). Peraltro, a quei tempi, la politica, neppure quella italiana, non figurava fra i suoi interessi e argomenti preferiti di discussione. Oggi possiamo dire che, circondato da enorme prestigio professionale e personale, ha finora dimostrato di saper padroneggiare quel che conta in politica.

L'altro luogo di ritrovo degli italiani era la bella casa di Sergio Brosio a Belmont, una ventina di minuti da Harvard Square. Quell'anno l'autunno a Cambridge e più in generale nel Massachusetts fu caratterizzato dal bel tempo, da uno strepitoso *foliage* con colori che non avevo mai visto (avevo vissuto a Washington, DC, per un anno, ma l'autunno in Virginia ha colori diversi), poca pioggia, molte giornate luminose. Prestissimo appresi da due italiani, Paolo Colonna e Mario Ferrario, iscritti alla prestigiosa e molto elitaria Harvard Business School, che quell'italiano che abitava a Belmont era molto contento di incontrare gli universitari italiani dei vari tipi, studenti, docenti, visitatori. Il giorno era sabato o domenica nel pomeriggio.

Scoprii che conoscevo quell'italiano. Per puro caso, lo avevo già incontrato proprio a Harvard nella mia prima visita nel lontano autunno del 1966. Sergio Brosio, nipote dell'importante ambasciatore italiano in Urss, poi segretario generale della Nato Manlio Brosio, aveva frequentato il mio stesso liceo nella stessa sezione A, due anni prima di me, nella classe con Livio Berruti, campione olimpico nei 200 metri a Roma 1960. A sua volta, Sergio era stato molte volte campione italiano di pattinaggio sul ghiaccio e uno dei più forti pattinatori a livello europeo. Molti sabati pomeriggio di quel dolce autunno li passammo a giocare al pallone nel campetto dietro casa sua. Mario Draghi era spesso con noi, ma certo, giocatore piuttosto lento e poco grintoso, non era il più dotato in quello sport.

Per rimanere nell'ambito sportivo, Boston si vantava a ragione di avere due squadre eccellenti nell'hockey su ghiaccio e nella pallacanestro. Impossibile trovare i biglietti per le partite dei Boston Bruins, la gentilissima segretaria del Center for European Studies Karen mi aiutò a trovare quelli per i Boston Celtics e mi accompagnò più volte alle partite guidandomi nel percorso della metropolitana da Harvard Square fino al palazzetto dei Celtics, le cui vibranti partite di pallacanestro avevano costi tutto sommato relativamente contenuti.

Musica e rappresentazioni teatrali si aggiungevano a quanto il Department of Government e il Center for European Studies organizzavano come incontri e conferenze aperte anche al pubblico. Spesso i seminari, tenuti fra le 12 e le 14, erano del tipo *brown bag* con un sacchetto, per l'appunto di color marroncino, nel quale ciascuno si portava quel che desiderava mangiare (non certamente il mio tipo di *lunch* preferito). Talvolta erano i docenti a presentare il loro progetto di ricerca oppure il loro libro appena pubblicato. Talaltra c'era un visitatore di prestigio. Ebbi l'occasione di incontrare due dei più importanti e più produttivi politologi americani: Samuel P. Huntington e Sidney Verba. Il primo, dopo l'enorme e meritato successo del suo libro sull'ordine politico (*Political Order in Changing Societies*, 1968), stava lavorando al saggio sulla crisi di governabilità delle democrazie occidentali e a una raccolta di interventi sullo sviluppo politico. Allora avemmo nel suo ufficio una conversazione lunga e rilassata. In una visita successiva, Huntington mi fece omaggio con dedica di un libro da lui curato: *Understanding Political Development* (1987). Intellettuale rigidamente e orgogliosamente Wasp (*White Anglo-Saxon Protestant*), spesso controcorrente, sempre, è la mia valutazione, originale, incisivo ed efficace, Huntington ottenne fama mondiale con il suo molto controverso *Lo scontro delle civiltà e il nuovo ordine mondiale* (1996, pubblicato in Italia nel 2000). Dopo la sua morte nel 2008, raccolsi in un volume dal titolo *Ordine politico e scontro di civiltà* (2013) gli articoli maggiormente rappresentativi del suo percorso intellettuale e del suo contributo alla scienza politica.

Durante quel seminario, che aveva come argomento la partecipazione politica, un tema centrale in tutta la sua vita di studioso, notai che dalla *brown bag* di Verba spuntò un *lunch* davvero spartano: una mela verde e uno yogurt (come consuetudine, il caffè era *free for all*). Verba fu così gentile da fermarsi con me dopo il seminario discutendo di vari argomenti. Ebreo newyorchese, dotato di uno straordinario senso dell'umorismo, sottile e pungente, Verba scherzò sulle procedure di reclutamento delle più importanti università statunitensi sia dell'est sia dell'ovest (in particolare, la California) che, sostenne, davano la preferenza soprattutto ai giovani addottorati che riuscissero a scrivere un paper nel volo Los Angeles/San Francisco-Boston, o viceversa. Criticò poi quelli che allora erano gli studi dello sviluppo politico su paesi più o meno esotici che, al tempo stesso, rilevava e ironicamente suggeriva dovessero iniziare con una semplice frase: nome del paese (esempio: Perù) seguito da *is a country of striking contrasts*, incipit che avrebbe permesso di scrivere un po' di tutto. Nel corso degli anni avrei incontrato entrambi ancora tre o quattro volte. Riuscii a fare invitare Verba a Bologna a un convegno sulla costituzione Usa nel 1987 e scrissi l'introduzione alla traduzione italiana di un suo studio comparato sulla partecipazione politica in sette nazioni. La lunga, produttiva, generosa vita di Verba terminò nel 2019 a 86 anni. Dieci anni prima, alcuni suoi allievi, colleghi e collaboratori, per la precisione addirittura cento, a riprova della sua intensissima attività di studioso e docente, pubblicarono un affettuosissimo tributo al suo insegnamento e alla sua persona dal titolo *The Future of Political Science* (2009).

Cosa resta di quei cinque bellissimi mesi a Harvard grazie alla Lauro de Bosis Fellowship? Esagererei se dicessi che quel gradevole soggiorno mi ha totalmente cambiato la vita. Certamente, però, è stato un periodo importante di arricchimento culturale e di conoscenze che mi hanno accompagnato fino a oggi. Sono tornato più volte sia al Center for European Studies, che oramai ha una sede molto più elegante, grande, funzionale, sia a Belmont a trovare Sergio, che nel frattempo aveva sposato Magda Forgnone, anche lei già studentessa del liceo Cavour. Considero Harvard di gran lunga il luogo accademico più stimolante degli Stati Uniti. È anche il più frequentato da visitatori accademici e politici provenienti da tutte le parti del mondo. Continuo a ritenermi molto fortunato e a essere molto grato a Lauro de Bosis e alla generosità di Ruth Draper, per averlo potuto frequentare in seguito una molteplicità di volte da quell'autunno 1974, quando tutto iniziò e si sviluppò felicemente.

Alcuni anni dopo, in qualche modo, giunse alla mia attenzione la possibilità di insegnare alla Harvard Summer School. Sette settimane a partire dalla penultima di giugno fino alla seconda di agosto, esami compresi, cinque giorni la settimana, un'ora al giorno di insegnamento. Oltre a un certo, piccolo, numero di persone già laureate che volevano aggiornarsi o semplicemente avevano interesse per qualche specifica materia, gli studenti erano i migliori iscritti all'ultimo anno delle rispettive *high schools*, che avevano superato una rigorosa selezione intesa anche a garantire tanto l'eccellenza quanto la diversità: genere, appartenenza etnica, provenienza geografica. Mi fu chiesto di indicare quali corsi avrei voluto/potuto insegnare e la direzione della scuola procedette alla scelta sulla base delle preferenze espresse dagli studenti nel momento in cui avevano fatto domanda. Proposi: *Eurocommunism*, *The Military in Politics*, *Terrorism, left and right-wing*, *Contemporary European Governments*, *The European Economic Community*. Anche se il compenso non era alto, il numero di docenti che si candidavano era regolarmente superiore ai posti. Insomma, c'era competizione. A mio favore, in aggiunta al fattore "esotico" (un docente europeo, addirittura italiano, non ne incontrai mai nelle quattro esperienze che feci, per di più già *fellow* a Harvard pochi anni prima, una garanzia), credo abbiano giocato le mie referenze: Huntington e Robert D. Putnam. Nell'aprile del 1980 ottenni la conferma: ce l'avevo fatta.

A ruota l'amministrazione della Summer School mi offrì per la mia permanenza, se lo desideravo, una grandissima opportunità: affittare per un prezzo straordinariamente contenuto la grande e spaziosa, di conseguenza anche fresca (Harvard ha estati caldissime e umidissime), casa del professor George C. Homans (1910-1989) letteralmente a due passi da dove avrei tenuto le lezioni. C'era, però, una condizione stringente posta dai proprietari: alla fine di ciascuna giornata dovevo annaffiare meticolosamente il prato antistante la casa (compito che svolsi, per quanto goffamente, in maniera assolutamente puntuale). Homans è stato un grande sociologo con una vita interessantissima narrata nella sua splendida autobiografia (*Coming to My Senses: The Autobiography of a Sociologist*, 1984), ricca di considerazioni sull'accademia, sulla sociologia, su Harvard. Ogni anno, lui e sua moglie partivano, il giorno dopo il mio arrivo, per passare le loro vacanze nel più fresco Canada, dove avevano una casa. D'estate Harvard era, comprensibilmente, un luogo molto diverso rispetto alla vivacità e alle attività del normale anno accademico. In particolare, quasi nessuno dei docenti era in sede né si recava in ufficio. Con grande generosità, Robert Putnam mi concesse l'uso del suo ufficio e del computer nel dipartimento di Government dove trascorrevo i pomeriggi fin verso le 18, quando andavo alla piscina coperta dell'università, e nel quale tornavo frequentemente anche dopo cena per un paio d'ore.

All'inizio di agosto fui raggiunto da mia moglie e da mia figlia Sara. Quel sabato 2 agosto 1980 erano appena arrivate quando la mattina verso le 10, attraversando il campus, noto come *The Yard*, fummo raggiunti da Peter Lange, allora *fellow* al Center for European Studies, che ci comunicò di avere ascoltato dal programma radiofonico *Bbc World News* dell'esplosione della bomba alla stazione ferroviaria di Bologna. Fortunatamente nessuno dei nostri parenti, amici e conoscenti era rimasto coinvolto, come accertammo dopo una lunga serie di telefonate. Nel corso del tempo, tutte le volte che mi è stato possibile ho partecipato da solo, ma spesso anche accompagnato da Sara ed Emanuele, alle cerimonie commemorative del 2 agosto alla stazione di Bologna, troppe volte turbate da stupide contestazioni e fischi nei confronti delle autorità, chiunque fossero. Ebbi anche modo in più occasioni di esprimere le mie considerazioni e i miei sentimenti. Qui riporto il commento che scrissi per il "Corriere di Bologna" il 2 agosto 2009 come premessa alla mia collaborazione a quel giornale che durò circa dieci anni.

Il dovere del rito e le lezioni per la memoria del 2 agosto

Una comunità vive anche di riti che plasmano il sentire comune, scendendo dalla memoria e rafforzando i legami fra le persone. La cerimonia del Due Agosto è certamente ripetitiva, anche se, in questo caso, la sua ripetitività è assolutamente comprensibile e condivisibile. Ma i riti che tengono insieme una comunità debbono essere ripetitivi. Ripetitive ma fastidiose sono, invece, le polemiche, qualche volta artificiose, fatte soltanto per riportare all'attenzione di un popolo distratto la gravità di quello che è accaduto. Ripetitivo ma deplorevole è anche il tentativo di scrivere un'altra verità, diversa da quella giudiziaria, lungamente elaborata e fino a ora non intaccata da nessuna prova nuova e convincente, informata soltanto dal chiacchiericcio e dai rumors. *Infine, ripetitivi sono gli appelli a trovare qualche altra forma di celebrazione, aggiuntiva piuttosto che totalmente sostitutiva, diversa da una mesta sfilata (nella quale i politici locali sgomitano) e da un minuto di silenzio vero alla stazione. Insegnare quello che è accaduto quasi trent'anni fa, nel rispetto della pluralità delle opinioni, purché abbiano qualche fondamento, è una richiesta oramai formulata da qualche lustro, da almeno quando era sindaco Guazzaloca [1999-2004], assolutamente condivisibile e, per responsabilità di non poche autorità, rimasta lettera morta. Peccato, poiché in città esiste un centro di documentazione apposito e si trova un patrimonio di ricerche e di conoscenze presso l'Istituto Cattaneo, al quale fin dall'inizio degli anni ottanta, il sindaco Enzo Imbeni e il presidente della Regione Lanfranco Turci commissionarono un programma di ricerche, tutte eseguite e pubblicate, quindi disponibili. È possibile insegnare la storia d'Italia del dopoguerra senza approfondire i dieci anni e più di terrorismi (al plurale) che incisero sul percorso di quella storia? È possibile insegnare, come pure si dovrebbe, la storia di Bologna, senza spiegare gli attentati ai treni e la strage della stazione il 2 agosto 1980? Quanto bisogna aspettare prima che il ministro dell'Istruzione, se è di sua competenza, il provveditore agli studi e il sindaco di Bologna costituiscano un piccolo selezionato non lottizzato comitato scientifico e lancino un programma di lezioni, anche pubbliche, di alto livello? La memoria civile non può essere lasciata ai soli testimoni del tempo con il rischio (che, in verità, non riguarda soltanto la strage alla stazione di Bologna) che i giovani abbiano le idee confuse su fatti e responsabilità oppure, peggio, non abbiano nessuna idea in materia. Ripetiamo pure anno dopo anno il nostro doveroso cordoglio di cittadini bolognesi, ma aggiungiamogli l'impegno a trasmettere la memoria, a cominciare dalle giovani generazioni di italiani e di immigrati. Sì, dalla storia si può imparare. Anzi, tutti hanno l'obbligo morale di farlo, a fini non di propaganda e di parte, ma per una convivenza basata su conoscenza e lealtà.*

***

La bomba alla stazione di Bologna fu l'episodio in assoluto più grave degli anni di piombo: 85 morti e 200 feriti. Faceva seguito a uccisioni e attentati fra i quali quello a un treno, l'*Italicus*, il 4 agosto 1974. Rappresentò il culmine della strategia della tensione. Nel momento in cui scrivo, a più di quarant'anni dall'evento, già condannati gli esecutori materiali, addirittura già da qualche tempo liberi dopo avere scontato la pena, è in corso a Bologna il processo per identificare i mandanti. Con la legge 25 del 24 maggio 1982, la Regione Emilia-Romagna, presidente Lanfranco Turci, finanziò un programma di ricerca e studi sui temi del terrorismo e della violenza politica affidandolo all'Istituto Carlo Cattaneo di Bologna. Fui nominato coordinatore di tutte le attività, che coinvolsero un numero notevole di studiosi e di magistrati e si svilupparono attraverso numerose importanti pubblicazioni. Ricordo la prima, *Terrorismo e violenza politica. Tre casi a confronto: Stati Uniti, Germania e Giappone* (1983), a cura di Donatella Della Porta e mia, che contiene un mio lungo articolo (*Differenze e somiglianze: per una ricerca sul terrorismo italiano*); e quella curata direttamente da me, *La prova delle armi* (1984), che contiene capitoli scritti da Vittorio Grevi, Carlo Marletti, Stefano Rodotà e Luciano Violante e la mia analisi delle condizioni del sistema politico italiano responsabili dell'insorgenza terroristica e delle difficoltà di sconfiggerla (*Sistema politico bloccato e insorgenza del terrorismo*).

Non è mai cessata la litania relativa a quello che non sappiamo del terrorismo di sinistra e del terrorismo neofascista. Sarebbe preferibile che chi si esercita e si esibisce in queste semplicistiche lamentazioni cominciasse con l'impadronirsi a fondo di quello che abbiamo imparato e che sappiamo (tutti gli importantissimi atti giudiziari e le relative sentenze incluse). Su questa base, alla quale gli studi e le ricerche dell'Istituto Cattaneo danno un contributo sostanzioso molto significativo, diventerebbe più facile indirizzare l'attenzione sulle carenze concernenti quello che è possibile considerare essenziale, in grado di illuminare davvero i punti oscuri rilevanti. Esprimo qui il mio notevole fastidio per affermazioni che sminuiscono gli apporti notevolissimi del lavoro dei magistrati e delle ricerche degli studiosi. No, l'Italia non è né la repubblica dei misteri né il paese dei complotti.

Certo, la ricerca della (possibile) verità, fra omissis e depistaggi, non è mai stata facile, spesso ostacolata da persone insediate negli apparati dello Stato, talvolta coperte dai loro uomini politici di riferimento, soprattutto nel lungo periodo della Guerra Fredda. La storia della Loggia P2 *docet*. Per smascherare queste attività e individuare i loro perpetratori, l'Unione familiari delle vittime per stragi (presidente Torquato Secci, che aveva perso il figlio nella strage della stazione di Bologna) presentò nel 1984 un disegno di legge di iniziativa popolare redatto dal magistrato Marco Ramat e intitolato *Abolizione del segreto di Stato per delitti di strage e terrorismo*. A quel tempo ero in parlamento. Dopo molte tergiversazioni, nel 1985 il disegno di legge fu assegnato a una riunione congiunta delle commissioni Affari costituzionali e Giustizia alla quale intervenne il ministro della Giustizia Giuliano Vassalli, socialista. A nome del governo il ministro sostenne che la questione meritava molta attenzione e importanti approfondimenti. La discussione fu rimandata *sine die*. L'obiezione più rilevante era che l'abolizione del segreto di Stato, seppure limitata ai delitti di strage e terrorismo, avrebbe indirettamente riguardato anche tutti i paesi con i quali l'Italia condivideva informazioni e attività che dovevano rimanere riservate. Quei paesi e i loro servizi segreti non avrebbero più collaborato con le autorità italiane tagliandoci fuori da qualsiasi informativa di rilievo.

Pur consapevole di questo rischio che, a mio parere, gli apparati italiani avrebbero saputo come minimizzare, e con le mie limitate competenze, chiesi e ottenni la consulenza e l'aiuto di alcuni magistrati e di due colleghi giuristi, e procedetti alla stesura di un disegno di legge sottoscritto da altri senatori della Sinistra indipendente. La svolta avvenne quando dell'abolizione del segreto si interessò anche il senatore repubblicano di Cesena Libero Gualtieri, presidente della commissione Stragi, della quale feci parte, nella x legislatura (1987-1992). Crollata l'Unione sovietica e terminata la Guerra Fredda, diventò possibile, non abolire, ma drasticamente limitare il segreto di Stato secondo linee indicate nel disegno di legge (primo firmatario Libero Gualtieri), al quale avevo dato un piccolo contributo e che, di conseguenza, fui più che lieto di firmare.

***

Non avevo mai intrattenuto l'idea di scrivere sui giornali. Cominciai a leggerli, anzi, addirittura (*sic*) a comprarli, negli ultimi anni del liceo, a sedici-diciassette anni. In casa entrava "La Stampa". Mia mamma era un'affezionata lettrice della rubrica di grande (e tuttora, sembra, perdurante) successo *Specchio dei tempi*. Per molti, a Torino, anche per chi era "costretto" a leggerla per avere notizie sulla città, "La Stampa", il giornale della Fiat, era la "busiarda". Su alcune tematiche, non solo sindacali, ma poi anche studentesche, il quotidiano era del tutto inattendibile e anche irritante, per esempio perché spudoratamente faceva il tifo per la Juventus, cosa che, per me, di incrollabile fede granata, costituisce un peccato mortale, imperdonabile. Di conseguenza, chi sa, forse anche per distinguermi, il mio primo giornale fu "Il Giorno" diretto da Italo Pietra sul quale allora scrivevano, fra gli altri, Giorgio Bocca ed Enzo Forcella. Insieme a "Il Giorno", soprattutto durante le vacanze, compravo e davvero leggevo l'"Avanti!". Lo feci per anni e non me ne sono affatto né rammaricato né pentito. Verso la fine degli anni sessanta "Il Giorno" cominciò il suo declino di qualità, ma vi ero affezionato. L'abbandono fu lento, propiziato anche dai miei colleghi dell'Istituto Cattaneo: Marzio Barbagli (toscano) e Arturo Parisi (sardo). Nessuno di noi leggeva "il Resto del Carlino", se non al bar con il caffè del mattino o del dopopranzo. La svolta avvenne quando Piero Ottone fu nominato direttore del "Corriere della Sera". Certo, per me torinese non fu facile decidere di acquistare il "Corriere", ma negli anni di Piero Ottone (1972-1977) sia le informazioni politiche sia i commenti, fra i quali spiccavano per originalità e profondità quelli di Pier Paolo Pasolini e Francesco Alberoni, sia le pagine della cultura ne fecero una lettura essenziale, arricchente. A livello dei migliori quotidiani inglesi e americani. Ne sento qualche nostalgia.

L'inizio delle mie avventure di editorialista fu del tutto casuale. La prima opportunità di diventare collaboratore di un quotidiano arrivò del tutto inaspettata alla fine del mese di luglio 1977 attraverso una telefonata di Enzo Cheli che mi chiese se ero interessato a scrivere su "Il Giorno". Lusingatissimo, accettai al volo, andai a Milano per un colloquio con il direttore Gaetano Afeltra che mi commissionò subito un articolo sul governo monocolore patrocinato da Moro, guidato da Andreotti e sostenuto dal Pci di Berlinguer: solidarietà nazionale. Scrissi un articolo preoccupato per quella che consideravo la pericolosa deriva consociativa di una democrazia nella quale, a mio parere, doveva esserci e operare un'opposizione che sapesse controllare l'operato del governo e (si) preparasse l'alternativa. La mia posizione era, indipendentemente, molto simile a quella ufficiale del Psi di Craxi. La argomentai anche, e non ero l'unico, in alcuni articoli pubblicati su "Mondoperaio". Rimasi politicamente fedele alla mia prospettiva poiché la consideravo analiticamente e scientificamente corretta, e lo penso tuttora. Funzionano meglio le democrazie nelle quali l'alternanza, non importa quanto spesso praticata, è una prospettiva credibile, temuta da chi governa e alimentata da chi sta all'opposizione che, quindi, non dovrebbe fare promesse che poi non sarebbe in grado di mantenere. Presto, Craxi cambiò idea e strada. Ritenni allora e continuo a ritenere che fu un errore grave, imperdonabile, in definitiva, irrimediabile.

Il giorno dopo la pubblicazione del mio articolo su "Il Giorno" critico delle posizioni ufficiali e della politica praticata dal Pci e condivisa da qualche fiancheggiatore, ebbi l'onore di un attacco in prima pagina dell'"Unità" a opera di un alto dirigente del Pci: Emanuele Macaluso, condotto con le solite modalità "comuniste". Fui criticato con il classico linguaggio usato dai comunisti contro chi dissentiva da loro, come il solito "professore" che non capisce le necessità di una politica ispirata a responsabilità nazionali, "bla bla bla", e così via. Immagino che il direttore Afeltra, molto vicino ai socialisti, sia stato piuttosto contento di questo attacco: il suo nuovo, giovane collaboratore aveva colto nel segno. Nel complesso, fui soddisfatto della mia collaborazione a "Il Giorno" anche se, qualche volta, Afeltra "correggeva" i miei articoli in maniera non lieve. Nel frattempo, uno dei più autorevoli soci del Mulino, Fabio Luca Cavazza, divenne direttore (1978-1980) di "Il Sole 24 Ore" e mi invitò a collaborare. Accettai e la mia collaborazione continuò anche sotto la direzione di Mario Deaglio (1980-1983). Firmai almeno due o tre articoli al mese fino a quando venni invitato a collaborare a "Il Messaggero" dal direttore Vittorio Emiliani (1983-1987). Ne fui lieto anche se fu una collaborazione sporadica. Ero anche stato invitato da Lamberto Sechi a scrivere quasi ogni settimana editoriali (con mia foto!) per il settimanale "L'Europeo". È stata una collaborazione lunga, pagata bene, continuata con quattro direttori: Claudio Rinaldi, Salvatore Giannella, Lanfranco Vaccari e Vittorio Feltri.

La vera svolta arrivò del tutto inaspettatamente un giorno di settembre del 1985. Già senatore, ero entrato nella sala lounge dell'Alitalia a Fiumicino. Avendo visto Guido Bodrato, autorevole dirigente e parlamentare della Democrazia cristiana, mi avvicinai per salutarlo e soltanto allora notai che il suo interlocutore era Eugenio Scalfari, cosicché mi presentai. Nessun convenevole, il fondatore e direttore di "la Repubblica" mi disse semplicemente senza convenevoli *as a matter of fact*, testuale: «Lei la deve smettere di scrivere per il "Corriere" [invitato dall'allora direttore Piero Ostellino, che conoscevo da quasi vent'anni, avevo pubblicato fra agosto e l'inizio di settembre tre articoli uno dei quali, bello bello bello, sul centralismo democratico] e venire da noi a "Repubblica"». La mia risposta fu altrettanto immediata: «Mi sembra un'operazione complicata»; a cui seguì il suo invito, quasi un'intimazione: «Telefoni alla mia segretaria e fissi un appuntamento». Quando la settimana successiva andai nel suo ufficio a "la Repubblica" (allora in piazza della Repubblica a due passi dalla stazione Termini), il colloquio fu breve ed essenziale. Scalfari mi disse che avrei potuto scrivere quando lo desideravo concordando in anticipo con lui stesso l'argomento. Nessun contratto, pagamento, della cui entità non discutemmo, per ogni articolo pubblicato. Naturalmente non avrei più dovuto scrivere per altri quotidiani, ma, a una mia richiesta, questo è un punto importantissimo, mi concesse esplicitamente di continuare la mia, peraltro non intensa, collaborazione a "l'Unità" con la quale "la Repubblica" non si riteneva in concorrenza anche se, sicuramente, le aveva sottratto molti lettori.

Con il "Corriere della Sera" non avevo nessun accordo né, tantomeno, un contratto di collaborazione. Molti anni prima Piero Ostellino era stato direttore della rivista "Biblioteca della Libertà" per la quale nel 1967 mi chiese alcuni articoli: uno sulle (inefficaci) sanzioni alla Rhodesia, uno pubblicato con il titolo *Leader o broker* su come i presidenti Usa interpreta(va)no il loro ruolo, un altro ancora, che a distanza di anni ritengo intelligentissimo (*sic*), sulla figura carismatica del generale de Gaulle. Ricordo che Piero, che già scriveva articoli per il "Corriere", un giorno mi annunciò di punto in bianco, ma molto seriamente e convintamente, che sarebbe diventato direttore del "Corriere della Sera". Prima fu brillantissimo corrispondente a Mosca dal 1973 al 1978 e a Pechino dal 1979 al 1980. Fu nominato direttore del "Corriere" nel 1984. Verso la fine dell'estate 1985 mi commissionò lui, che mi leggeva su "L'Europeo", quegli articoli che collocò in bella evidenza nella pagina dei commenti. Ne ero stato molto gratificato, ma non immaginavo nessun seguito. Quindi, non ebbi nessuna difficoltà a passare a "la Repubblica" tranne, per l'appunto, il desiderio di volere mantenere la possibilità di scrivere interventi più marcatamente politici per "l'Unità". Cosa che feci sistematicamente fino a un giorno di fine novembre 1990.

Ironia della storia, il mio primo articolo per "l'Unità" lo scrissi quando direttore era Emanuele Macaluso, ovvero proprio chi mi aveva duramente criticato al mio esordio assoluto su "Il Giorno". Mi è impossibile dire quanti articoli abbia poi complessivamente scritto, forse un centinaio. Più facile e anche opportuno è ricordare che ciascuno dei non pochi direttori che seguirono Macaluso continuarono a richiedere e accettare i miei commenti e anche le mie recensioni, compresa una meritata stroncatura di un volumone di Bruno Vespa, direttore Veltroni che, con la sua espressa richiesta di recensirlo, prevalse sulla mia riluttanza. Dopo Macaluso furono Gerardo Chiaromonte, Massimo D'Alema, Renzo Foa, Walter Veltroni, Giuseppe Caldarola ad avvalersi della mia frequente e gratificante collaborazione. Nessuno di loro mi chiese mai di modificare neanche una parola, un riferimento, un'osservazione, una critica. Fece eccezione Ferdinando Adornato, diventato responsabile delle pagine della cultura, quando, da una mia ampia recensione al libro del brigatista rosso Patrizio Peci, *Io, l'infame*, eliminò, senza preavviso né autorizzazione, l'inciso nel quale avevo stigmatizzato Peci perché «in quanto provinciale era tifoso della Juventus».

I comportamenti dei direttori successivi di "l'Unità" furono molto diversi. Furio Colombo (marzo 2001-dicembre 2004) semplicemente, ma, come seppi da Peppino Fiori, deliberatamente, mi cancellò. Invece, Antonio Padellaro (dicembre 2004-agosto 2008) mi riprese, mi diede spazio, qualche volta chiedendomi, insomma, un piccolo ritocco, un addolcimento, una modifica; nulla, però, che potesse essere equiparato a una censura. Il caso Concita De Gregorio (agosto 2008-luglio 2011) fu sconcertante. Invitato a un colloquio a Roma, nulla di sostanziale, dichiarai la mia disponibilità e il mio interesse a scrivere senza ricevere in cambio né un'accettazione né un diniego. Casualmente, il pomeriggio stesso viaggiammo fianco a fianco da Roma a Firenze, con De Gregorio che mi parlò del più e del meno senza alcun riferimento né al giornale né alla politica italiana né a una mia collaborazione. Nei suoi tre anni di direzione non si rivolse a me neppure una volta.

La collaborazione con "la Repubblica" fu nel complesso soddisfacente, ma, come avevo previsto, non sempre facilissima. Rispetto al potente gruppo dei giornalisti e collaboratori romani, ero un outsider. Il direttore sostanzialmente accettò quasi tutte le mie proposte e non cestinò nessun mio articolo. Collocati nella pagina dei commenti, quegli articoli contribuirono a darmi grande, e gradita, visibilità. Tuttavia, ero consapevole che non necessariamente il direttore e neppure alcuni dei più influenti collaboratori romani condividevano i miei scritti. Sulle riforme istituzionali ero nettamente più disponibile, oserei dire più "avanzato" di quei collaboratori e Scalfari sembrava più vicino alle mie posizioni, per esempio, relativamente alla legge elettorale. Personalmente, pur critico di Craxi, non condividevo lo scontro frontale fra il direttore e Ghino di Tacco. Misurai la mia distanza dalla linea ufficiale del giornale in occasione del referendum sulla responsabilità civile dei magistrati (novembre 1987). Il mio commento, favorevole al sì, vale a dire all'introduzione della responsabilità civile, venne seguito da tre rumorosi no: quello del direttore e fianco a fianco quelli di Massimo Riva, capogruppo della Sinistra indipendente del Senato, certamente non in rappresentanza del gruppo che non era stato in nessun modo consultato, e di Stefano Rodotà, capogruppo della Sinistra indipendente della Camera. L'ottanta per cento degli elettori approvò il quesito referendario.

L'incidente che pose termine alla mia collaborazione con "la Repubblica" a livello nazionale (continuai a scrivere su "la Repubblica – Bologna" fino al gennaio 2009) ebbe luogo alla fine di novembre 1990, per la precisione giovedì 29. All'Ansa che aveva lanciato la notizia dell'intenzione manifestata da Rodotà di dimettersi dal parlamento, inviai un breve commento: «Finalmente una buona notizia per il parlamento e il Pci. Rodotà torna all'università. Tutta la mia solidarietà ai suoi studenti».

Fu pubblicato in neretto in taglio basso in una pagina interna, ma visibilissimo. Poiché avevo anche detto che alcuni parlamentari della Sinistra indipendente già trattavano la loro rielezione con il futuro partito ne seguì una sgradevolissima polemica che non credo di dover tacere. Cito le parole di Rodotà come riportate nell'articolo di Antonello Caporale: «Se [Pasquino] conosce qualcuno del nostro gruppo che sta contrattando una poltrona con Occhetto deve dire chi è. Le sue affermazioni rappresentano una pesante caduta di stile, gettano un'ombra velenosa di sospetto e hanno il sapore di un messaggio trasversale». Quanto ai sospetti e ai messaggi trasversali, sto ai fatti. Mi limito a constatare che nel 1992 Rodotà fu rieletto dal Pds e tentò addirittura di diventare presidente della Camera dei deputati contro Napolitano. Quanto agli altri deputati della Sinistra indipendente ce ne furono almeno due che collezionarono legislature come parlamentari del Pds e diventarono anche ministri. Fatti. Durissimi fatti.

Incredibilmente, già il giorno dopo lo scambio, "la Repubblica" portava un'intervista a Giulio Quercini, capogruppo del Pci alla Camera che, senza mai menzionare il mio commento sarcastico, affermava essere il Rodotà un parlamentare eccellente. Sabato toccò ad Achille Occhetto – ultimo segretario di quel Pci che voleva superare e che stava trasformando (Rodotà non condivideva affatto tempi e modi della trasformazione) – esprimersi in qualche non convintissima lode del Rodotà dirigente politico. Martedì (2 dicembre) fui casualmente raggiunto al Senato dalla telefonata della segretaria di Scalfari che mi preannunciava e mi lesse una lettera con la quale il direttore mi comunicava lapidariamente che la pubblicazione di miei articoli su "l'Unità" risultava incompatibile con la mia collaborazione con "la Repubblica".

Presi atto senza replicare. Qualcuno ipotizzò che Rodotà avesse posto un *aut aut* a Scalfari: mandare via Pasquino oppure se ne andava via lui. Non soltanto non mi giunse nessuna solidarietà, per esempio da Giampaolo Pansa, all'epoca probabilmente la più famosa firma di "Repubblica" che, per di più, mi conosceva da tempo, ma quando il "Corriere" verso la fine di dicembre, ovvero a distanza di tre settimane e più, si occupò della faccenda, il resoconto pubblicato era vago, blando, persino carente dal punto di vista delle informazioni. Eppure, c'era materia per mettere in (cattiva) luce il quotidiano concorrente. Quando chiesi all'autore, Francesco Merlo (ci conoscevamo piuttosto bene), il perché della mancanza di mordente e di approfondimento, la risposta fu vaga, ingarbugliata, imbarazzata. Pochi anni dopo Merlo passò a "Repubblica", mentre Pansa non mi parlò mai di quell'avvenimento.

la Repubblica

Editoriale La Repubblica S.p.A.
Cap. Soc. 16.000.000.800 int. vers.
Trib. di Roma n. 2792/75
C.C.I.A.A. 401082
Cod. Fisc. n. 1545500587
Partita IVA 01005901002

IL DIRETTORE

Roma 4 dicembre 1990

Sen. Gianfranco Pasquino

Caro Professore,

vedo che lei collabora ormai con molta frequenza a "L'Unità". Questa circostanza non è compatibile con la sua collaborazione con "Repubblica" per evidenti ragioni di mercato: una firma importante non può dividere la sua collaborazione tra due giornali quotidiani in qualche modo concorrenti tra loro. D'altra parte lei è anche un uomo politico e posso ben capire il suo interesse a essere presente in un importante giornale di partito.

In queste condizioni preferisco essere io a rinunciare alla sua collaborazione.

Con molta amicizia.

Eugenio Scalfari

00185 Roma - Piazza Indipendenza 11/b Tel. 06/49821 - Telex 620660 - 613065 Telefax 06/49822324

• Redaz. Torino: 10123 Torino - Via Cesare Battisti, 1 - Tel. 011//5613033 - Telefax 011/533327 • Redaz. Milano: 20121 Milano - Piazza Cavour, 1 - Tel. 02/62831 - Telefax 02/6283200
• Redaz. Bologna: 40131 Bologna - Via Parmeggiani, 8 - Tel. 051/552021 - Telefax 051/551785 • Redaz. Firenze: 50125 Firenze - Via Maggio, 35 - Tel. 055/280021 - Telefax 055/280106
• Redaz. Napoli: 80121 Napoli - Piazza dei Martiri, 58 - Tel. 081/405433 - Telefax 081/426499

Nel frattempo, avevo anche avuto una disavventura, fatale. L'allora direttore del "Corriere della Sera", quel gentiluomo di Ugo Stille, mi aveva voluto incontrare di persona a Roma per chiedermi se ero interessato a passare al suo quotidiano come commentatore. Preso atto della mia disponibilità mi disse che ne avrebbe parlato con la redazione. Purtroppo, le sue già non buone condizioni di salute peggiorarono e quando, avendo lasciato trascorrere diverse settimane, lo cercai, non era già più lui a fare il giornale. Comunque, l'occasione non era del tutto passata poiché il vicedirettore Giulio Anselmi, ottimo giornalista e persona squisita, decise di avvalersi di me commissionandomi qualche commento. Ricordo che un paio di volte su tematiche importanti finii addirittura in prima pagina. Fu il caso, inizio del giugno 1991, del referendum sulla preferenza unica al quale, non soltanto perché facevo parte del comitato promotore, ero del tutto favorevole. L'articolo a sostegno del no fu affidato al già molto in carriera consigliere regionale repubblicano Stefano Passigli che, in seguito, avrebbe cercato di accreditarsi come "riformatore istituzionale", ma allora espresse del tutto pedissequamente la linea del suo leader Giovanni Spadolini.

Poi peccai di ingordigia e di stupidità. Avrei voluto scrivere più spesso sul "Corriere", ma, sbagliando, non ebbi il coraggio di manifestare apertamente il mio desiderio ad Anselmi. Proprio in quel periodo, Ricardo Franco Levi mi offrì di collaborare come editorialista al nuovo quotidiano da lui fondato e diretto: "L'Indipendente". Mi sembrò una grande opportunità. Invece, fu, lo scrivo non diplomaticamente, un fallimento. Il quotidiano durò poco tempo e non conseguì mai il suo obiettivo culturale preminente, quello di imporre uno stile anglosassone: le notizie in maniera stringata, ma precisa e affidabile, i commenti sobri, colti, incisivi. Negli anni ottanta ho anche scritto almeno una cinquantina di articoli per "Rinascita" il settimanale del Pci (forse dovrei pensare a raccoglierli). Alla metà degli anni novanta mi trovai a essere un commentatore con un (quasi) grande passato alle spalle. Per fortuna, "l'Unità" diretta da Peppino Caldarola mi offrì regolarmente spazio. In seguito, scrissi alcuni, pochi, articoli anche per "Il Sole 24 Ore" diretto da Ferruccio de Bortoli tra il 2005 e il 2009. Infine, trovai generosa accoglienza su "Il Fatto Quotidiano" diretto prima da Antonio

Padellaro, poi da Marco Travaglio. Per un lungo periodo, già a partire dal 1990, il più affidabile "sbocco" dei miei commenti è stato costituito dall'Agenzia dei Giornali Locali (oggi Gedi) grazie ai numerosi direttori (menziono volentieri Pier Vittorio Buffa, Paolo Ojetti, Nanni Carmilla, Andrea Iannuzzi e Angelo Di Marino) che si sono succeduti mantenendo la loro fiducia nella mia collaborazione. Dalla data della sua pubblicazione, 15 settembre 2020, sono fra i collaboratori del quotidiano "Domani" diretto da Stefano Feltri.

In parte, il mio innegabile cruccio per non riuscire a ottenere una sede importante per commentare la politica italiana, europea e anche quella delle altre democrazie, Usa soprattutto, è stato condiviso da Giovanni Sartori. Soprattutto quando oramai la sua età e le sue condizioni di salute non gli consentivano più di scrivere sul "Corriere" al quale si vantava di avere iniziato a collaborare nel lontano 1969, Sartori tentò diverse volte di sponsorizzarmi presso Ferruccio de Bortoli come il suo più accreditato allievo. La risposta di de Bortoli solletica la mia vanità, ma non allevia il mio rammarico: «Pasquino è troppo imprevedibile». Lascio a chi mi sta leggendo e a chi ha letto i miei commenti nel passato come interpretare e valutare la mia "imprevedibilità". Naturalmente, in materia, ho un'opinione consolidata (e autolusinghiera).

Non posso chiudere queste pagine dedicate alle mie attività di commentatore politico, ovvero, meglio, di predicatore di buona politica, senza menzionare, questa volta con soddisfazione, i più di dieci anni tra il 2000 e il 2012, nei quali una volta la settimana fui ospite di Aldo Forbice nel programma *Zapping* a Radio 1, e le mie numerose presenze nei salotti televisivi su una varietà di reti. Ho fatto del mio meglio per diventare un "intellettuale pubblico" come, sicuramente ed efficacemente, furono i miei due maestri, Bobbio e Sartori. Forbice accettava e persino desiderava che esprimessi il mio dissenso (il suo successore, che in dieci anni mi ha invitato due volte, l'ultima nel 2016, proprio no). A RaiNews24 Roberto Vicaretti si è sempre dimostrato molto preparato e capace di domande ficcanti e di repliche puntuali. Non voglio dare i voti ai conduttori e alle conduttrici dei programmi televisivi, e quindi mi fermo aggiungendo soltanto che esiste un ampio spazio di miglioramento in particolare per i talk show di prima serata. Avremmo probabilmente un paese migliore e cittadini migliori se i giornalisti fossero professionalmente più preparati. Non vado oltre perché so, e ho imparato venendo messo in quarantena, che, tranne poche eccezioni, la suscettibilità di alcuni giornalisti/e continua a essere significativamente superiore alla loro professionalità.

3
Il politico

Una telefonata inaspettata – «Pasquino, sei candidato» – Nelle file del Pci, ma di lato – La giostra dei comizi – Al Senato per la prima volta – Primi tentativi di riforme istituzionali – Pochi premi e cotillon – Addio Roberto – Primo dei non eletti

Non mi ero mai pensato come parlamentare della repubblica. La telefonata fatale arrivò un giorno di fine aprile del 1983 all'ora di pranzo. Era Luciano Guerzoni, il segretario regionale del Partito comunista dell'Emilia-Romagna. Non lo conoscevo di persona; non l'avevo mai incontrato. Non sapeva se darmi del lei o del tu, se chiamarmi professore o semplicemente Pasquino, alternative che, in seguito, per molti dirigenti locali del Pci che mi invitavano a varie iniziative, sarebbero persino diventate più complesse: senatore?, compagno?, lei o tu? Sentivo le inevitabili oscillazioni tra il rispetto per il professore e la consapevolezza di idee e politiche condivise e di desideri di cambiamenti progressisti. Guerzoni mi comunicò che il Pci era interessato a candidarmi al parlamento e mi chiese se fossi disponibile. Presi tempo. Ero stato invitato a insegnare alla Sais di Washington per l'anno 1983-1984, con inizio a settembre. Saremmo partiti tutti, era il momento buono per i miei figli, Sara dodici anni ed Emanuele sette, per imparare l'inglese in una scuola degli Usa (l'hanno comunque imparato benissimo negli anni successivi). Curiosamente, un paio di giorni prima il mio collega di scienza delle finanze Filippo Cavazzuti mi aveva chiesto consiglio. Gerardo Chiaromonte gli aveva offerto la candidatura al Senato. Lo avevo incoraggiato senza esitazioni: una grande opportunità anche di contribuire a rendere migliore la politica economica del Pci. A elezione avvenuta, il nostro ben più autorevole collega alla Facoltà di Scienze politiche dell'Università di Bologna, il senatore democristiano Beniamino Andreatta, ci offrì un passaggio da Fiumicino a Palazzo Madama e giubilante annunciò che, sì, il Pci era sulla strada giusta da quando si faceva consigliare dagli «economisti borghesi miei allievi» (citazione verbale, riferimento palese e pungente a Cavazzuti). Curiosamente, con le elezioni del 1983 la Facoltà di Scienze politiche di Bologna si trovò ad avere in parlamento cinque dei suoi professori: Andreatta e Ruffilli per la Dc, Franco Piro per il Psi; Cavazzuti e il sottoscritto per la Sinistra indipendente. Poi dal 1996 al 2001 toccò a Ettore Rotelli (Forza Italia). Sintetizzerei l'insieme con le parole "competenza e pluralismo politico".

Dopo la telefonata di Guerzoni, pensierosamente, mi trovai in maniera piuttosto casuale a fare un minisondaggio random raccogliendo il parere di colleghi molto diversi per discipline accademiche e preferenze politiche. Il sociologo Arturo Parisi non ebbe dubbi: congratulazioni, e grande occasione da accettare. Il politologo, mio giovane allievo, vicino ai radicali, Angelo Panebianco mi disse che era il momento di mettere alla prova le (mie) conoscenze di scienza politica. Il giurista Marco Cammelli con qualche malcelata invidia fece di più. Mi suggerì di accettare la candidatura motivando la mia preferenza per il Senato con riferimento a tre buone ragioni: 1. numero contenuto di rappresentanti e, quindi, meno caos rispetto alla Camera; 2. in quanto assemblea di uomini e donne di una certa età il lavoro sarebbe stato più meditato e meno tumultuoso e stressante; 3. il Senato era dotato di un vero e proprio ristorante dove pranzare e cenare seduti e tranquilli (quello della Camera era aperto anche ai funzionari e molto più affollato).

Non mi sono mai davvero interrogato sul perché il Pci mi avesse scelto per una candidatura che, allora, in Emilia-Romagna, significava elezione praticamente assicurata. Non l'ho mai chiesto. Peraltro, proprio quell'anno, in diverse aree del paese, i comunisti stavano cercando candidati di prestigio e di riconosciuta competenza per acquisire una legittimazione politica e di governo che nonostante tutto sentivano essere ancora carente. Quali erano i miei meriti, quali le qualità che mi rendevano attraente e potenzialmente utile agli occhi dei comunisti? Posso soltanto azzardare alcune risposte, non necessariamente in ordine di importanza. Politicamente mi consideravo in senso lato socialista, partito che avevo già votato e che votai con convinzione nelle elezioni del 1976, fautore dell'alternativa di sinistra, quindi molto critico del compromesso storico. Molti anni dopo decisi di mettere per iscritto in maniera sistematica tutte le mie critiche e obiezioni al compromesso con riferimento alla concezione della democrazia nel capitolo "Compromesso storico, alternativa, alternanza" del libro *Libertà inutile. Profilo ideologico dell'Italia repubblicana* (2021).

In seguito, l'evoluzione della politica di Craxi, a partire dalle posizioni ambiguamente interpretabili come favorevoli alla trattativa con le Brigate rosse per ottenere una (im)possibile liberazione di Moro, e le sue modalità alquanto autoritarie di gestione del partito, che insieme ad alcuni uomini politici e intellettuali socialisti criticammo in un documento pubblicata da "Mondoperaio", mi spinsero a votare Pci nelle elezioni del 1979. Lo feci anche perché Berlinguer aveva abbandonato la strategia del compromesso storico, che avevo considerato un grave errore politico e "democratico", per formulare in maniera piuttosto frettolosa la prospettiva dell'alternativa democratica. Non mi pareva soddisfacente neppure questa proposta, ma, implicando l'esclusione della Dc dal governo, finiva per essere più vicina alle mie preferenze per l'alternativa che allora definivamo "di sinistra", il caso di riferimento essendo rappresentato da quanto aveva fatto François Mitterrand conquistando la presidenza della Quinta repubblica francese nel maggio del 1981. Ebbi modo di esprimere più compiutamente la mia "filosofia politica" curando un fascicolo della rivista "il Mulino" (n. 3, 1982) interamente dedicato al Psi, *sine ira ac studio*.

Soltanto anni dopo mi venne la curiosità di sapere chi aveva suggerito la mia candidatura. Per tutti coloro che indirizzavano alte critiche ai processi decisionali del Pci ufficialmente ispirati e basati sul centralismo democratico, da me approfonditamente analizzato nell'articolo del "Corriere" che attirò l'attenzione di Scalfari, come ho scritto qualche pagina fa, ho alcune notizie utili. Tranne una trentina di necessarie eccezioni (quelle del gruppo dirigente), le candidature parlamentari nascevano e venivano dal basso anche perché poi erano i dirigenti locali a doversi impegnare per l'elezione. Anni dopo, Lanfranco Turci mi comunicò che, interpellato dal centro, era stato lui, al tempo dinamico presidente della Regione Emilia-Romagna, a formulare il mio nome. Dal "territorio" gli erano giunti apprezzamenti per la mia disponibilità ad accettare inviti dalle sezioni del Pci e da alcune associazioni di sinistra che, poi, esprimevano soddisfazione per le mie conferenze e dibattiti che preparavo con cura come testimoniano, per esempio, i testi raccolti e pubblicati in *Crisi dei partiti e governabilità* (1980). La proposta della mia candidatura, mi venne raccontato in seguito, fu discussa nell'organismo apposito e valutata positivamente sia da Giorgio Napolitano sia da Pietro Ingrao, esponenti di visioni alquanto diverse della politica del Pci.

Con Napolitano avevo fatto conoscenza in alcuni, pochi, dibattiti e convegni, il più importante dei quali, a Torino, portò alla pubblicazione di un libro curato da Silvano Belligni, *La giraffa e il liocorno. Il Pci dagli anni '70 al nuovo decennio* (1983) che contiene, oltre a saggi di Napolitano e di Bobbio, anche un mio testo. Con Ingrao, invece, la conoscenza, più recente, era cominciata in maniera curiosa. Una telefonata di Anna Di Lellio, allora assistente al Centro per la riforma dello stato fondato e diretto da Ingrao (in seguito, affermata docente di Sociologia alla New York University e consulente delle Nazioni Unite per il Kosovo), che mi comunicò che, avendo letto il mio libro *Crisi dei partiti e governabilità*, Ingrao avrebbe gradito incontrarmi e discuterne. Accettai al volo. In una piccola vettura, guidata dal suo autista di fiducia (Ingrao, che era stato presidente della Camera dal 1976 al 1979, aveva rinunciato alla macchina con autista che spetta agli ex presidenti di Senato e Camera) andammo in giro per Roma per un paio d'ore parlando di partiti, di istituzioni, di democrazie e di eventuali riforme. Sono lieto che superai quello che mi parve e fu un vero e proprio esame di ammissione. La promozione mi fruttò l'invito a partecipare alle attività del Crs e a scrivere sulla sua rivista "Democrazia e Diritto". Pochi anni dopo Ingrao accettò molto gentilmente di venire a Torino a discutere con Bobbio il mio libro *Restituire lo scettro al principe* (1985; in sala era presente anche la mia orgogliosa emozionata mamma). Ricordo anche il giorno: 15 dicembre, perché Bobbio, abitualmente puntualissimo, arrivò con lieve ritardo ed esordì scusandosi. Aveva dovuto scrivere per "La Stampa" il necrologio di Alessandro Passerin d'Entrèves (1902-1985) scomparso alcune ore prima.

In seguito, Ingrao mi chiese di scrivere un emendamento alle tesi del congresso del Pci che si tenne a Firenze nell'aprile 1986 che mettesse in evidenza le motivazioni delle riforme istituzionali, la loro necessità, l'urgenza. L'emendamento ottenne il voto favorevole del venti per cento dei delegati. *En passant* noto che su richiesta di Turci scrissi altri due emendamenti: uno sul governo ombra, l'altro sulla possibilità/auspicabilità di elezioni primarie per la scelta delle candidature alle cariche elettive. Infine, Ingrao scrisse la presentazione, non poche righe di prammatica, ma quasi sette dense pagine di interlocuzione, al mio libro *Una certa idea della sinistra* (1987) e un capitolo per il libro da me curato *Rappresentanza e democrazia* (1988) nel quale si trova anche una estesa riflessione di Bobbio.

Nel corso del fine settimana sciolsi le mie riserve sulla candidatura al parlamento e da lunedì iniziammo a preparare le iniziative elettorali. Era un lavoro quasi totalmente nuovo per me, tanto che mi resi conto di conoscere la teoria della competizione politica, le modalità di svolgimento delle campagne elettorali e le caratteristiche della comunicazione politica nelle democrazie, ma che la pratica richiedeva apprendimento e approfondimenti, un di più, molto di più e anche di diverso. I dirigenti del Pci decisero di sfruttare la mia notorietà, che, naturalmente, celebrarono sulle pagine dei quotidiani diffusi in Emilia-Romagna: "Il prof Pasquino candidato indipendente nelle liste del Partito comunista". La mia presenza (come quella di Cavazzuti e altri candidati mai comunisti), da un lato, serviva a ridefinire, a cominciare dalla stessa campagna elettorale, l'immagine di un partito spesso accusato di promuovere soltanto grigi funzionari ligi alla linea; dall'altro, segnalava che il Pci era in grado di attrarre competenze di alto livello con la auspicabile conseguenza che elettori di sinistra, altrimenti non disposti a votare Pci, avrebbero comunque potuto indirizzare il loro voto su di noi. Per questa ragione mi chiesero di accettare la candidatura sia alla Camera, dove, grazie alla possibilità di esprimere voti di preferenza avrei potuto attrarre qualche elettore non già comunista, sia al Senato. Fu chiaro fin dall'inizio che, una volta eletto, sarei andato a far parte del gruppo parlamentare della Sinistra indipendente nel ramo del parlamento da me preferito.

Le campagne elettorali sono faticose. Poi, possiamo anche aggiungere che si incontrano molte persone interessanti, che si imparano molte cose che, direbbe, anzi, dice lo studioso di scienza politica, sono utilissime a chi voglia diventare un buon rappresentante, che vi si producono eventi irripetibili, persino indimenticabili. L'apertura della campagna elettorale fu strepitosa: una tiepida serata di inizio giugno, nella splendida piazza Maggiore di Bologna. Nilde Iotti, presidente della Camera dei deputati, Renato Zangheri, sindaco di Bologna e il candidato Gianfranco Pasquino, professore di scienza politica nell'ateneo bolognese, allievo di Norberto Bobbio, a parlare di politica con i cittadini. Forse sarebbe stato più opportuno se il professore candidato non avesse detto che, sì, il pentapartito godeva di sovraesposizione nelle reti televisive di Stato, ma che l'opposizione, vale a dire il Pci, avrebbe comunque dovuto migliorare la sua comunicazione politica poiché, tutto sommato, quello era il problema. La risposta giusta fu quella di Zangheri: garantire a tutti i concorrenti pari accesso alla Rai. Con il senno di poi, il problema rimane irrisolto anche se la *par condicio*, quando fu effettivamente applicata, qualche effetto positivo l'ha prodotto. Sul punto, lettura essenziale rimane il libro, documentato ed equilibrato, di Ernesto Bettinelli, *Par condicio. Regole, opinioni, fatti* (1995).

Il collegio del Senato si chiamava Portomaggiore ed era in provincia di Ferrara. Era un collegio "sicuro", ovvero nel quale il candidato del Pci veniva regolarmente eletto. Per tre legislature era stato occupato dall'ex presidente della Corte costituzionale, grande professore di diritto costituzionale, Giuseppe Branca (1907-1987). I "compagni" ferraresi erano abituati e rassegnati a cedere quel collegio alla direzione nazionale. Qualche tempo dopo la mia elezione, Branca venne a cercarmi in Senato e nel corso di un breve e molto cordiale colloquio mi chiese se fossi interessato a scrivere il commento all'articolo 49 della Costituzione italiana, quello sui partiti politici, per il *Commentario* in molti volumi da lui diretto presso Zanichelli. Onoratissimo, accettai subito entusiasticamente e Branca mi rivelò il nome del giurista da lui prescelto alcuni anni prima, che si era rivelato moroso: il mio professore di diritto costituzionale Leopoldo Elia, molto noto per i suoi ritardi e le sue (in)conclusioni. Con qualche trepidazione, ma rapidamente, con l'indispensabile consulenza di Marco Cammelli, riuscii a scrivere il mio denso testo che ottenne l'approvazione di Branca: "Art. 49", in *Commentario della Costituzione. Rapporti politici* (1992).

Il debutto della mia campagna elettorale per il Senato avvenne nel comune di Copparo, in provincia di Ferrara. Era un luminoso pomeriggio domenicale, in un'altra bella piazza con 120-150 persone sedute, con ogni probabilità già tutte convinte e pronte a votare "il candidato" del partito, ma incuriosite dal "professore". Esisteva ancora solido e diffuso il voto di appartenenza. In quella comunità i genitori e probabilmente anche i nonni avevano sempre votato a sinistra, socialista poi comunista, e anche gli amici e i colleghi di lavoro votavano comunista. Nelle molte cooperative e nell'Arci i comunisti erano tanti, capaci, lavoratori, solidali. Il voto era la conseguenza di un modo d'essere e di vivere, di rapportarsi gli uni agli altri. Fu il giovane sindaco, Roberto Polastri, a introdurmi e a guidare il dibattito nel quale i partecipanti approfittarono della mia presenza, in modo molto diverso da come avrebbero fatto con un dirigente di partito, non per avere la linea, ma per soddisfare le loro curiosità politiche. Perché Craxi aveva assunto atteggiamenti tanto sprezzanti nei confronti del Pci? E la risposta comunista avrebbe dato frutti? Come pensavo di contribuire all'unità delle sinistre? Era giunto il momento di ritoccare la Costituzione italiana?

Molti anni dopo, verso la fine degli anni novanta, quando ero tornato all'università, Polastri mi chiese di essere il relatore della sua tesi di laurea in Scienza politica. Nel frattempo, aveva ricoperto diversi incarichi amministrativi ed elettivi, era stato anche assessore nella giunta al governo della città di Ferrara (divenne poi direttore generale dell'Università di Ferrara), ma sentiva il bisogno di chiudere finalmente il suo percorso di studi con la laurea. Scrisse un'ottima tesi sulla formazione del gruppo dirigente comunista a Ferrara, non lesinando critiche ad alcune scelte, all'incapacità di rinnovamento, alle carenze di comprensione dello spirito dei tempi e, se necessario, alle modalità per contrastarlo. Nel momento in cui scrivo (agosto 2021), il sindaco di Ferrara, carica a cui, certamente qualificato per esperienza e competenza, Polastri avrebbe meritato di essere candidato, è un leghista, il primo non comunista nel secondo dopoguerra.

La campagna elettorale continuò scrupolosamente organizzata con incontri in diversi comuni, con le autorità locali, con associazioni varie, persino con alcuni miei ex studenti che avevano incarichi di partito, con qualche intervista ai giornali e alle radio locali e alla tv. Feci anche, e ne sono molto orgoglioso, alcuni veri e propri comizi volanti vecchio (non per me che ero ovviamente neofita e preoccupato) stampo. Da un piccolo provvisorio palco nelle gradevoli piazzette del ferrarese parlavo alla cittadinanza. Sotto il palco una ventina, raramente di più, di ascoltatori, probabilmente gli iscritti alla sezione del partito ai quali era stato intimato di essere presenti, al bar dieci-quindici avventori che mi davano le spalle, ma sicuramente ascoltavano, infine, classicamente, sette-otto uomini, rarissimamente donne, in bicicletta con un piede per terra. Il quadretto avrebbe sicuramente riscosso la piena approvazione di Giovanni Guareschi che, forse, avrebbe incoraggiato il parroco locale a suonare, non a festa, ma "a disturbo", le campane della sua chiesa.

***

Domenica 26 giugno 1983, votai la mattina presto a Bologna. Poi presi un aereo Bologna-Parigi, Parigi-Boston. Infatti, quando accettai la candidatura avevo già ricevuto la notizia dell'incarico di insegnamento alla Harvard Summer School sulla scia delle due precedenti esperienze del 1980 e 1981. Troppo tardi per rinunciare poiché Harvard aveva già ampiamente pubblicizzato i miei corsi e non avrebbe trovato sostituti. Al segretario regionale del Pci avevo fatto per tempo presente questo inconveniente e lui non fece obiezione alcuna. Arrivai a Cambridge, alla casa degli Homans, nel tardo pomeriggio. Incominciai a insegnare puntualmente il lunedì mattina dalle 10 alle 12. Nel pomeriggio mi arrivò dall'Italia la comunicazione ufficiale che ero stato eletto. Pochi furono i messaggi di congratulazioni. Conservo gelosamente quello di suo pugno inviatomi da Domenico Fisichella, allora professore di scienza politica alla Sapienza di Roma, che nel 1994 diventò senatore di Alleanza nazionale e ministro dei Beni culturali e dal 1996 al 2006 fu vicepresidente del Senato: «Caro Gianfranco, la tua scelta partitica è assolutamente riprovevole, e mi toccherà essere tuo avversario politico. Ma ciò non toglie che di buon grado ti faccia gli auguri migliori di buon lavoro parlamentare, insieme alle felicitazioni più vive per il successo elettorale».

A Cambridge il giorno stesso dell'inizio delle lezioni andai a comunicare alla direttrice della Summer School che, essendo stato eletto senatore, avrei dovuto tornare in Italia, perdendo un paio di giornate di lezioni. Organizzammo le sessioni di recupero. Fissata per lunedì 11 luglio la data di inaugurazione della IX legislatura, presi l'aereo Boston-Milano la sera di venerdì 8 luglio. A casa a Bologna sabato e domenica. Con il treno del lunedì 11 mattina andai a Roma al Senato, per la prima volta nella mia vita, mai neppure visitato in precedenza, per tutti gli adempimenti di rito: scelta di adesione al gruppo della Sinistra indipendente; dichiarazione, volontaria, di cessione di una parte, credo un quinto, dell'indennità al gruppo. La Sinistra indipendente del Senato era dominata da uomini di appartenenza cattolica (Adriano Ossicini, Mario Gozzini, Raniero La Valle, Claudio Napoleoni, Boris Ulianich). Anni dopo, a fronte di loro posizioni oltranziste dei più vari tipi, Filippo Cavazzuti sbottò con la sua voce forte e profonda: «Fin dalla prima volta che sono entrato qui ho sentito puzza di cellula catto-bolscevica». In più, Ossicini manteneva stretti rapporti con Giulio Andreotti, non proprio il mio politico di riferimento.

Nella seduta inaugurale, essendo fra i quattro senatori più giovani, feci parte dell'Ufficio di presidenza provvisorio. In aula eleggemmo alla prima votazione Francesco Cossiga presidente del Senato. Nel gruppo della Sinistra indipendente venne confermato presidente, praticamente senza nessuna discussione, Adriano Ossicini, proposto e sostenuto da tutti i senatori della precedente legislatura. Non fu una scelta felice. Nelle more di una giornata abbastanza convulsa, fui raggiunto da una telefonata di Luciana Castellina che mi chiedeva se potevo sostenere finanziariamente con i fondi del gruppo la rivista "Pace e guerra" diretta da lei, Claudio Napoleoni (anche lui eletto senatore) e Stefano Rodotà. Scoprii allora che, in effetti, i gruppi parlamentari finanziavano non poche riviste (al Senato alcune cattoliche). Nessuno scandalo: quelle riviste erano un modo lecito, forse anche utile, per mantenere un legame con l'elettorato, per comunicare quello che i parlamentari fanno, per discutere di politica, tutto questo mille volte meglio, oggi possiamo dirlo, di qualsiasi strumento "social": Twitter, Facebook, Instagram e tutti gli altri che, per mia inadeguatezza, neanche conosco.

Il ritorno a Cambridge fu rapido (partenza da Fiumicino, solo bagaglio a mano) e sicuro. Portai a termine i due corsi che avevo insegnato: *Eurocommunism* e *The Military in Politics*. Ero stato informato tempestivamente degli sviluppi, sui quali non avevamo la benché minima influenza, che portarono il presidente Pertini a dare l'incarico a Craxi di formare il nuovo governo che nacque il 4 agosto. Fui esentato dal fare un blitz per il voto di (non) fiducia in quanto non avrebbe avuto nessun senso. La maggioranza per il pentapartito era ampia e non scalfibile. I conflitti, politici e personali, che c'erano e continuavano, rimanevano tutti all'interno del perimetro/recinto del pentapartito. L'opposizione del Movimento sociale era di maniera; quella del Pci non riusciva a trovare nessun punto forte sul quale fare leva. A metà settembre ripresero i lavori al Senato.

Destinato alla commissione Affari istituzionali, avevo appena iniziato attività non proprio eccitanti poiché le misure di cui si discuteva riguardavano spessissimo la burocrazia, lo status, la carriera, le retribuzioni dei burocrati, qualche disegno di legge relativo agli enti locali (ho sempre ingenuamente pensato che un po' di delegificazione risparmierebbe tempo e denaro), quando alla fine di novembre del 1983 fu istituita la commissione bicamerale per le Riforme istituzionali. Il gruppo mi designò a farne parte: un inaspettato colpo di fortuna che, peraltro, rifletteva le mie competenze. Insieme a me fu designato Eliseo

Milani, che era stato segretario della federazione comunista di Bergamo, poi uno dei leader del "Manifesto", parlamentare preparato e assiduo, persona dalle grandi qualità anche umane. Il libro *Eliseo Milani. Eleganza operaia e stile comunista* (2017) contiene, oltre alla sua biografia, numerose, splendide e affettuose testimonianze di compagni e amici. Il valore aggiunto di Eliseo, oltre alle sue doti politiche, si chiamò Pietro Barrera, giovane, competente, attivissimo assistente parlamentare anche della Sinistra indipendente della Camera. Sarebbe poi diventato "city manager" con Veltroni sindaco di Roma. Per noi contribuì in maniera inestimabile alla stesura della *Relazione di minoranza* nella quale è contenuta la nostra visione complessiva del sistema politico che desideravamo, precisata con critiche e proposte che hanno mantenuto e dimostrato la loro validità nel tempo.

Della commissione per le Riforme istituzionali fecero parte numerosi parlamentari autorevoli. Ne menziono, senza pretese di completezza, alcuni in ordine alfabetico: Andreatta, Barbera, De Mita, Giugni, Natta, Pannella, Preti, Rodotà, Rognoni, Ruffilli, Scoppola, Segni, Rognoni, Zangheri, non tutti, però, frequentatori assidui e affezionati. Nominato dai presidenti di Camera e Senato, ma, ovviamente, prescelto dai segretari dei partiti, ne divenne presidente il liberale Aldo Bozzi. Avvocato, parlamentare romano di lungo corso, ma esponente di un partito piccolo e nient'affatto incline a introdurre riforme che rischiassero di metterne in pericolo lo spazio, Bozzi non fu mai in grado di orientare i lavori della commissione. Qualcuno pensò allora, e personalmente continuo a credere, che una presidenza Fanfani, data l'autorevolezza e il dinamismo del "cavallo di razza" democristiano, avrebbe portato a esiti di qualche rilievo. Tuttavia, l'elemento maggiormente frenante fu costituito da un fattore in parte congiunturale e in parte strutturale: la presenza del segretario del Psi, Bettino Craxi, alla carica di capo del governo della coalizione "pentapartito" (Dc, Pli, Pri, Psdi, Psi). In commissione, i socialisti si mostrarono interessati quasi esclusivamente a quanto servisse a rafforzare i poteri del presidente del Consiglio e contrari a qualsiasi altra proposta, a partire da un'eventuale riforma della legge elettorale. Ovviamente, tutti i rappresentanti dei partiti piccoli manifestarono significative propensioni immobilistiche.

La mia personale valutazione del lavoro in commissione si trova in un ampio articolo accademico: *Teoria e prassi dell'"ingovernabilità" nella Commissione per le Riforme Istituzionali* (in "Stato e mercato", dicembre 1985). A distanza oramai di decenni, ma anche con riferimento a tentativi e commissioni successive, quello che continua a sorprendermi e che non manco di deprecare nei politici, nei giornalisti, ma anche in non pochi studiosi di diritto, è un mix tra, da un lato, la scarsa, spesso inesistente, conoscenza comparata delle istituzioni di altri sistemi politici, i riferimenti ai quali sono episodici e sconclusionati, e, dall'altro, l'incapacità di ragionare e valutare in termini per l'appunto "sistemici", vale a dire tenendo conto che qualsiasi cambiamento in un sistema istituzionale provoca squilibri ai quali è imperativo rispondere con la creazione di nuovi, migliori equilibri.

Qui debbo fare cenno alla mia proposta di riforma elettorale presentata in commissione il 4 luglio 1984. L'ho ripubblicata nella raccolta di saggi *Partiti, istituzioni, democrazie* (2014), al quale sono costretto a rimandare per una esposizione approfondita. Mirava a una pluralità di obiettivi. Nell'ordine: primo, dare maggiore potere agli elettori; secondo, rendere più stretto il rapporto fra parlamento e governo; terzo, creare una situazione di maggiore responsabilizzazione (*accountability*) del governo nei confronti degli elettori; quarto, sbloccare la competizione politico-elettorale; quinto, accrescere le possibilità di alternanza fra coalizioni. Subito dopo la mia articolata esposizione in commissione, l'onorevole Rodotà furioso si precipitò gambe in spalla a Botteghe Oscure per parlare con il neosegretario Alessandro Natta. «Qualcuno attenta alla proporzionale» fu la frase che mi venne riferita. Nel 1993 Rodotà coronò la sua battaglia presiedendo il comitato per il no al referendum elettorale dello stesso anno, dal quale sarebbe scaturita la legge Mattarella, certo non ottima, ma di gran lunga preferibile a tutto quello che è venuto in seguito.

Qualche tempo dopo, casualmente, in maniera del tutto rilassata, Natta, che sedeva dietro di me nell'aula della commissione, mi disse: «So che vuoi riformare la proporzionale. Personalmente, rimango proporzionalista, ma tu vai avanti». In qualche modo, andai avanti. Soprattutto, andai in giro per l'Italia, invitato a illustrare la mia proposta in non poche sedi del Partito comunista. Mai a Bologna. Trovai grande disponibilità all'ascolto, alla interlocuzione, al desiderio di confrontarsi, di "imparare" e di approfondire. Qualche anno fa a San Giovanni Valdarno ricordai a chi mi aveva invitato che ero già stato in quel comune toscano esattamente, conservo il volantino, il 14 gennaio 1986. Al telefono, chi mi chiedeva di andare a discutere di legge elettorale si qualificò come segretario della sezione di San Giovanni: «Verrebbe a discutere di legge elettorale con noi?». Alla mia domanda di come si "schierassero" la risposta fu: «Metà con lei, metà contro». Accettai immediatamente. Seppi poi con grande soddisfazione di avere spostato qualcuno sulle mie posizioni. La mia proposta fu anche discussa sui quotidiani (Scalfari in persona fece un riferimento positivo a "la proposta Pasquino" su "la Repubblica") e su alcuni settimanali, in particolare, la rivista del Pci "Rinascita" che mi dava regolarmente molto spazio e mi chiedeva opportunamente repliche alle numerose critiche di varia provenienza. Forse varrebbe la pena ripescare quei molti interventi.

Credo di potere sostenere che alcune radici del movimento referendario in materia elettorale si trovino proprio nella sfida alla legge elettorale proporzionale italiana che iniziai quel fatidico 4 luglio 1994. Fui referendario elettorale senza riserve, non nascondendo qualche fastidio per la presenza nei comitati di alcuni parlamentari opportunisti, gendarmi di una visione istituzionale immobilista. Fra i promotori del referendum sulla preferenza unica del 1991 (rimando al volume da me curato *Votare un solo candidato. Le conseguenze politiche della preferenza unica*, 1993) e sulla legge elettorale del Senato nel 1993, giunsi, però, alla conclusione, che non ho più abbandonato, che la legge elettorale preferibile per l'Italia è il sistema a doppio turno francese applicato in collegi uninominali. Nel 1995 scrissi un disegno di legge apposito sul quale raccolsi quasi cinquanta firme dei senatori del gruppo progressista, molto più di un terzo che consente la richiesta di inserire il Ddl all'ordine del giorno. Non pochi di quei firmatari furono poi convinti (costretti?) a ritirare la loro adesione dal capogruppo Cesare Salvi (sulle modalità non proprio rispettose con le quali Salvi guidava il gruppo si veda il libro tanto interessante quanto impietoso di Corrado Stajano *Promemoria. Uno straniero in patria tra Campo de' Fiori e Palazzo Madama*). Comunque, né i Progressisti-Pds né i Democratici di sinistra né il Partito democratico hanno mai ingaggiato una effettiva battaglia politica per il doppio turno alla francese.

In seguito alla gentile insistenza di Giuseppe Laterza che riteneva importante che, dal punto di vista di osservatore partecipante particolarmente preparato, rendessi meglio noto quel che era stato fatto, non fatto e malfatto nella commissione Bozzi per le Riforme istituzionali, decisi di mettere a buon frutto tutto quello che, in buona parte, sapevo e che, in altra consistente parte, avevo imparato sulle istituzioni, sul loro funzionamento e su come riformarle oppure no. Raramente sono riuscito a lavorare così intensamente e sistematicamente. Oggi, scherzando, potrei dire con riferimento a un film allora famoso "sette settimane e mezzo", luglio e agosto, di totale concentrazione e di appassionato impegno. L'esito fu un piccolo, ma denso libro, fulmineamente pubblicato da Laterza, che mi ha dato notevoli soddisfazioni giungendo persino alla seconda edizione: *Restituire lo scettro al principe. Proposte di riforma istituzionale* (1985).

Non era la mia prima escursione nel campo delle riforme, e ne seguirono molte altre, ma certo era la più matura. Tra l'altro, contiene la prima indicazione sulla possibilità/auspicabilità di svolgere elezioni primarie per la scelta delle candidature a cariche monocratiche. Elaborai poi la tematica suggerendo anche le modalità minime per «fare bene le primarie» in due articoli pubblicati nella rivista "il Mulino" nella seconda metà degli anni novanta. Che poi i giornalisti continuino a definire il collega e amico, anche coautore, Arturo Parisi «il teorico/l'inventore delle primarie», mi fa sorridere. Sorrido meno, anzi, proprio per niente, quando ascolto gli inviti a «restituire lo scettro al principe» senza nessun riferimento al mio libro, senza neppure avere capito esattamente che cosa significhi e come quella "restituzione" si possa tradurre in pratica. Pochi sanno, specialmente se non hanno letto il mio libro, che il riferimento essenziale è al titolo di un'importante analisi della Costituzione italiana a dieci anni dalla sua promulgazione elaborata nell'ampio saggio del socialista Lelio Basso, *Il Principe senza scettro. Democrazia e sovranità popolare nella Costituzione e nella realtà italiana* (1958). Quel Principe, ancorché con la P maiuscola, era il popolo italiano (art. 1 secondo comma, «la sovranità appartiene al popolo») che era stato espropriato dalla partitocrazia. Poi qualche disinformato e ignorante politologo si avventurò negli anni duemila a definire principe il capo del governo e a suggerire di accrescerne i poteri salvo poi, contraddittoriamente, intitolare un suo libro successivo *Addomesticare il Principe*. Completamente fuori strada. Senza senso. Non merita neppure di essere identificato.

Con i miei libri non sono mai riuscito a vincere qualche premio. Vero è che le giurie, spesso composte prevalentemente da giornalisti, hanno la grande, non imprevedibile, ma indomabile inclinazione a premiare circolarmente libri scritti da altri giornalisti, dai colleghi (che renderanno il favore). Incredibilmente, però, *Restituire lo scettro al principe* mi fruttò "mezzo" premio.

Infatti, nel luglio 1987 mi fu assegnato ex aequo con Domenico Fisichella il premio Fiuggi per la saggistica istituzionale. In seguito, seppi che nella commissione giudicatrice Fisichella fu strenuamente sostenuto da Giovanni Spadolini, mentre la mia candidatura fu promossa da Alberto Predieri, famoso professore di diritto costituzionale a Firenze, buon amico di Sartori, che avevo conosciuto in occasione di una sua importante ricerca sul parlamento italiano. Della cerimonia di consegna conservo una bella foto con Andreotti, il presidente della Fondazione Fiuggi per la cultura (finanziata dal non specchiato imprenditore Giuseppe Ciarrapico). Intervistato dalla Rai, alla domanda: «Quale riforma istituzionale ritiene più importante?», risposi: «Un limite temporale alle cariche di governo» (oggi argomenterei diversamente). Seguì una cena. Con mia moglie arrivammo per primi. C'era Andreotti in persona ad attendere gli ospiti: stretta di mano, qualche parola di circostanza, altre parole, non banali, fino a quando gli facemmo notare che dietro di noi la fila si ingrossava e si allungava. «Presidente, credo che dobbiamo fare spazio», «Non si preoccupi, senatore Pasquino, il fatto è che hanno tutti qualcosa da chiedere».

Con grande piacere ricordo un unico altro premio a distanza di molti anni. Il 10 settembre 2019 a Santa Margherita Ligure mi fu conferito dal Centro internazionale di Studi italiani presieduto da Roberto Sinigaglia il premio Isaiah Berlin in precedenza vinto fra gli altri dal grande sociologo tedesco Ralph Dahrendorf e da Giovanni Sartori. Preparai molto accuratamente una impegnativa lezione su "Pluralismo e liberalismo" procedendo a una rilettura attenta e approfondita di Berlin e riconducendo entrambi i molto corposi concetti sul terreno di analisi della scienza politica e del funzionamento effettivo dei sistemi politici non solo contemporanei.

Purtroppo, non prevedo altri premi (tranne, forse, per questa autobiografia...).

***

La mia seconda legislatura (1987-1992) fu imprevedibilmente segnata da un dolorosissimo evento: l'assassinio sabato 16 aprile 1988 per mano delle Brigate rosse di Roberto Ruffilli, collega e amico, con la motivazione che attraverso le sue proposte istituzionali operava per rendere più forte lo Stato oppressore. Ci eravamo salutati giovedì sera di ritorno da Roma all'aeroporto di Bologna, a quei tempi non c'erano le Frecce Rosse, dandoci appuntamento per martedì mattina. Ancora oggi ricordo le parole con cui l'annunciatore aprì il giornale radio delle ore 19: «Assassinato nella sua casa di Forlì il senatore democristiano…» fino a quel momento pensai all'altro senatore democristiano, Leonardo Melandri, che abitava a Forlì. Poi vennero le tragiche parole «Roberto Ruffilli». Pochi minuti dopo "l'Unità" mi chiese un commento a tambur battente. Raramente rifiuto di scrivere, ma declinai. Sopraffatto dalla commozione rimandai al giorno dopo. La domenica mattina con le lacrime agli occhi confezionai l'articolo sulla mia vecchia e cara Olivetti Lettera 32. Lo riporto qui.

Caro Roberto, ci stavamo appunto dicendo

«E adesso cosa stai scrivendo?» Roberto Ruffilli mi avrebbe sicuramente apostrofato così, scherzosamente, rivedendomi al nostro appuntamento abituale del volo per Roma. E avremmo riso un po', visto che mi aveva appena fatto inviare il volume da lui curato (con Piero Alberto Capotosti), Il cittadino come arbitro, *che contiene tutte le proposte e le dichiarazioni della Dc in materia di riforme istituzionali dal 1984 e soprattutto che ha una sua introduzione e una sua densa conclusione.*

So che lo avrei criticato, rimproverandogli anzitutto il titolo. Perché «il cittadino come arbitro»? Non deve essere anche lui un cittadino attivo e dinamico? E poi la sua tendenza a tenere conto di tutti e di tutte le posizioni.

Avremmo, allora, scambiato pareri e aspettative, come facevamo da anni, in un dialogo fitto, scritto e più spesso parlato, quando, come diceva lui con autoironia, con spirito di servizio, entrambi accettavamo gli inviti più disparati a discutere delle riforme istituzionali un po' dappertutto. Inevitabilmente, in questi anni, prima come colleghi di Facoltà, poi nella nostra esperienza parlamentare, eravamo venuti influenzandoci a vicenda. Ma Roberto aveva un suo disegno originale di riforme istituzionali, che contemperava metodo e contenuto, strumenti e finalità, che prevedeva passaggi graduali e mirava a un esito di rinnovamento profondo delle istituzioni e della politica.

Quanto al metodo, Roberto non credeva alle scorciatoie. Vedeva tutti i difetti dei grandi partiti di massa, le loro degenerazioni, ma non dimenticava mai e ci ricordava sempre il ruolo storico svolto dai partiti di massa non solo nel dare vita alla Costituzione, ma nel radicare la democrazia in questo paese. Dunque, qualsiasi riforma istituzionale avrebbe dovuto ricercare tutte quelle convergenze necessarie fra i grandi partiti e mirare a introdurre tutte quelle innovazioni che obbligassero i partiti a riformarsi essi stessi.

Di qui, la necessità di una visione organica del processo di riforma, a prescindere dal suo luogo di partenza. Si poteva prendere le mosse dalla revisione del bicameralismo oppure partire dagli enti locali, l'importante era che il processo riformatore si sbloccasse e sbloccasse la situazione. Si poteva, certo, anche ridurre l'applicazione del voto segreto, ma tenendo ben presente che, come mi disse l'ultima volta che ci vedemmo pochi giorni fa, bisogna proteggere, in talune materie, la possibilità per il parlamentare di votare, segreto o palese non importa, secondo coscienza e non secondo la disciplina di partito.

Gli rimproveravo spesso la sua duttilità, per l'appunto la sua pazienza nel cercare alleanze, anche fra i più riluttanti all'interno della Dc, la sua disponibilità a tessere e a ritessere il filo delle riforme, anche nei momenti più difficili e disperanti. Non mi ero reso conto fin in fondo che la sua era una scelta di metodo, ma anche un apporto personale, l'esperienza di cattolico democratico lo spingeva e lo teneva sulla strada della ricerca di convergenze più ampie possibili (e "parallele", avrebbe aggiunto argutamente Ruffilli per segnare la continuità con il pensiero e l'opera di Aldo Moro, cui si sentiva debitore e di cui voleva essere, senza presunzione, continuatore). L'esito del processo di riforma istituzionale e politica era, nelle sue parole che cito dalla conclusione de Il cittadino come arbitro, *semplice «Organizzare la competizione fra i partiti in una democrazia matura, collegando il nostro multipartitismo alla costruzione di coalizioni alternative e potenziando come arbitro il cittadino elettore». Roberto era giunto alla piena consapevolezza che una democrazia come la nostra può consentire all'elettore di scegliere il proprio governo (anzi che questo è un vero e proprio «diritto» politico che i partiti debbono garantire) e può così favorire l'alternanza legittimata dal voto popolare. Lucidamente, con qualche momentaneo scoramento, più spesso con il sorriso sulle labbra e la battuta pronta, Roberto continuava la sua battaglia per le riforme, pronto a tornare all'università, senza rimpianti, avendo tracciato un solco significativo nel suo percorso politico.*

E adesso, caro Roberto, ho finito di scrivere quello che non avrei mai voluto scrivere, un addio. Nella speranza, e per quel che conta, con l'impegno a fare sì che i tuoi sforzi, la tua opera, le tue proposte siano utilizzate, e presto, per migliorare e rafforzare la democrazia italiana.

"l'Unità", 18 aprile 1988

Con mia grandissima sorpresa ma, naturalmente, anche con intima soddisfazione, quell'articolo venne letto, paragrafo per paragrafo, da un altoparlante che accompagnava il funerale a Forlì, il lunedì 18 aprile mattina. Per anni ho tenuto vivo il ricordo di Roberto con articoli pubblicati sulle pagine di "la Repubblica – Bologna". Per anni ho pensato a come ci saremmo confrontati sui nostri reciproci dissensi. Anni dopo ho capito quanto i (non troppo) signori delle preferenze nella Dc avessero osteggiato, angustiandolo e opprimendolo, il professore reclutato da Ciriaco De Mita.

Ripensando al decennio e più nel quale l'asfittica coalizione di pentapartito si estendeva nel paese totalmente ignara di quel che si veniva preparando e incapace del minimo slancio di cambiamento, meno che mai rinnovamento, credo che due avvenimenti meritino una riflessione: la (quasi) abolizione del voto segreto e il lancio dei referendum elettorali. Nella storia giustamente e fortunatamente mai finita degli interventi sui regolamenti parlamentari e delle revisioni elettorali e costituzionali, entrambi occupano un posto di notevole importanza anche se troppi sono gli smemorati per i quali tutto comincia con quello, poco, che loro credono e dicono di sapere.

Le modalità di voto nelle aule parlamentari sono importanti per capire meglio che tipo di collegamento esiste e deve esistere fra gli elettori, i partiti e i loro gruppi parlamentari e gli eletti. Stanno al cuore della rappresentanza politica. Sono moltissimi, dappertutto, sicuramente grandi maggioranze, gli elettori che ritengono positivo potere conoscere in che modo votano i parlamentari, il "loro" parlamentare. Ovvio che tutto questo è più facile quando i parlamentari sono eletti nei collegi uninominali. Molto più difficile, al limite dell'impossibile, quando i parlamentari sono stati eletti in lunghe liste di partito bloccate, vale a dire senza la possibilità di esprimere una o più preferenze. Fermo restando che, non solo in Italia, tutti i parlamentari hanno sempre attraverso i mass media la facoltà e la possibilità di rendere noto agli elettori come hanno votato, il problema italiano è sempre stato rappresentato da coloro che grazie al voto segreto bocciavano interi disegni di legge e facevano cadere i governi. Un posto di rilievo fra i cosiddetti franchi (non proprio tali) tiratori era regolarmente occupato dai democristiani divisi in correnti. Non sono mai stato un estimatore del voto segreto tranne in una fattispecie: quando si vota su persone. In questo caso, il segreto serve a due scopi entrambi nobili: primo, tutela chi vota contro un uomo potente che, conoscendo quel voto, potrebbe fargliela pagare; secondo, rende difficile al parlamentare di farsi riconoscere dal potente (che potrebbe essere anche una lobby) con l'obiettivo di trarre vantaggio dal suo voto. In tutti gli altri casi, i parlamentari dovrebbero persino rivendicare l'esigenza della trasparenza. Ovviamente, nel chiedere l'abolizione del voto segreto, che poi in larga misura, con almeno parziale giovamento dei rapporti governo-parlamento, riuscì a conseguire, Craxi aveva come obiettivo sia di colpire la Democrazia cristiana sia di mandare un possente messaggio ai pochi dissenzienti nei gruppi parlamentari socialisti. Per opportunismo, molti parlamentari anche nella Sinistra indipendente difesero il voto segreto cosicché rimasi abbastanza isolato. Ebbi modo, però, di argomentare la mia posizione nella pagina dei commenti della "Repubblica" con apprezzamento di alcuni parlamentari e di molti dirigenti locali del Pci.

La storia dei referendum sulle leggi elettorali è lunga, complessa, importante, e, se non fosse per la compresenza di alcuni referendari opportunisti e furboni, ma anche inadeguati, almeno inizialmente gloriosa. Comunque, si colloca appropriatamente nella mia autobiografia. Non la racconterò nei dettagli, ma soltanto a grandi linee nei suoi punti salienti. All'origine stanno due elementi: primo, la mia valutazione della sopraggiunta inadeguatezza della variante di legge proporzionale usata in Italia a partire dal 1946, non una legge pessima, ma sicuramente suscettibile di molti miglioramenti; secondo, la mia critica fin dall'inizio degli anni ottanta di alcune sconclusionate e particolaristiche proposte e la formulazione di una possibile alternativa presentata il 4 luglio 1984 nella commissione bicamerale. Fra le varie associazioni che mi avevano invitato a condividere con i loro iscritti le mie riflessioni sulle riforme istituzionali fece la sua inaspettata comparsa la Fuci (Federazione universitaria cattolica italiana) nel 1985 presieduta da Stefano Ceccanti che più di vent'anni dopo diventò senatore del Pd. Ne seguirono numerosi incontri, il più importante e più consequenziale dei quali fu una tavola rotonda a Bari a fine marzo 1990 tra uomini politici – D'Alema per il Pci, Formica per il Psi, Martinazzoli per la Dc (facemmo il viaggio di ritorno insieme, aveva molto bisogno di un interlocutore) – e "intellettuali" in parlamento, Pietro Scoppola e chi scrive, nel corso della quale la presidenza Fuci avanzò l'ipotesi di un referendum per cambiare la legge proporzionale. Pensai che era un'idea degna di essere perseguita e la argomentai con favore in un commento pubblicato dalla "Repubblica" (1 aprile 1990). Nel frattempo si stava mettendo in moto, presieduto dal deputato democristiano, Mariotto Segni il variegato comitato promotore dei referendum per la riforma elettorale che conteneva un po' di tutto, compresi "osservatori" politici indicati da partiti che, in verità, erano preoccupati dalla determinazione a superare la proporzionale manifestata dalla maggioranza dei componenti il Comitato.

Ero approdato alla convinzione che fosse necessario cambiare la proporzionale italiana, non perché le leggi elettorali proporzionali sono tutte brutte e cattive, addirittura pericolose per la democrazia. Al contrario. Qualche commentatore continua, stupidamente, a ritenere la proporzionale la causa principale della tragedia di Weimar, mentre fu uno soltanto, certamente non decisivo, dei fattori. Le democrazie scandinave hanno prosperato e vivono con leggi elettorali proporzionali adottate all'inizio del XX secolo e solo molto marginalmente modificate. In Italia quel tipo specifico di legge proporzionale era uno degli ostacoli più difficili da superare per rendere praticabile il meccanismo all'alternanza al governo fra coalizioni diverse. Fin da allora, però, sostengo che il sistema elettorale preferibile per l'Italia è il maggioritario a doppio turno nei collegi uninominali di tipo francese perché consente agli elettori di valutare le candidature e di selezionarle esercitando un voto decisivo per eleggere la candidatura, se non in assoluto preferita, la meno sgradita (voto strategico), e segnalando ai partiti il grado di accettazione delle loro indicazioni di alleanze possibili. Come scrisse Domenico Fisichella già nel 1970 il doppio turno è un «sicuro dispensatore di opportunità politiche». Naturalmente, è necessario un certo grado di intelligenza politica e politologica per fare buon uso di quelle opportunità. Il doppio turno svantaggia i candidati dei partiti e delle liste che si pongono agli estremi (come in Francia fu per i comunisti ed è tuttora per il Rassemblement National di Marine Le Pen, con ingiustificata sorpresa dei commentatori italiani). Un elemento in particolare lo rende sgradito ai sedicenti riformatori elettorali italiani: nei collegi uninominali si vince e si perde senza recuperi, senza ripescaggi (aggiungo che i paracadutati in collegi nei quali non hanno residenza e relazioni sono molto mal visti e osteggiati).

Ieri, ma ancor più oggi, ritengo che chiamare maggioritarie le leggi elettorali proporzionali sulle quali viene innestato un premio di maggioranza – legge Porcellum, ovvero Calderoli, e legge Italicum, ovvero Renzi (con sedicente "zio" D'Alimonte) – è sbagliato e manipolatorio. Se Prodi e Parisi, ma anche Veltroni, sono "maggioritari" perché vogliono un premio di maggioranza, comunque venga attribuito (tale premio, certo in tempi diversi e con modalità diverse fu presente nella legge Acerbo 1932 e nella "legge truffa" 1953), sbagliano. A ogni buon conto, quel tipo di legge elettorale non deve in nessun modo essere definita "maggioritaria". Non abbiamo finora conosciuto nessun ritorno alla proporzionale, solo pasticciate circonvoluzioni. Comunque, se congegnata in maniera tale da attribuire effettivo potere agli elettori, qualsiasi legge proporzionale sarebbe molto meglio della pessima legge Rosato. Continuo ad augurarmi di sentire alte e forti le voci di Prodi, di Veltroni e, naturalmente, di Parisi, che chiedono che si metta fine all'obbrobrio delle pluricandidature e delle liste bloccate. O la qualità del ceto parlamentare è una variabile irrilevante? Se non lo è, allora è imperativo che gli elettori ottengano il potere di scegliere o, quantomeno, di "preferenziare". Tutto il resto sono chiacchiere politichesi che in nessun modo, mai potrebbero migliorare la qualità della rappresentanza parlamentare politica in Italia.

Quanto alla politica italiana, aveva sviluppi che non sarebbero piaciuti a Ruffilli il quale, senza darvi nessuna pubblicità, aveva declinato l'invito/offerta rivoltogli da De Mita di diventare sottosegretario alla sua presidenza del consiglio. Da un lato, il pentapartito aveva raggiunto punti di equilibrio accettabili tanto da Craxi (che guardava oltre) quanto da Andreotti e Forlani che, a loro volta, messo all'angolo De Mita e fattone cadere il governo nel maggio 1989 (memorabile la dichiarazione perentoria di Claudio Martelli: «Quando il tram arriva al capolinea scendono tutti, anche il conducente»), si posizionavano per l'elezione presidenziale del 1992. Ci volle la crisi di governo più lunga di sempre per dare vita al nuovo (*sic*) governo guidato da Andreotti, ma soltanto dopo che i democristiani ingoiarono l'amarissimo boccone di vedere salire sullo scranno del sindaco di Roma, non il loro candidato che aveva ricevuto centomila preferenze, ma il socialista craxiano Franco Carraro, padovano con quasi tutta la vita trascorsa a Milano.

Oltre a impegnarmi a partire dal luglio del 1988 nella commissione parlamentare d'inchiesta sul terrorismo in Italia e sulle cause della mancata individuazione dei responsabili delle stragi presieduta dal senatore repubblicano Libero Gualtieri anche con l'obiettivo di congegnare un disegno di legge sull'abolizione del segreto di Stato per fatti di terrorismo e strage, continuavo il mio giro politico d'Italia inteso a diffondere una cultura istituzionale ed elettorale prodromica a riforme efficaci. A questo fine, naturalmente, feci moltissime iniziative a sostegno del referendum sulla preferenza unica che il 9 giugno 1991 vide, lo scriverò con molta retorica, una netta vittoria dei cittadini contro i dirigenti dei partiti che li avevano invitati ad andare al mare

(Craxi, Psi), a fare una passeggiata nei boschi padani (Bossi, Lega Nord), a stare a casa con gli amici (il ministro degli Interni Antonio Gava, Dc), a giocare a tressette (De Mita, Dc). Gli altri liberali (Malagodi), repubblicani (La Malfa), missini (Fini) non seppero neppure dire qualcosa di interessante rifugiandosi nell'astensionismo per fare fallire il referendum per mancanza di quorum. Al contrario, fu un successo clamoroso, un trionfo: 62,50 i votanti e 95,60 i favorevoli.

Le elezioni politiche del 1992 furono le uniche svolte con la preferenza unica. Non vi fu nessuna contestazione né dell'esito complessivo né di quello delle singole candidature. Per tempo, con un piccolo gruppo di collaboratori avevamo scelto le aree dove svolgere una apposita ricerca. Il volume a mia cura *Votare un solo candidato. Le conseguenze politiche della preferenza unica* (1993) è un vero e proprio, aggiungerei indispensabile, documento dei tempi. Ne facemmo una bella discussione pubblica in una sala della Camera dei deputati il 4 marzo 1993 con Massimo D'Alema, Gino Giugni, Mario Segni. Come in altre occasioni, apprezzai il fatto che D'Alema avesse effettivamente letto i vari capitoli.

Applicando una prassi consolidata nel Partito comunista, nel 1992 non avrei dovuto attendermi una terza candidatura. Anche se il Partito comunista non c'era più, la scelta delle candidature rimaneva nelle stesse mani. Nel caso dell'Emilia-Romagna in quelle di un dirigente capace, autorevole, affidabile: Mauro Zani. Senza nessuna esplicita richiesta da parte mia, la ricandidatura mi fu da lui offerta. Il collegio di Portomaggiore non era più disponibile. Dopo averlo concesso per cinque legislature complessive a indipendenti paracadutati-imposti dalla direzione del partito, i ferraresi, in particolare il loro potente finanziatore Giovanni Donegaglia, presidente della Coop-Costruttori, comunicarono di volere eleggere una loro candidata locale. Pochi giorni dopo, informato della scelta ferrarese, Mauro Zani, segretario regionale di quello che era diventato il

Partito democratico della sinistra, mi chiese la disponibilità a essere candidato nel collegio Castelnovo ne' Monti-Sassuolo, a cavallo fra le province di Reggio Emilia e Modena. Non ero mai stato prima né nell'uno né nell'altro comune, ma non ero neppure un parvenu avendo fatto numerose "iniziative", dibattiti, conferenze sia a Reggio sia a Modena, ma anche in altri comuni delle due province. Ricordo ancora, per esempio, che all'inizio del 1986, in preparazione del congresso del Pci, il segretario di una grande sezione di Reggio Emilia, che mi precisò essere la sezione alla quale erano stati iscritti Azzolini, Franceschini e Gallinari (tre dei componenti delle Brigate rosse che rapirono Moro nel 1978), mi invitò a parlare da loro non strettamente su temi congressuali, ma "di (alta) politica". Insieme, ma l'input iniziale era stato mio, scegliemmo come titolo in grado di attirare l'attenzione "Sopravvivrà il Pci fino al 2000?". Sezione affollatissima, grande interesse, dibattito rovente (anche se c'era sempre qualche remora/cautela nello "sfidare" il professore senatore), diffusa preoccupazione per il futuro.

La campagna elettorale fu durissima e faticosissima, nessuno di quei paesini nell'Appennino reggiano era facilmente raggiungibile, molti lunghi viaggi in auto hanno lasciato il segno sulla mia schiena, in condizioni politicamente sfavorevoli (la contestata e controversa trasformazione del Pci) con esito infausto. Tradizionalmente, nella scheda elettorale il simbolo del Pci si trovava in alto a sinistra. Quel posticino era stato regolarmente conquistato dagli attivisti comunisti che si mettevano in coda per primi davanti agli uffici elettorali. Dal canto loro, gli elettori fedeli, che erano moltissimi, non potevano sbagliare. Nel 1992, però, la legge aveva stabilito che la collocazione dei simboli nella scheda elettorale doveva essere determinata dal sorteggio. Per colmo di sfortuna, non solo il simbolo del Partito democratico di sinistra finì intruppato verso il centro della scheda, ma il posto in alto a sinistra fu occupato dal peggiore dei concorrenti: Rifondazione comunista, con il suo martello, la sua falce ecc. tutto quello che serviva ad "attirare/ingannare" quel che rimaneva dell'elettorato comunista già perplesso per la tormentata e controversa trasformazione del Pci. In più, il candidato senatore di Rifondazione, Jones (si pronuncia "iones") Reverberi, già segretario del Pci di Cavriago, il comune che orgogliosamente ostenta nella piazza principale un busto di Lenin regalato dallo stesso rivoluzionario sovietico, aveva una lunga storia comunista durata fino al 1990. Insomma, non pochi voti sui quali troppo ottimisticamente pensavamo di poter contare andarono a Reverberi, che ebbe un esito superiore alle sue aspettative. Purtroppo, altri potenziali elettori ed elettrici, molta sfortuna anche in questo caso, furono perduti ovvero, meglio, conquistati dalla Lega che penetrò considerevolmente fra gli artigiani (e le loro famiglie) del distretto delle piastrelle e delle ceramiche di Sassuolo. In conclusione, risultai il primo dei non eletti fra i senatori del Pds dell'Emilia-Romagna.

Non recriminai. Presi atto senza pormi nessun interrogativo né sulla conclusione né sulla continuazione della mia "carriera" parlamentare. Poco tempo prima ne avevo fatto un sintetico bilancio (*La giornata di un senatore*, pubblicato sul numero 337 del 1991 della rivista "il Mulino") riflettendo sulla mia esperienza ancora in corso di senatore, in parte per capire meglio quello che avveniva, in parte perché preoccupato e talvolta irritato dalla superficialità e anche dalla faziosità del modo con il quale l'attività del parlamento e dei parlamentari veniva riportata dai mass media. Da allora, la situazione sia del parlamento e dei parlamentari sia della qualità dei reportage dei commentatori è anche peggiorata, accompagnando e favorendo la crescita dell'antiparlamentarismo e del populismo d'accatto. In seguito, in maniera probabilmente non del tutto volontaria e consapevole, ma alquanto disinvolta, il libro di Sergio Rizzo e Gian Antonio Stella, *La casta. Così i politici italiani sono diventati intoccabili* (2007) con più di un milione di copie vendute, solleticò al massimo quei due elementi deteriori della cultura politica italiana. Colloco qui, senza nessuna correzione, il testo della mia riflessione di trent'anni fa, preceduto da alcune righe redazionali di quel fascicolo del "Mulino", di cui era allora direttore Giovanni Evangelisti. Riporto anche il lungo titoletto con il quale la rivista presentò ai lettori il mio articolo.

La giornata tipo di un rappresentante del popolo nella descrizione di uno dei protagonisti: incalzato dall'attività in aula, dal lavoro in commissione, dagli obblighi nel collegio elettorale, il parlamentare diviene suo malgrado un trafelato assenteista. Che insegue il "miraggio democratico" di contribuire a una politica migliore.

In sé e per sé, nessuna giornata parlamentare nella vita di un senatore è eguale alle altre. Eppure, dopo i primi mesi dal momento dell'elezione, non di rado accade che la routine prenda piede: si fa strada l'usura, sembra consolidarsi una certa frustrazione. La giornata parlamentare di un senatore è abitualmente intensa, caotica e stressante. Nel più impegnativo dei casi si ripete quattro volte la settimana, lasciando pochissimo tempo per quelle che, per molti senatori, sono attività più gratificanti: come il ritorno nel collegio; il rapporto con gli elettori, piccoli e grandi; l'attività politica, di base e di vertice; i viaggi con le commissioni; lo studio, senza citare gli affetti, e persino lo svago. Anche se va detto che per molti, almeno ai livelli medio-alti, la vita politica è all encompassing*: assorbe tutto, fino a esaurire ogni altro desiderio.*

Una vita politica giocata sull'emergenza

La giornata parlamentare (insisto su questo aspetto, ma va subito aggiunto che la maggior parte dei senatori ha anche assorbenti impegni di partito, a Roma e nel suo collegio o nella sua federazione) di un senatore è dominata da due tipi di impegni, talvolta in alternativa, talvolta sovrapponentisi: l'attività di assemblea (o aula) e l'attività di commissione. La seconda è di gran lunga più assorbente. Di questo impegno tiene conto l'art. 53 del regolamento ampiamente riformato nel novembre 1988, secondo il quale, almeno in linea di massima, l'attività del Senato dovrebbe essere suddivisa in sessioni bimestrali. Ogni sessione dovrebbe comprendere quattro settimane dedicate al lavoro delle commissioni permanenti e bicamerali, tre settimane dedicate all'attività dell'assemblea e una settimana riservata all'attività "dei gruppi parlamentari e dei singoli senatori", vale a dire di partito, di preparazione, di studio, nel proprio collegio. Purtroppo, raramente, o quasi mai, da quando è in vigore, questa calendarizzazione dei lavori ha trovato una sua traduzione pratica efficace ed effettivamente rispondente alle promesse. D'altronde, ed è questa la prima considerazione da trarre e da fermare, una delle caratteristiche distintive e persistenti della vita politica italiana, e di quella italiana più che di altre, è il suo essere giocata tutta sull'emergenza. A periodi di relativa quiete e tranquillità, nei quali poco si fa e meno si prevede, fanno seguito periodi di attivismo febbrile, di fibrillazione, per usare il gergo politico-giornalistico, di scadenze, di ultimatum e di convulsioni. Chi è avvezzo alla vita parlamentare e politica ha imparato che due momenti dell'anno sono le occasioni più probabili per le convulsioni dell'ultima ora: le due settimane prima di Natale e la settimana prima delle ferie estive.

Nel primo caso, la corsa riguarda (o riguardava, poiché alcune modifiche legislative hanno ridimensionato il problema) l'approvazione della legge finanziaria. Il governo vuole, comprensibilmente, dimostrare al paese che rispetta i tempi e quindi vuole ottenere dal parlamento (da entrambi i suoi rami), l'approvazione della "sua" legge finanziaria entro il 31 dicembre per non entrare nell'esercizio provvisorio. Dal canto suo, quella parte di parlamento, alla Camera e al Senato, che si chiama opposizione vuole, altrettanto comprensibilmente, dimostrare al paese e ai suoi elettori di essere sufficientemente forte da imporre al governo cambiamenti delle misure considerate inique e una parte di quella parte del parlamento che si chiama maggioranza desidera ottenere qualche vantaggio per il proprio collegio (meglio un'aggregazione di collegi in più aree del paese), per la propria corrente, per il proprio gruppo di riferimento (lobby) e così via. Se la maggioranza rimane compatta, ed è un evento raro, nessuno scambio e nessun ritardo. Ma i ritardi si possono evitare anche, ed è un evento abbastanza frequente, con concessioni da parte del governo ad alcuni settori scelti della maggioranza stessa che soddisfino anche richieste dell'opposizione. Si salvano così capra e cavoli, ma non necessariamente i conti dello Stato, i quali, d'altronde, sono stati incrementalmente messi in rosso dalla sequela dei governi italiani senza alternanza.

Nel secondo caso, vale a dire prima delle vacanze estive, c'è il problema di un altro bilancio: quello dell'attività delle camere. Cosicché, bisogna procedere rapidamente all'approvazione di quelle leggi che consentano ai due presidenti delle camere, mai in così aperta, reciproca competizione come da quando si chiamano Giovanni Spadolini e Nilde Iotti, in corsa entrambi per salire al Quirinale, di vantare la superiore produttività dei propri parlamentari. Il guaio è che i due presidenti si ostinano a usare come indice di produttività il numero delle leggi e dei decreti approvati, mentre nel resto del mondo democratico, con poche eccezioni, si fanno, giustamente, meno leggi poiché si è raggiunto, o si mira a raggiungere, un modo di governare più snello, più decentrato, meno fondato sulla legge statale. Comunque, l'effetto complessivo è che la giornata del senatore, e a maggior ragione quella della deputata, sono dominate dalla presenza, spesso obbligatoria, in aula, ad agire come timbro su qualcosa che, talvolta, l'altra Camera, più spesso quella dei deputati, affosserà, insabbierà, senza tanti riguardi, ma che sono pur tuttavia utili per il raffronto sulla produttività. Poiché si votano molte leggi, con molti emendamenti e con molti voti consecutivi, Camera e Senato sono, in quelle occasioni, particolarmente affollati, con grande gioia dei giornalisti che possono strappare battute a un po' tutti i leader politici e ai personaggi più presenzialisti e/o pittoreschi. In tutte le altre occasioni, a esclusione dei grandi dibattiti, contenuti nelle poche ore di un pomeriggio, l'aula, sia alla Camera che al Senato, è propriamente semivuota (buia e grigia alla Camera, un po' più luminosa al Senato, dato il colore rosso degli scranni). Però, soltanto i giornalisti particolarmente disinformati e qualunquisti possono considerare il numero dei presenti in aula come un indicatore dell'interesse, della frequentazione e dell'assiduità dei parlamentari. Infatti, se il dibattito è generale, vale a dire è dedicato a esprimere le considerazioni dei singoli o dei gruppi parlamentari, cioè per lo più dei partiti, sui principi ispiratori, le traduzioni normative, gli obiettivi di fondo della legge, i protagonisti parlamentari hanno già espresso le loro posizioni sia nell'apposita commissione sia attraverso la stampa, la radio e la televisione con articoli, interviste, dichiarazioni, comunicati, e la maggior parte dei loro colleghi sono a conoscenza di quelle posizioni e di quelle riflessioni. In questo caso, le repetita non iuvant *a nessuno, ma annoiano tutti, compresi i resoconti parlamentari sui quali, spesso senza limiti di tempo, vanno a depositarsi quegli interventi pronunciati in aule giustamente semivuote. Ben più consistente sarebbe la presenza in aula se si procedesse a votazioni conflittuali (come, per esempio, per richiamare casi recenti e significativi, sulla legge contro la violenza sessuale, su quella relativa alle tossicodipendenze, su quella concernente l'emittenza televisiva), a votazioni ripetute e frequenti, a votazioni su emendamenti importanti e mirati.*

Il parlamentare latitante

La limitata presenza in aula dipende, infatti, da molti fattori, la maggior parte dei quali caratterizzanti il caso italiano. Il primo di questi fattori è che, spesso, in occasione della discussione generale sulle leggi, le commissioni parlamentari, in seguito a un accordo fra i capigruppo parlamentari e il presidente di quel ramo del parlamento, non sono state sconvocate, anche se dovrebbero esserlo. Il secondo è che, comunque, dato l'alto numero di "governanti" (che sta a indicare i più di trenta ministri e i più di sessanta sottosegretari che esistono in questo paese: nel settimo governo Andreotti, formato nell'aprile del 1991, il totale fa centouno: più del Senato degli Usa!), le due camere si trovano prive già in partenza, se i governanti sono al loro posto di lavoro, di un decimo almeno dei rappresentanti. A questi vanno aggiunti i parlamentari in missioni di servizio, per esempio, impegnati al Consiglio d'Europa o in altre simili attività, i parlamentari frequentanti le commissioni bicamerali, che funzionano anche se una Camera vota, i parlamentari malati (e, naturalmente, i pochi cronicamente o quasi dediti all'assenteismo, ma non necessariamente più degli altri impiegati pubblici, insegnanti, burocrati, ferrovieri e così via, e spesso persino meno...). Il terzo fattore è costituito dalla possibilità per tutti i parlamentari, anche a commissioni sconvocate, di riuscire ad ascoltare i discorsi dei colleghi dai propri uffici con l'apposita radio collegata con l'aula e di essere preavvertiti nel caso si procedesse a votazioni. È comprensibile che, essendo pochi gli oratori d'aula in grado di avvincere il proprio uditorio, il parlamentare medio preferisca prestare la propria attenzione in maniera selettiva, magari facendo altro nel proprio ufficio, piuttosto che sedersi in aula dove, in ambiente meno confortevole, potrebbe al massimo leggere i giornali, la rassegna stampa, i resoconti parlamentari e sbrigare un po' di posta personale, e poco più. Nel suo ufficio, invece, il parlamentare può ricevere visite e fare telefonate, soprattutto quelle cruciali per convincere la riottosa pubblica amministrazione a pagare le pensioni, procedere a un trasferimento, registrare una nomina, smistare una pratica: tutte quelle attività che, altrove, sarebbero dovute e che in Italia fondano il reticolo del clientelismo minore, ma molto importante per la rielezione. Anche di questo è fatta la giornata di un parlamentare.

Il quarto fattore, decisivo per spiegare la latitanza dall'aula che non coincide con la latitanza dal Palazzo o dai propri doveri, è costituito dalla ripetitività dei dibattiti e dei discorsi e dalla loro scarsa incisività sull'azione del governo. A questo proposito, bisognerebbe chiamare in causa non solo il modo di governare in questo paese, ma il sistema dei partiti e la forma di governo parlamentare all'italiana. Ma non è questa la sede, tranne che per fare un severo rimbrotto a quei giornalisti parlamentari, e non, che preferiscono la facile via del qualunquismo e del colore a quella più complessa di fornire ai loro lettori, e ai loro colleghi, background e contesto nei quali si inquadrano gli avvenimenti da descrivere e nei quali soltanto essi sono comprensibili. Risulterebbe così anche meglio comprensibile tutto il dibattito, manipolato e confuso ad arte dagli stessi protagonisti politici, sulle riforme istituzionali che molti giornalisti non sanno o non riescono a spiegare al loro pubblico.

Le giornate d'aula, anche nel migliore dei casi, quando sono poche e consecutive, durano poco e risultano interessanti o appassionanti, sono molto faticose e talvolta frustranti per la maggior parte dei parlamentari. (Comunque, non sono affatto poche, visto che dal 3 luglio 1987 al 26 marzo 1991 il Senato ha tenuto più di cinquecento sedute d'aula.) Soltanto i più incalliti dei parlamentari, dei sottosegretari, dei ministri e dei dirigenti di partito possono, infatti, ritenersi soddisfatti quando la maggior parte della legislazione risulta fatta di leggine particolari e quando le leggi generali sono spesso al di sotto delle aspettative dell'opinione pubblica, delle conoscenze dei parlamentari (dei legislatori) e delle esigenze del paese (perché esiste anche questo fantomatico soggetto, almeno come punto di riferimento dei discorsi parlamentari), ma quasi necessitate da una serie di veti reciproci, di solidarietà di maggioranze altrimenti divise, di pressioni di potenti lobby che, talvolta, attraversano anche l'opposizione. Talvolta, tutti questi elementi finiscono per rendere un disegno di legge talmente impresentabile da farlo rimandare in commissione. È in quella sede, comunque, che il parlamentare assiduo impiega la maggior parte del suo tempo e impegna le sue risorse e le sue energie politiche e intellettuali. Purtroppo, prima piaga del sistema politico-istituzionale, nessun parlamentare appartiene a una sola commissione, ma tutti debbono appartenere ad almeno una commissione permanente. Per quel che mi riguarda, la mia scelta è caduta, per ragioni di competenza, ma anche per le necessità di presenza del gruppo parlamentare della Sinistra indipendente, sulla commissione Affari costituzionali (la prima commissione). Dato il numero delle commissioni permanenti, al Senato e alla Camera (attualmente tredici), appare immediatamente evidente come i gruppi parlamentari piccoli, fra i quali vanno annoverati tre dei gruppi facenti parte della maggioranza di pentapartito: Pri, Psdi e Pli, non dispongano neppure del numero sufficiente di parlamentari per essere presenti con un componente stabile in ciascuna commissione permanente al Senato. Tantomeno possono essere stabilmente presenti nelle numerose commissioni bicamerali che, periodicamente, ma alcune sistematicamente, vengono istituite su decisione parlamentare. Una sola commissione bicamerale è prevista dalla Costituzione italiana: la commissione per le questioni regionali. Di questa commissione faccio parte nell'attuale legislatura. Inoltre, sono anche fra i componenti della commissione parlamentare "per l'accertamento delle cause delle stragi e del terrorismo e la mancata individuazione dei responsabili" (e, nella scorsa legislatura, sono stato fra i componenti della commissione bicamerale sul fenomeno della mafia). Cosicché, la mia attività e la mia giornata parlamentare dovrebbero dividersi in tre, operazione possibile in via di principio se venissero osservate alcune regole di utilizzazione del tempo. L'osservanza dei tempi e la miglior utilizzazione del tempo di ciascun singolo parlamentare non caratterizzano sfortunatamente il caso del parlamento italiano.

Come lavorano le commissioni

La vita di commissione è più o meno faticosa e più o meno gratificante a seconda della sussistenza o meno di tre elementi. Il primo elemento è costituito dall'ambito di competenza stessa della commissione. Vi sono alcune commissioni, in primis la commissione Affari costituzionali, la commissione Bilancio e la commissione Finanze, che, a causa delle loro ampie competenze e del loro essere essenzialmente commissioni di controllo sull'attività legislativa e parlamentare, sono non soltanto impegnate pratica-

mente tutte le settimane, ma tengono un numero di sedute di gran lunga superiore alla media di qualsiasi altra commissione (rispettivamente: nella IX *legislatura, 349, 358, 328; nella* X, *l'attuale, fino alla crisi di governo di fine marzo, 339, 246, 344). Naturalmente, questa attività intensa non consente ai rappresentanti dei gruppi parlamentari piccoli (tutti tranne Dc, Pds e Psi), che sono soli, di delegare la propria presenza ad altri componenti dello stesso gruppo, se non in casi eccezionali, e implica dunque un superlavoro. Inoltre, ed è questo il secondo elemento, proprio per la natura dell'attività di queste tre commissioni, e per il modo di legiferare del parlamento italiano, Affari costituzionali, Bilancio e Finanze sono inondate da piccoli provvedimenti sui quali le prime due debbono esprimere pareri rispettivamente quanto alla costituzionalità, vale a dire alla non lesione di norme costituzionali, e all'esistenza di copertura di spesa. Sarebbe, questa, un'operazione importante se condotta con rigore. Spesso, invece, è un'attività noiosissima, di routine notarile, manipolata dalla maggioranza che, naturalmente, essendo la stessa in entrambe le commissioni, può decidere di fare il bello e il cattivo tempo e, con poche eccezioni, quando vuole lo fa, alla faccia della costituzionalità e della copertura di spesa. Il terzo elemento è costituito dall'organizzazione stessa dei lavori. Non esiste una programmazione né mensile né settimanale né, tantomeno, dei due giorni in cui la commissione si riunisce. Queste commissioni corrono sempre il rischio di operare come "commissioni sportello" alle quali il governo si rivolge per ottenere in tempi brevi o brevissimi autorizzazioni a fare qualcosa e a spendere qualcosa. È la classica situazione della legislazione di emergenza. Vi sono sempre ritardi da recuperare, falle da otturare, problemi urgenti da affrontare, salvo che quei ritardi sono stati provocati da precedenti inadempienze dei governi e delle loro maggioranze, quelle falle aperte dai comportamenti dei governi e delle loro maggioranze, quei problemi urgenti non individuati per tempo dai governi, dai ministri e dalle loro maggioranze, oppure addirittura lasciati diventare tali appositamente, così da poter uti-*

lizzare l'arma dell'urgenza per imporre con qualche decreto anche la disciplina di voto a maggioranze spesso riottose, divise, conflittuali o semplicemente noncuranti e disinteressate.

Senza approfondire troppo le critiche che, talvolta, inevitabilmente, debbono fare riferimento anche alle capacità tecniche e al vigore politico degli stessi presidenti di commissione, appare a questo proposito chiaramente di quanta rilevanza sarebbe l'attribuzione delle cariche di presidente della commissione Affari costituzionali e della commissione Bilancio a esponenti dell'opposizione. L'intera attività di controllo parlamentare diventerebbe automaticamente più incisiva e, in base alla regola delle reazioni previste, governo e maggioranza sarebbero molto più attenti nell'anticipazione dei problemi, nell'individuazione delle soluzioni, nella stesura dei testi legislativi. Alla luce di queste considerazioni risulta comprensibile come l'unica attività davvero gratificante del lavoro nella commissione permanente Affari costituzionali sia costituita dalle rare eventualità di discussione di disegni di legge di un qualche rilievo (come, per esempio, sulla regolamentazione dell'attività della presidenza del consiglio, sulla creazione del ministero per l'Ambiente, sul nuovo ordinamento delle autonomie locali). Tuttavia, anche in questi significativi casi, emergono con nettezza due classici problemi: l'uno attinente al parlamento, l'altro al sistema politico italiano. Quanto al parlamento, l'intero processo di stesura e di discussione, di emendamento e di approvazione dei disegni di legge appare segnato dalla frammentarietà, dalla farraginosità, dalla lentezza e, alla fine, dalla sottoutilizzazione di risorse, energie, competenze, conoscenze. D'altronde, discussioni che durano mesi, si svolgono una volta o due la settimana, sono spesso inframmezzate da conflitti su decreti governativi, da pareri su leggine, da improvvisi mutamenti di opinione del governo, dei suoi rappresentanti, della sua maggioranza, non possono essere tese, incisive, essenziali, ma rischiano di essere ripetitive e ridondanti.

Quanto al sistema politico italiano, il problema deriva dal fatto che, nel bene e ancora più nel male, il potere vero è nelle mani dei partiti. Non sono dunque i senatori (o i deputati) nella loro autonomia che decidono che cosa fare ma, in special modo nel caso dei partiti maggiori, è l'apparato che dà la linea e il parlamentare che l'applica. Questo significa che il processo di formulazione delle leggi in commissione è caratterizzato, da un lato, da una scarsa flessibilità, che può riflettere accordi raggiunti in sedi extraparlamentari, ma che riflette anche la sovranità limitata dei singoli parlamentari, e da improvvise pause di riflessione, che possono durare a lungo, quando, per fenomeni non tutti facilmente comprensibili e narrabili, qualche partito, soprattutto all'interno della maggioranza, abbia cambiato idea, opinione, posizione su aspetti rilevanti di quello specifico disegno di legge, fenomeno che si produce ancor più di frequente nel passaggio di un provvedimento da una Camera all'altra.

Frammentarietà e farraginosità, più scarsa autonomia dai vertici, o dagli uffici studi dei partiti o, naturalmente, da potenti lobbisti di tutti i tipi, rendono il processo di discussione, emendamento, approvazione delle leggi in commissione, salvo rari casi, mai del tutto soddisfacente e gratificante, neppure per i componenti della maggioranza. Talvolta, il successo di un singolo parlamentare può consistere nell'introduzione di un emendamento "intelligente" e la soddisfazione personale può discendere dalla migliore stesura di un articolo. Certo, siamo molto distanti dal Senato degli Stati Uniti laddove il processo legislativo è tutto o quasi nelle mani (e nelle menti) dei senatori stessi e dei loro staff che filtrano le richieste e le pretese dei lobbisti. Eppure, questa è l'attività di commissione che, a chi è portatore di competenze, non necessariamente soltanto personali, ma professionali e perfino specificamente parlamentari, di tecnica legislativa, risulta più appetibile e più congeniale.

Eccessi di verbosità

Quest'attività può, entro certi limiti, giustificare di per sé l'esperienza parlamentare. Senza contare che gli inconvenienti sopra enunciati sono, rispetto agli inconvenienti registrabili nelle altre commissioni, rose e fiori. Infatti, ma a questo proposito è difficile generalizzare, alcune commissioni bicamerali hanno la tendenza a privilegiare il momento delle dichiarazioni, delle proclamazioni, delle enunciazioni. Cosicché, non me ne vogliano i colleghi, si produce in loro, non poche volte, una dinamica sessantottesca (per carità, niente affatto assente in altre sedi dell'attività politica italiana), quasi da torneo oratorio. Qualcuno potrebbe sostenere che, dopotutto, il parlamento è luogo di dibattito, discussione, confronto di posizioni "parlate". Naturalmente, è facile ribattere che un altro, quasi egualmente valido, modo di definire un'assemblea rappresentativa è: legislativo. Cosicché, seppure un po' schematicamente, se ne potrebbe dedurre che le commissioni permanenti nella loro migliore espressione si avvicinano al polo del legislativo, mentre parecchie commissioni bicamerali si avvicinano al polo del parlamento.

La prima spiegazione dell'eccesso di verbosità va ricercata, comprensibilmente, nelle competenze delle commissioni. Spesso, le competenze delle commissioni bicamerali sono indirizzate all'inchiesta, all'investigazione e alla valutazione dell'efficacia della legislazione, sia che si tratti della mafia sia che si tratti del terrorismo, sia che si affronti il problema degli sprechi nella ricostruzione delle zone meridionali terremotate sia che si inquisisca sui comportamenti illeciti o illegali della filiale di Atlanta della Banca nazionale del lavoro (che sono alcuni esempi concreti delle competenze di commissioni bicamerali o, nell'ultimo caso, di commissione composta da soli senatori). Inevitabilmente, dunque, il parlato ha il sopravvento sul legiferato o sul legiferabile, ancor più quando, e mi riferisco in particolare alla commissione Antimafia e alla commissione Stragi, si hanno audizioni di testimoni che sono talvolta veri e propri interrogatori. Inoltre, mentre il "legiferando" e il "legiferato" portano con sé due elementi difficilmente pubblicizzabili, soprattutto da parte di giornalisti alquanto scarsamente specializzati: la tecnicità e la processualità (vale a dire la lunga durata), il "parlato" gode di grandi vantaggi di "notiziabilità". Spesso, già in partenza, prende le mosse da scandali, veri o presunti, da misteri, da illeciti. Inoltre, non presuppone precedenti conoscenze specifiche né da parte dei giornalisti né da parte del pubblico dei lettori. Infine, la notizia, l'articolo, il reportage possono essere costruiti sulle dichiarazioni dei parlamentari stessi senza bisogno di ulteriore documentazione, approfondimento, studio, e senza dovere leggere i resoconti parlamentari che, pure, sono rapidamente disponibili, ma che richiedono qualche conoscenza preliminare. Per di più, i giornalisti, della carta stampata e della televisione, possono assistere in diretta alle sedute di molte commissioni permanenti, che sono così pubbliche e, se e quando non lo sono, non sarà difficile trovare qualche "gola profonda" fra i parlamentari... in cambio di pubblicità in altre occasioni. Questa pubblicizzazione, più o meno diretta, quando esiste, cambia in maniera estremamente significativa la struttura della situazione e il comportamento dei parlamentari.

Insomma, per parecchi parlamentari ciò che conta finisce per essere non tanto inquisire e accertare, ma fare il punto nella domanda, talvolta chilometrica (parla, parla, qualcosa rimane...), essere più clever, *più astuti di altri, avere l'informazioncina aggiuntiva, tirar fuori qualche piccolo asso dalla manica. E tutto questo per periodi di tempo spropositatamente lunghi, visto che l'obiettivo di fondo non è fare domande, ma offrire le proprie risposte, le proprie interpretazioni, le proprie critiche e così via, senza che il regolamento interno imponga di rispettare un qualsiasi limite temporale. Non sono quasi mai o mai gli stessi parlamentari che eccellono nelle commissioni d'inchiesta e nelle commissioni permanenti. Si richiedono, infatti, doti alquanto diverse. Forzando un po' il paragone, se ne potrebbe concludere che se le commissioni permanenti italiane non si avvicinano all'autorevolezza e all'incisività sul processo legislativo delle commissioni senatoriali degli Stati Uniti, le commissioni d'inchiesta sono ben distanti dalla secchezza e dal nitore che caratterizzano, quantomeno nei suoi momenti migliori, i confronti nel parlamento britannico. Spesso, però, non è affatto un problema di competenze e di capacità. È molto più semplicemente un problema di tempo. Un parlamentare medio italiano, un senatore che non abbia assorbenti impegni di partito si trova sempre comunque premuto da esigenze di molteplici e sovrapponentisi sedute.*

Il tipico mercoledì del parlamentare, infatti, può avere sull'agenda, come è accaduto spessissime volte, una riunione del gruppo parlamentare nel corso della mattinata in ovvia sovrapposizione con l'abituale riunione della commissione permanente di appartenenza, senza che esista nessuna possibilità, in particolare per i rappresentanti dell'opposizione, di conoscere in anticipo la sequenza dei provvedimenti da discutere in quella commissione. Quella riunione poi si intreccerà con l'altrettanto frequente riunione di una commissione bicamerale (per esempio, la commissione Stragi ha già tenuto settantotto sedute in questa legislatura: il calcolo delle probabilità dice che almeno un terzo si sono sovrapposte con quelle della commissione Affari costituzionali) e con l'ulteriore riunione pomeridiana dell'altra commissione bicamerale (quella sulle questioni regionali si tiene per l'appunto tutti i mercoledì in quasi certa sovrapposizione con la riunione pomeridiana della commissione permanente) e, nonostante il calendario e il regolamento, con la probabilità che, a partire dalle 16.30, anche l'aula debba riunirsi per qualche votazione urgente, dovuta, imposta o accettata dai capigruppo. Evidentemente, la curva di attenzione e in parecchi casi di preparazione del parlamentare non può essere sempre al suo apice. Cosicché, allo stress per la necessità di transitare vorticosamente da una commissione all'altra si aggiunge la preoccupazione della preparazione per eventuali, e spesso necessari, per il resoconto delle commissioni e dell'aula, affinché rimanga a verbale la posizione del gruppo o quella personale, ancor più quando si manifesta un difficile dissenso, interventi nelle materie in discussione.

Se le cose stanno così, e poiché stanno davvero così, è illusorio e ingenuo pensare da parte del singolo parlamentare di potere fare la differenza, di potere influire, di potere cambiare disegni di legge, introdurre emendamenti, spostare posizioni politiche.

Il miraggio democratico come riscatto

In assenza di una piena consapevolezza dei propri limiti politici, parlamentari, di competenze, la giornata romana di un qualsiasi senatore (dovrei dire di un senatore qualsiasi), se non ha altre fonti di gratificazione, rischierebbe di essere sempre o quasi una giornata di frustrazioni che, per molti, si conclude tardi, con cene di lavoro: i sostenitori venuti dalla provincia, i lobbisti, i compagni di partito che vogliono saperne di più, un'improvvisa riunione notturna, magari addirittura di commissione o di aula quando si è in ritardo sui tempi, o si deve fare vedere che l'argomento è davvero all'ordine del giorno o, per l'appunto, della notte. Fra le possibili fonti di gratificazione si situano il sostegno che il gruppo di amici, di conoscenti, di estimatori politici può manifestare in diverse forme; l'attenzione che mass media, meglio se non sollecitati, dimostrano nei confronti di iniziative politiche e parlamentari; la possibilità di parlare di politica in occasione di presentazioni di libri di amici, di colleghi, o propri; e, talvolta, in sede più propriamente parlamentare, il successo che può ottenere un buon discorso, l'accoglimento di un emendamento efficace e ben congegnato o, da ultimo, caso rarissimo, l'approvazione di un disegno di legge di cui si è (primi) firmatari. Alla fine resta comunque quello che vorrei definire il miraggio democratico: l'illusione che, in qualche modo, da qualche parte, il confronto delle idee, la circolazione delle opinioni, la puntualizzazione delle critiche riescano a produrre una politica migliore, a contribuire a una legislazione più rispondente a interessi generali o, quanto meno, a bloccare la legislazione peggiore. Solo questa speranza-illusione riscatta o salva la giornata di un senatore.

Il bilancio di quanto ho fatto come senatore richiederebbe molte pagine specifiche. Ho già scritto molto in materia e penso che, comunque, meriterebbe una pubblicazione a parte. Qui, però, desidero segnalare un disegno di legge al quale tengo in maniera particolare e che, alla luce di un dibattito carsico, confuso, manipolato e (in)finito merita attenzione. Un quarto di secolo fa scrissi il testo di un disegno di legge n. 1970 intitolato "Norme per un sistema elettorale a doppio turno in collegi uninominali per l'elezione del Senato della Repubblica e della Camera dei deputati". Molti colleghi del gruppo parlamentare Progressisti lo firmarono. Non pochi di loro furono poi, in un modo o nell'altro, convinti dal capogruppo Cesare Salvi, a ritirare la troppo impegnativa firma. Colgo l'occasione per ringraziare chi la mantenne. Questo disegno di legge è il mio lascito ufficiale in materia di leggi elettorali. Ne sono orgoglioso.

Immediatamente dopo la sconfitta nel collegio di Castelnuovo ne' Monti-Sassuolo, tornai all'insegnamento all'Università di Bologna, dedicando molto tempo alle letture di aggiornamento per riprendere senza inconvenienti degni di nota la mia vita di professore che faceva anche conferenze e che scriveva articoli compreso uno, su "l'Unità", di critica alla elaborazione della legge Mattarella, che mi costò una immediata reprimenda dal presidente della Camera Giorgio Napolitano e sua richiesta di rettifica. Non dovetti rettificare proprio niente poiché, per fortuna, il testo da me criticato venne cambiato. All'inizio dell'estate 1993 ricevetti il graditissimo invito a impartire due corsi alla School of Advanced International Studies di Washington, DC, nello *spring term* del 1994, che iniziava alla fine di gennaio e si concludeva la prima settimana di maggio. Accettai senza esitazioni. Fu, come nel passato, un'esperienza assolutamente gratificante nella città di Washington finalmente diventata una vera capitale, dove la politica (primo mandato del presidente Clinton, 1992-1996) si intrecciava con la grande cultura. Con leggero fastidio ricordo il mio necessario incontro con il *dean* (direttore) della Sais, Paul Wolfowitz, parcheggiato in attesa di riottenere una carica di governo che, infatti, arrivò con il presidente George W. Bush (2000-2008) quando, nominato sottosegretario alla difesa, esplicò tutta la sua arroganza di falco nella guerra in Iraq e di estremista neo-con.

Facilmente insediato, conoscevo abbastanza bene la città. Passate quattro settimane di intenso, ma gradevole, insegnamento, verso la fine di febbraio ricevetti una totalmente inaspettata chiamata dall'Italia. Era il segretario regionale dell'Emilia-Romagna, Sergio Sabattini, che sostanzialmente mi offriva la candidatura al Senato nel collegio di Rimini. Era successo che il molto popolare sindaco di Riccione, potenziale candidato, aveva ricevuto un avviso di garanzia e nel periodo delle devastanti (e meritorie) inchieste di Mani Pulite, il Pds non poteva permettersi di presentare candidati che avessero conti aperti con la giustizia. Inoltre, userò frasi politichesi, nella federazione di Rimini impazzavano lotte interne che impedivano la scelta di una candidatura condivisa. Insomma, il mio curriculum, non solo come senatore, ma anche in quanto professore, una qualche notorietà per diverse conferenze tenute in quella zona (il sindaco di Rimini, Giuseppe Chicchi, mi disse poi di avere particolarmente apprezzato le mie posizioni in materia di protezione dell'ambiente), facevano di me un eccellente "tappabuchi". L'esordio fu ottimo. Un giornale locale mi fece una ampia intervista con foto e titolò "Da Harvard a Rivabella" (una delle spiagge di Rimini). La campagna elettorale fu semplice, intensa, ma di gran lunga meno faticosa di quella che avevo fatto nel reggiano, notevolmente personalizzata anche perché la legge Mattarella contemplava l'esistenza di collegi uninominali. Quindi, grandi manifesti con la mia foto e il mio cognome. Quei luoghi di vacanze, da Rimini a Riccione a Cattolica fino alla discoteca Baia Imperiale di Gabicce che Wikipedia colloca «tra le dieci discoteche più belle al mondo», furono lo sfondo di una (mia) vittoria mai in discussione.

Già all'inizio del marzo 1994, neppure la vittoria di Berlusconi e dei suoi alleati apparve più in discussione. Fra il giorno del voto e l'inaugurazione del nuovo parlamento intercorsero una ventina di giorni. La sera della domenica partecipai a una trasmissione televisiva. Bravissimi, i riminesi mi informarono in diretta a mezzanotte che ero diventato il loro senatore. La mattina del lunedì volai a Washington. Recuperai, come si fa nelle università Usa, un paio di lezioni perdute, ne feci diverse altre, programmate e anticipate, portando a conclusione i miei due corsi. Rientrai in Italia direttamente su Roma, in tempo per farmi una doccia e la barba e cambiarmi d'abito a casa della preoccupatissima Nadia e sbucare in aula fresco come una rosa esattamente nel momento in cui il decano Francesco De Martino dava inizio alla prima votazione per eleggere il presidente del Senato. Dalla Calabria era arrivato anche il rieletto senatore Carmine Garofalo, persona squisita, mio coetaneo. L'anno prima aveva organizzato una mia iniziativa per il Pds a Cosenza, della cui federazione comunista era stato in passato segretario. Lo vidi affaticatissimo, camminare molto lentamente per depositare la scheda nell'urna. Mi disse che aveva un tumore ed era uscito dall'ospedale esclusivamente per venire a votare, senso del dovere. Morì poche settimane dopo. Il candidato dei progressisti era Giovanni Spadolini, mentre il centrodestra aveva scelto il professore di economia Carlo Scognamiglio Pasini alla sua seconda legislatura, esordiente in Senato. Fra i neoeletti si trovava anche il mio collega professore di scienza politica Domenico Fisichella, che aveva molto e molto efficacemente lavorato con Gianfranco Fini per la trasformazione del Movimento sociale italiano in Alleanza nazionale.

Nelle prime due votazioni nessuno dei candidati aveva ottenuto la maggioranza assoluta dei voti degli aventi diritto. Si sussurrava che nel nostro schieramento ci fosse almeno un senatore, forse due o tre che votavano bianco per ottenere il cambiamento della candidatura di Spadolini, considerandosi loro stessi papabili. Alla terza votazione chi otteneva più voti conquistava la presidenza. Al termine di una conta molto lenta e dello spoglio dei voti ad alta voce, De Martino annunciò una parità che, a norma di regolamento, significava la vittoria del candidato più anziano d'età, quindi Spadolini. Ero seduto proprio di fianco a Spadolini nei banchi più bassi. Mentre si levava un applauso un po' incerto, notai che senza esitazioni Scognamiglio, con grandissima signorilità, attraversava l'emiciclo per venire a congratularsi con Spadolini con una stretta di mano. Quasi nello stesso momento dal capannello dei senatori scrutatori e dei funzionari fu fatto un cenno a De Martino. La riconta aveva evidenziato un voto in più per Scognamiglio. In verità, anche a me, seguendo lo spoglio, era sembrato che ci fosse quel voto in più. Però, mi ero anche insospettito e indispettito da una scheda leggendo la quale il senatore scrutatore aveva manifestato incertezza. Il cognome di Scognamiglio era stato spezzato e scritto su due piani diversi Scogna Miglio. Fra i banchi del centrodestra, si trovava anche l'autorevole professore di storia delle istituzioni Gianfranco Miglio, rieletto dalla Lega Nord, teorico del federalismo, studioso di Carl Schmitt, autore di alcuni libri importanti, fra i quali, *Una Repubblica migliore per gli italiani (verso una nuova costituzione)* (1983). A mio modo di vedere, quella particolare scheda segnalava il tentativo molto palese del votante di farsi riconoscere (per ottenere, a più o meno futura memoria, qualche ricompensa): voto di scambio quant'altri mai. Pertanto, quella scheda doveva essere dichiarata nulla. La presidenza non se la sentì. Purtroppo, una volta proclamati i risultati, le schede vengono bruciate. Ugualmente decisive furono le due schede rimaste bianche, ma per loro, forse, nessun premio.

All'inizio di giugno, come fanno i bravi (*sic*) rappresentanti, tornai nel mio collegio di Rimini. Esco dalla stazione ferroviaria, entro in tutta fretta nel taxi, dico: «All'Associazione albergatori, per favore». Con un'occhiata nello specchietto retrovisore, il taxista mi chiede: «Lei è un albergatore?», «No»; «È un rappresentante di commercio?», «No». Tocca a me. «Immagino che lei abbia più di venticinque anni. Posso chiederle se a marzo ha votato?», «Sì»; «Posso chiederle se è un elettore di sinistra?», «Sì»; «E, allora, sono il suo senatore!». Colpo durissimo alla tesi della "personalizzazione della politica", quanto meno alla mia personale personalizzazione. Non erano bastate quattro settimane di campagna elettorale, i manifesti elettorali affissi con abbondanza, qualche intervista sui quotidiani locali, spesso con relativa foto, due o tre apparizioni televisive a rendermi sufficientemente noto a un "mio" elettore. Mi venne da pensare: *another place another time* (arrivarono entrambi, ma furono peggiori).

Nella breve molto tormentata legislatura 1994-1996 che concluse la mia carriera parlamentare combattei un'altra buona battaglia, quella per regolamentare e impedire il conflitto d'interessi. Predisposi un molto sintetico disegno di legge. Lo presentai il 15 maggio 1994, il giorno dell'apertura dei lavori del nuovo Senato. Avendo raccolto le firme di due terzi del gruppo parlamentare dei Progressisti, il mio disegno di legge fu subito assegnato alla commissione Affari costituzionali. Che un concessionario di attività statali non dovesse avere/esercitare cariche di governo, dalle e grazie alle quali fosse in grado di procedere a facilmente riottenere le stesse o altre concessioni, mi pareva lapalissiano. Che nessuno che disponeva di proprietà in attività industriali, commerciali, nei servizi, nell'informazione, potesse acquisire e mantenere cariche di governo che gli/le permettevano di legiferare anche nei settori nei quali aveva corposi interessi era conseguente e democratico. Subito altri parlamentari elaborarono disegni di legge simili, ma con un contenuto molto più ampio che si prestava a discussioni estese, tecnicizzate, inconcludenti. Comunque, il Senato approvò nel luglio 1995 un testo tutto sommato utile, che poteva avere una qualche efficacia.

Da studioso di scienza politica avevo sempre sostenuto, lo avrei fatto ancora e rimango della stessa opinione anche oggi, che il bicameralismo che impone una doppia lettura serve spesso a migliorare la legislazione. Però, può essere altresì piegato a stravolgerla ovvero semplicemente a insabbiare disegni di legge sgraditi. È quanto, anche con il contributo di alcuni deputati Progressisti, e dello stesso presidente della Camera dei deputati, invidiosi del successo dei loro colleghi senatori, avvenne. Con la giustificazione che era necessario essere più esaurienti, addirittura onnicomprensivi, il disegno di legge approdato alla Camera venne colposamente inabissato con la fine anticipata della legislatura. Avrebbe fatto la sua ricomparsa anni dopo a prima firma di Franco Frattini, ministro della Funzione pubblica nel governo Berlusconi 2. Più che regolamentare il conflitto d'interessi, la legge Frattini, intitolata *Norme in materia di risoluzione dei conflitti di interessi* (n. 215/2004), è servita a renderlo presentabile, possibile e praticabile senza inconvenienti tranne quello stigmatizzato dal Consiglio d'Europa, di incidere pesantemente sulla libertà d'espressione e sul pluralismo dei mezzi di comunicazione. Sottolineai allora, e non ho nessun motivo per ricredermi oggi, che la tanto pubblicizzata (soprattutto dagli editorialisti del «Corriere della Sera») "rivoluzione liberale" di Silvio Berlusconi culminava in una legge ad personam chiaramente illiberale, neppure adeguatamente contrastata dalla sinistra, al cui interno esistevano tanti piccoli, ma non meno riprovevoli, conflitti di interessi.

La legislatura 1994-1996, lo dirò parafrasando Thomas Hobbes, fu *solitary*, *poor*, *nasty*, *brutish*, *and short*, incattivita, breve e balorda, caratterizzata dalla guerra di tutti contro tutti (anche dentro i Progressisti). Tuttavia, merita una certa attenzione per il fenomeno del cambio di governo in parlamento che Berlusconi, costretto dal "tradimento" della Lega a lasciare Palazzo Chigi dopo nemmeno sette mesi, chiamò "ribaltone".

Sartori (*Mala Tempora*, 2004; ma gli articoli in materia sono del periodo aprile 1994-aprile 2003) e, in maniera del tutto indipendente, io stesso (*Elogio dei ribaltoni*, in "il Mulino", gennaio/febbraio 1997) argomentammo che uno dei pregi delle forme parlamentari di governo consiste proprio nella possibilità di cambiare il governo in parlamento senza tornare a nuove elezioni. Il pressapochismo, la superficialità, l'impura e semplice ignoranza istituzionale dei giornalisti, cronisti, editorialisti, commentatori si manifestò tutta d'un colpo. Affermarono (argomentare è un'altra cosa) che per sostituire un capo di governo eletto dai cittadini sono indispensabili nuove elezioni. No, in nessuna democrazia parlamentare, neppure nell'Italia che votava con la legge Mattarella, il capo del governo è eletto direttamente dagli elettori, dal popolo, come pretendevano Berlusconi e i suoi sostenitori. Il presidente del Consiglio, i primi ministri inglesi, i cancellieri tedeschi, i presidenti dei governi spagnoli entrano in carica quando hanno la fiducia delle maggioranze dei rispettivi parlamenti e ne escono e possono essere sostituiti da altri quando perdono la maggioranza. Valeva ieri, continua a essere vero oggi e, fatta salva un'improbabile riforma apposita, varrà anche domani. La possibilità di cambiare il presidente del Consiglio senza passare dalle urne sta nella Costituzione italiana, *formale*, art. 94, e anche in quella *materiale*, quel che si è regolarmente fatto. Sta nelle prassi di tutte le democrazie parlamentari, anche di quella inglese, la madre di tutte le altre, dove il *prime minister* non è affatto "quasi" eletto dal popolo (come sostenevano alcuni cattivi maestri di diritto costituzionale), ma è il capo del partito che ha ottenuto la maggioranza (quasi sempre assoluta) alla Camera dei comuni, e rimane al n. 10 di Downing Street a meno che perda la carica di capo del partito. La legislatura continuò con il governo Dini fino al febbraio 1996, abissandosi per l'impossibilità di raggiungere un accordo sulla malposta e malformulata tematica delle riforme istituzionali.

Non nutrivo particolari aspettative né, sinceramente, ambizioni di ricandidatura. Avevo vissuto malissimo quei due anni tormentati. Guardandomi nello specchio dell'ascensore che dal piano dell'aula portava alla sede del gruppo della Sinistra indipendente vedevo una faccia tesa, un po' arrossata, solcata da qualche segno di stress. Invece, mi arrivò la telefonata del segretario regionale del Pds Antonio La Forgia, uomo e politico di cui avevo stima. Dopo un breve scambio di opinioni, decisi di accettare la proposta di candidatura nel collegio senatoriale di Piacenza poiché a Rimini rivendicavano giustamente il loro seggio per un *enfant du pays*. Appena mezz'ora dopo, La Forgia mi telefonò per comunicarmi che i prodiani avevano chiesto il Senato per uno di loro. Ero disponibile ad andare alla Camera dei deputati? La mia non troppo meditata (volevo chiudere) risposta positiva aveva due motivazioni profonde: la curiosità, poiché la Camera dei deputati sembrava interessante proprio dal punto di vista della sua maggiore complessità e turbolenza politica, altre persone, altre interazioni politico-parlamentari; e, in special modo, il desiderio di non trovarmi più esposto e sottoposto alle angherie e agli opportunismi del senatore capogruppo dei Progressisti Cesare Salvi e dei suoi scherani/e.

Anche se a Piacenza avevo tenuto qualche conferenza e partecipato a qualche dibattito, la città e l'ambiente mi erano sostanzialmente sconosciuti e io a loro. Peraltro, il segretario della federazione mi accolse con simpatia e fu disponibile durante tutta la campagna elettorale. Fu anche l'unico a telefonarmi molto rammaricato quando apparve chiaro che avevo perso e che non sarei stato ripescato. Da altri dirigenti del Pds non ricevetti nessun aiuto, anzi, chi dei piacentini doveva politicamente "presentarmi" in qua e in là, assunse un atteggiamento indifferente, quando non scostante. Avrebbe preferito essere lui il candidato. Se perdevo, diventava più probabile che la prossima volta sarebbe toccato a lui. Facemmo anche degli errori in campagna elettorale, per esempio non andammo davanti alle caserme nelle quali si trovavano soldati che godevano della facoltà di votare a Piacenza senza necessità di tornare nei loro luoghi di residenza. Poiché la differenza fra me e il candidato vittorioso fu di 351 voti, sarebbe stato sufficiente convincere 176 elettori a votarmi per capovolgere l'esito. (Mi) mancarono anche, giustamente, non ero sicuramente "uno di loro", molti dei voti dei democristiani, guidati da un ex parlamentare su posizioni di destra, che non erano convintamente diventati Popolari. Il seggio fu vinto dal candidato di Alleanza nazionale, piacentino, erede di un notissimo neofascista, residente in città, consigliere comunale in carica. Tommaso Foti è stato rieletto in tutte le legislature successive ed è ancora in carica nella legislatura in corso, la XVIII (2018-2023).

Grazie al combinato disposto della presenza autonoma della Lega e dell'accordo, densissimo di rischi, di desistenza con Rifondazione, l'Ulivo riuscì a vincere le elezioni del 1996. Non è questo il luogo per valutarne l'azione di governo, ma non posso sottacere, lo avevo già fatto in pubblico, che le qualità politiche e l'operato del capo del governo non mi sono mai parse né entusiasmanti né di alto livello.

Finiva a Piacenza, non senza amarezza, la mia relativamente protratta avventura come parlamentare. Qualche tempo dopo in una pluralità di incontri accademici, alcuni colleghi stranieri (Martín D'Alessandro, Argentina; James Newell, Inghilterra; Philippe Schmitter, Usa) mi chiesero, in maniera titubante e discreta, se retrospettivamente qualcosa della mia esperienza politica mi avesse colpito negativamente, deluso, frustrato. Ricordo di avere risposto, dopo qualche momento di riflessione, che, in particolare, dopo il 1994 avevo cominciato a rendermi conto che, troppo spesso, ero o mi sentivo costretto, non proprio a mentire, ma certo a dire, dolorosamente, delle mezze verità. Tutto considerato, però, sono riconoscente e debitore ai dirigenti nazionali del Partito comunista di una esperienza indimenticabile e arricchente, scherzosamente una ricca borsa di studio e di ricerca nelle istituzioni che mi è servita per imparare che cosa effettivamente è la politica praticata, come funziona il parlamento anche nella sua relazione con il governo, per capire opportunità e rischi, anche per riuscire poi a insegnare con maggior conoscenza di causa, meglio.

Non ricevetti nessuna telefonata di rammarico dai dirigenti dell'Ulivo e dei partiti affiliati tranne quella del davvero amareggiato segretario di Piacenza. Ricevetti immediato, evidentemente già gentilmente "premeditato", un invito da Suzanne Schüttemeyer, professoressa di scienza politica all'Università di Halle-Wittenberg e direttrice dell'Institute for Parliamentary Research, a tenere due/tre conferenze ristrette e a partecipare a una tavola rotonda su rappresentanza e parlamento a San Pietroburgo (visita all'Hermitage compresa!): una splendida opportunità per me che non ero mai stato in Russia. Quei cinque giorni furono di grande giovamento per alleviare il pesante impatto psicologico della sconfitta. Meno, oggi possiamo dirlo, per inaugurare in Russia la democrazia rappresentativa (!). A fine aprile 1996 ero pronto a tornare all'università.

4
Il globetrotter

Il manuale di scienza politica – Il mio corpo mi dice di fermarmi – Vicissitudini latinoamericane – All'Old Trafford a vedere il ManUnited – Back in the Usa – Dall'Ulivo al Partito democratico

Non avevo mai smesso di studiare, di scrivere e neppure di insegnare. Insomma, ero adeguatamente informato sugli sviluppi della scienza politica, sulle pubblicazioni importanti, sulle nuove (poche, in verità) tendenze. Negli anni "parlamentari", soprattutto gli ultimi, molto ricchi di una pluralità di stimoli che mi avevano portato a curare con Oreste Massari il volume *Rappresentare e governare* (1994) e a scrivere con lo stesso Massari e con Stefano Ceccanti, *Semipresidenzialismo. Analisi delle esperienze europee* (1996), mi ero sforzato di mantenere il collegamento della scienza con la politica e viceversa. A distanza di più di un quarto di secolo, mi sembra, solo in parte è un buon segno (vuol dire che non sono stati fatti passi avanti decisivi) che entrambi i libri mantengano la loro validità nelle discussioni sulle leggi elettorali e sulle forme di governo. Nei fine settimana nei quali non avevo ricevuto e accettato inviti di "turismo politico" e in molti dopocena, sistematicamente riordinavo le idee e scrivevo. Continuavo ad approfondire le mie conoscenze e ad acquisirne di nuove, al tempo stesso, avendo piena consapevolezza che è essenziale riuscire a mantenere continuità nella lettura, per essere aggiornati, ma, in special modo, nella scrittura. Quanto all'insegnamento, il Bologna Center della Johns Hopkins mi aveva generosamente concesso di continuare a insegnare di lunedì mattina cosicché mi era stato possibile partire regolarmente per Roma al termine delle ore di lezione e di ricevimento degli studenti. Dopo la sconfitta elettorale, non dovetti riprendere subito a insegnare alla Facoltà di Scienze politiche dell'Università di Bologna. L'anno accademico era ormai terminato.

Dopo qualche settimana di assestamento e di riorientamento decisi che avrei potuto utilizzare al meglio quattro mesi completamente liberi da impegni (giugno, luglio, agosto, settembre) dedicandoli a un compito che era una grande sfida intellettuale: la stesura di un manuale di scienza politica di cui da tempo Giovanni Evangelisti lamentava l'assenza e la necessità e di cui, bontà sua, era/si diceva convinto sarei stato capace. Fino ad allora, molti colleghi avevano adottato un testo: *Manuale di scienza della politica* (1986) da me curato con capitoli di Stefano Bartolini, Maurizio Cotta, Leonardo Morlino, Angelo Panebianco e miei. Era un testo piuttosto buono che, tradotto in spagnolo, ebbe una lunga vita, in Italia, in Spagna e in America latina. Anche se non era certamente "superato" avrebbe avuto bisogno di numerosi aggiornamenti, quasi impossibili poiché i vari collaboratori erano oramai tutti impegnati in altri progetti.

Ancora adesso non saprei dire esattamente come ho fatto ma, alla ripresa delle mie lezioni del corso di Scienza politica, a fine settembre 1996, disponevo già di una stesura avanzata di tutti i capitoli. Mi resi conto quanto importante era stato continuare a leggere e a recensire libri. Le lezioni mi furono altresì di grande aiuto poiché le domande degli studenti e le loro perplessità suggerivano che cosa dovevo spiegare meglio, che cosa dovevo approfondire, che cosa dovevo aggiungere. In sintesi, riuscii a consegnare al Mulino un "computerscritto", denso e corposo, subito dopo le vacanze del Natale 1996, che avevo messo a buon frutto per la rilettura, la ripulitura e la stesura definitiva. Un bel giorno di maggio 1997, in tempo per le adozioni dei libri di testo da parte dei colleghi, era disponibile con una luccicante copertina rossa la prima edizione del mio *Corso di scienza politica*. Nel corso degli anni il libro ebbe un più che soddisfacente successo di "pubblico", forse non soltanto nelle Facoltà di Scienze politiche. Incontro ancora ex studenti/esse che ricordano con piacere di avere studiato su quel testo e mi chiedono di firmare la loro ben conservata copia. Diversi colleghi, tranne quelli invidiosi (no, non dirò né chi né quanti sono), lo adottarono.

Dopo una prima ristampa nel 2000, ho proceduto ad altre due edizioni (2004, 2009), revisionando e aggiornando con il titolo *Nuovo corso di scienza politica*. È stato tradotto in una elegante edizione portoghese (2002, 2010) e in Messico (2011). Il Mulino lo ha ristampato ancora per qualche anno. Rimane a tutt'oggi l'unico manuale italiano di scienza politica scritto da un solo autore, e ne sono davvero orgoglioso. Senza neppure minimamente informarmi (che non è la stessa cosa di consultarmi), la casa editrice lo ha sostituito con un libro pubblicato nel 2014, opera di quattro autori che hanno deciso di non dedicare un capitolo apposito ai sistemi elettorali, evidentemente ritenendoli una tematica poco importante della scienza politica e che desta limitato interesse in un sistema politico, come quello italiano, nel quale si discute pochissimo di leggi elettorali e, soprattutto, non le si cambia mai. O no? Stando così le cose, è quasi del tutto sbagliato lamentarsi delle limitate, se non addirittura inesistenti, conoscenze in materia elettorale di politici e giornalisti italiani ai quali la scienza politica rinuncia a offrire il materiale indispensabile e ad aggiornarlo. Per esempio, come rimproverare (eccome!) a Francesco Verderami ("Corriere della Sera") di avere concluso un suo articolo sulla riforma della legge elettorale dichiarando che si stava procedendo verso un sistema *proporzionale a turno unico*? E che cosa dire a tutti i giornalisti e i politici che si affaticano, forse dovrei scrivere si incaponiscono, a parlare, scrivere, sostenere che in Italia ci vorrebbe un governo "eletto dal popolo", "uscito dalle urne" quando in nessuna democrazia parlamentare, proprio nessuna, il governo viene eletto dai cittadini elettori?

Anche per contrastare una molteplicità di affermazioni sulla politica che apparivano sui quotidiani (sì, in quegli anni, molti studenti di scienze politiche leggevano ancora i quotidiani), decisi di adottare una formula innovativa per la mia lezione inaugurale di ogni corso. L'ultimo lunedì di settembre offrivo agli studenti, per una decina d'anni circa duecento, poi fino a trecento, la possibilità di scegliere l'argomento di quella lezione. Mi ricordo di avere sempre proposto tematiche di attualità: ogni quattro anni le elezioni tedesche e le primarie presidenziali Usa; un anno il terrorismo prendendo lo spunto dal film di Marco Bellocchio *Buongiorno, notte*; un anno, il 2007, la comparsa del Partito democratico: come nacquero e come possono fare la loro comparsa i partiti; un paio di volte la democrazia, cosa è (riecheggio il titolo di un importante libro di Sartori) e se la si possa esportare; ruolo e compiti dei presidenti delle repubbliche, parlamentari, presidenziali, semipresidenziali (la Francia è vicina).

Anche gli studenti potevano proporre tematiche, poi si votava escludendo le meno votate e culminando con il ballottaggio fra le due più votate. Poi spiegavo agli studenti anche come le modalità di voto prescelte possano influire in maniera decisiva sull'esito della votazione.

Una volta stabilita la tematica impostavo la lezione avendo comunicato agli studenti che volevo loro dimostrare quanto la scienza politica fosse in grado, grazie alla vasta disponibilità di conoscenze acquisite e ai metodi che utilizza, di offrire, da un lato, spiegazioni molto esaurienti, "superiori", dall'altro, di incoraggiare la riformulazione dei problemi e l'individuazione delle domande più appropriate a cercare i dati necessari. Dopodiché la mia lezione era dedicata alla tematica risultata vittoriosa, supponiamo le elezioni tedesche. Ne spiegavo l'esito iniziando ovviamente dal sistema elettorale (rappresentanza proporzionale personalizzata), spiegando quale influenza un sistema elettorale è in grado di esercitare sul comportamento degli elettori e sulle scelte dei dirigenti di partito. Proseguivo analizzando lo stato dei partiti tedeschi. Culminavo spiegando come i partiti entrati al Bundestag si organizzassero per eleggere il/la cancelliere/a e mettendo in evidenza la straordinaria stabilità dei governi tedeschi e dei cancellieri. Tutto il contrario di quanto accadeva nefastamente nella Repubblica di Weimar, alla cui tragedia qualche malpensante commentatore del "Corriere della Sera" (per la loro insistenza ne menziono almeno tre, in ordine alfabetico: Aldo Cazzullo, Paolo Mieli, Angelo Panebianco) ha fatto improvvidamente riferimento come un futuro possibile per l'Italia del periodo 2010-2020. Questa modalità di scelta della prima lezione mirava a dimostrare quanto la scienza politica correttamente intesa sia duttile e in grado di offrire spiegazioni comparate di tutte le tematiche politiche.

Sottolineando l'importanza di una soddisfacente definizione dei concetti e dei fenomeni: cos'è un partito e cos'è un movimento; con quali sistemi elettorali si vota e come funzionano le differenti democrazie, procedevo a dimostrare l'utilità e la necessità quasi assoluta di fare ricorso al metodo storico-comparato. Tutto questo, me ne accorsi rapidamente e con grande soddisfazione, catturava l'attenzione degli studenti e, qui azzardo, ma non troppo, certificava che avevano fatto bene a iscriversi al corso di Scienza politica. Anni dopo venni a sapere che alcuni studenti che pure avevano già frequentato il corso e superato l'esame facevano il possibile per tornare ad ascoltare la prima lezione.

Sapendomi non più impegnato nella attività parlamentare, alcuni miei colleghi americani ed europei furono così gentili da invitarmi non solo a convegni di vario tipo, ma anche a tenere corsi di insegnamento di più lungo respiro. In verità, avevo già fatto una bellissima esperienza del tipo "toccata e fuga", di grandissimo interesse. Per tre volte (autunno 1995-1996; primavera 1996-1997; primavera 1997-1998), fui invitato dal Collège d'Europe ad andare a Natolin (Polonia) per tenere un corso su partiti, istituzioni, democrazie, come nascono, a cosa servono, come funzionano, quali problemi hanno, com'è possibile migliorarli. Venerdì pomeriggio dalle 16 alle 20; sabato mattina dalle 9 alle 13; quattro visite ciascuna volta per un totale di trentadue intere e vere ore di insegnamento. Alla periferia di Varsavia, Natolin era stato uno dei luoghi più eleganti e prestigiosi nei quali la nomenklatura comunista polacca teneva incontri e riunioni di notevole importanza. Riadattato per studi postuniversitari disponeva di aule belle e luminose e di uno spazioso auditorium nel quale svolgere lezioni per venti, venticinque studenti. Prevalentemente di provenienza dai paesi dell'Europa centrorientale e della ex Jugoslavia, quei giovani studenti erano tutti fortemente motivati, notevolmente interessati alla scienza politica, alla ricerca degli strumenti con i quali influenzare il dibattito e le politiche dei rispettivi paesi che erano da poco entrati nella fase di costruzione della democrazia. Per me erano un mondo sconosciuto, di grande interesse, che mi obbligava a vedere in una luce nuova molto di quello che davo per scontato quando facevo lezione agli italiani e agli "occidentali" al Bologna Center. Mi rimase impressa la reazione impregnata di amarezza e di ribellione di una studentessa del Kosovo che, nella lezione sui diritti civili e politici, esplose denunciando le repressioni dei serbi sui kosovari. Anticipazione di quello che venne qualche anno dopo accuratamente analizzato nel bel libro di Andrea Lorenzo Capussela, *State-Building in Kosovo. Democracy, Corruption and the Eu in the Balkans* (2015).

Nel frattempo avevo ricevuto un graditissimo invito da Miriam Golden, della cui giuria per l'esame di dottorato alla Cornell University avevo fatto parte una quindicina d'anni prima, e da George Tsebelis: trascorrere parte della primavera del 1998 a condividere con George l'insegnamento di *Comparative Political Institutions* alla Università della California, Los Angeles (Ucla). Fino ad allora della California avevo visitato molti anni prima, sotto forma di quello che chiamo "turismo universitario", soltanto e brevemente San Francisco, Berkeley e Stanford, qui incontrando quel grande e influente scienziato politico e vero gentiluomo che fu Gabriel A. Almond, che mi fece omaggio di un suo libro con una dedica lusinghiera augurandomi di scrivere un libro sulla politica in Italia. Missione compiuta più di vent'anni dopo (*Italian Democracy. How It Works*, 2020). Nel corso insegnato insieme a Tsebelis, il mio compito era quello di dimostrare la rilevanza e la perdurante validità della prospettiva e dei metodi classici: istituzionale e comparato. Spettava a George provare quanto la teoria della scelta razionale e l'approccio dei *veto players* (gli attori politici e istituzionali dotati di poteri di veto), di cui lui era probabilmente il più acuto esponente (scrissi la presentazione alla traduzione del suo *Poteri di veto. Come funzionano le istituzioni politiche*, 2004) potessero offrire non soltanto una prospettiva alternativa, ma capace di giungere a spiegazioni più convincenti, più scientifiche. A prescindere da qualsiasi altra considerazione, gli studenti, una ventina circa, apprezzarono moltissimo il nostro inusitato confronto/scontro.

Los Angeles non è proprio il tipo di città che mi piace. Estesa e sdraiata con una rete di trasporto pubblico non particolarmente adeguata non offre granché. A Beverly Hills, dove molti attori hanno le loro ville, arrivavo a piedi, ma quando una domenica mattina decisi di andare a vedere una partita dei Lakers al Coliseum e molto previdentemente partii un paio d'ore prima dell'inizio, dovetti prendere due autobus e il viaggio durò quasi un'ora e mezza. La linea migliore era quella che mi portava da Westwood, dove abitavo in un piccolo, luminoso, funzionale appartamento, a Santa Monica: autobus frequenti, puliti, poco costosi. Costosi, invece, ma ottimi, i ristoranti di pesce della piccola cittadina sull'oceano Pacifico. Splendido il tramonto. A Santa Monica affittavo una bicicletta e sul percorso apposito mi recavo a Marina del Rey. Spesso mi accompagnavo con un gentilissimo docente del dipartimento di Scienza politica, David Rapaport e sua moglie. Furono pomeriggi molto gradevoli. Di sera, vale a dire dopo cena, l'università offriva qualche svago: vivacissime partite di pallavolo, la squadra era nelle prime quattro della costa orientale, musica al piccolo auditorium che porta il nome di Arnold Schönberg, colà esule dalla fine degli anni trenta fino alla morte nel 1951, talvolta film, Hollywood sta sulla collina, talaltra conferenze di qualche scienziato premio Nobel, soprattutto chimica, fisica, medicina. Curiosamente, il campus dell'Ucla non era, tranne eccezionalmente (ricordo la visita del segretario generale delle Nazioni Unite Kofi Annan) luogo di conferenze "politiche", diversamente da Harvard, e neppure il dipartimento brillava da questo punto di vista. Partecipai, però, ad alcune sessioni nelle quali venivano intervistati giovani studiosi e studiose candidati a un posto di insegnamento nel dipartimento e alle loro apposite presentazioni.

Non posso concludere senza due notazioni personali. Prima: uscii dal mio appartamento a Westwood per recarmi all'aeroporto proprio quando, segnando 45 punti sugli 87 complessivi, Michael Jordan faceva vincere il sesto titolo Nba ai suoi mitici Chicago Bulls contro gli Utah Jazz di Karl Malone. Seconda: avevo pensato che in California, in particolare a Los Angeles e all'università vi fossero moltissimi/e anglosassoni/e. Invece, il numero di studentesse e studenti di origine asiatica mi parve elevatissimo. L'Asia è vicina e la California è davvero molto lontana dall'Europa, e viceversa.

L'anno successivo ricevetti un altro gradito invito a Madrid. L'offerta di una *fellowship* per tre mesi all'Instituto Juan March de Estudios y Investigaciones Sociales di Madrid. Mi trovavo lì quando, il 15 dicembre 1999, mi giunse la tremenda notizia dell'infarto e dell'ischemia cerebrale che avevano colpito Beniamino Andreatta in una seduta serale alla Camera dei deputati. Solo un alto senso del dovere lo aveva motivato a essere presente alla discussione generale, nella quale abitualmente non emerge nulla di nuovo rispetto a quanto già sviscerato nei lavori delle commissioni parlamentari di merito. Rimase in coma senza mai riprendersi per sette lunghi tristi anni. Ci conoscevamo molto bene e ne avevo grande, credo ricambiata, stima. Collega alla Facoltà di Scienze politiche, socio dell'Associazione il Mulino, Andreatta era innovativo e irriverente, capace di stupire, ma sempre pronto ad ascoltare e discutere, vigorosamente. Aveva fra l'altro dato vita, insieme a Sylos-Labini, all'Università della Calabria a Rende (Cosenza), ponendo come obiettivo quello di farne un campus all'americana. Mi tentò con un'offerta di trasferimento molto allettante, che considerai segno di grande apprezzamento delle mie capacità. Per un insieme di ragioni, non ultima la logistica, decisi di non accettare. Andreatta è stato uno dei migliori esempi di intellettuale in politica. Nella mia mente, l'ho spesso paragonato a un grande senatore democratico dello Stato di New York dal 1977 al 2001, ugualmente irriverente e innovatore, Daniel Patrick Moynihan. Nel 2018, a novant'anni dalla nascita e a undici anni dalla morte, il comune di Bologna gli ha dedicato una strada, per una strana felice coincidenza proprio quella del Bologna Center della Johns Hopkins dove continuavo a insegnare. Mi fa piacere ricordarlo con un articolo in memoria che pubblicai in "Repubblica – Bologna" il 29 marzo 2007.

Amava stupire e sapeva ascoltare

Più che assorto, nelle riunioni all'Associazione il Mulino, con gli occhi chiusi e il mento reclinato sul petto, sembrava quasi assopito. Qualche volta, negli scambi di opinioni, si aveva l'impressione che fosse per metà distratto, per metà noncurante. Era soltanto intento ad ascoltare. Molte sue prese di posizione erano espresse in maniera perentoria, quasi definitiva, spesso, se l'interlocutore, nel bene e nel male, se lo meritava, anche provocatoriamente. Nino Andreatta apprezzava lo scambio senza esclusioni di colpi verbali, duro, netto, tagliente.

Tuttavia, era assolutamente disponibile tanto ad ascoltare quanto a sfidare le certezze altrui e, in qualche caso, a sottoporre al vaglio le sue stesse certezze. Non era indulgente con nessuno, ma, intransigente, a cominciare da se stesso, senza esagerare in durezza con gli altri, tranne che con i vanesi e gli ipocriti. Anzi, non erano poche le occasioni nelle quali finiva persino per apparire, certo non in maniera deliberata, dolce (avrebbe sicuramente sorriso a sentirsi definire con questo aggettivo). Le sue critiche, dirette e indirette, venivano talvolta espresse con osservazioni ironiche come quando, in transito da Fiumicino al Senato, osservò, gongolando, che la politica economica del Partito comunista stava migliorando poiché il Pci aveva finalmente fatto eleggere al Senato «economisti borghesi suoi allievi». Il riferimento era a Filippo Cavazzuti, allora senatore della Sinistra indipendente, in macchina con noi. Aveva una concezione della politica, al tempo stesso, austera e battagliera. L'austerità era, in effetti, per lui uno stile di vita, certamente un tratto di origine familiare. La battaglia politica, anche quando ingaggiata senza troppe possibilità, come in occasione della campagna per sindaco di Bologna nel 1985, contro Renzo Imbeni, era un dovere per affermare idee e per formulare progetti. Non ebbe mai nessuna condiscendenza nei confronti dei comunisti né riguardo alla politica economica e sociale né, tantomeno, nel campo della politica estera. Tuttavia, apprezzava nel Pci quell'aspetto che rendeva il partito non troppo dissimile dalla Democrazia cristiana trasformata, e talvolta un pochino idealizzata, come la avrebbe voluta lui: un grande partito popolare, radicato e, possibilmente, democratico al suo interno. Nelle riunioni dell'Associazione il Mulino, ascoltava, sempre nella sua maniera apparentemente disattenta. Poi, regolarmente suggeriva di intraprendere nuovi percorsi e nuove iniziative, con qualche proposta che ci coglieva di sorpresa, e i cui contenuti e i cui contorni lui stesso non sapeva in quel momento indicare con assoluta precisione. Amava stupirci, ma, al tempo stesso, apprezzava moltissimo se qualcuno, accettando la sfida intellettuale, lo criticava e lo invitava a precisare e ad approfondire. Poteva anche succedere, in materia per esempio di istruzione, settore nel quale avrebbe voluto vedere maggiore competizione e maggiori assunzioni di responsabilità da un gruppo di professori universitari, che tagliasse corto discussioni che stavano diventando un po' "accademiche", dicendo un po' per criticarci un po' per spingerci a essere più concreti, «allora, preferisco scrivere un disegno di legge». Il mio ricordo più significativo e, in un certo senso, più rivelatore della stima di cui era giustamente circondato Nino Andreatta risale ai suoi non troppo frequenti (non era un esibizionista) discorsi in Senato nella qualità di presidente della commissione Bilancio. Quando prendeva la parola, l'aula spesso distratta, nella quale molti leggevano i giornali o le "rassegne stampa", chiacchieravano con i vicini o utilizzavano gli appositi telefoni interni, immediatamente taceva e prestava attenzione. Quel silenzio intenso e attento, fenomeno davvero raro, era più che un omaggio; era il sicuro riconoscimento del valore di una personalità e delle sue qualità. C'era molto da imparare dai discorsi di Andreatta. Dalla sua cultura, dal suo rigore, dalla sua originalità, avremmo voluto in tutti questi lunghi e brutti anni potere ancora imparare.

Non sono un buon turista, ma fortunatamente non persi l'occasione di fare due escursioni partendo da Madrid. La prima fu a Toledo, un vero gioiello (*joya*) di piccola città nella quale camminare godendo dell'ambiente e, naturalmente, visitando la casa e lo studio del grande pittore El Greco. La seconda escursione la feci a Salamanca, un altro gioiello, della cui università era stato rettore il giustamente famoso filosofo liberale Miguel de Unamuno (1864-1936). A quei tempi il mio spagnolo parlato era ancora piuttosto limitato, ma potevo leggerlo con una certa facilità e, con molta concentrazione, lentezza e meditazione, potevo anche scriverlo. Me ne fu offerta l'occasione, che colsi al balzo, da un editore che voleva tradurre il mio libro *La classe politica* (1999), dedicato alla memoria di mia mamma improvvisamente scomparsa dieci anni prima (il più grande dolore della mia vita). Non soltanto procedetti alla revisione della traduzione, ma su richiesta dell'editore Acento Editorial di Madrid, ogniqualvolta mi parve utile e possibile introdussi in spagnolo riferimenti specifici e mirati alla Spagna e alla sua classe politica. Fu un lavoro davvero gratificante. Infine, mi concessi il lusso (tale fu dato il costo del biglietto) di andare al monumentale stadio Santiago Bernabeu a vedere una partita abbastanza importante del Real Madrid. La squadra avversaria dei *blancos* era il Valencia. Un po' di ricerca e qualche pubblicazione; un po' di turismo; un po' di calcio ad alto livello; e un po' di musica poiché una volta alla settimana l'Instituto Juan March offriva musica da camera: il mio soggiorno madrileno fu un vero successo.

Nell'estate del 1999 ebbe inizio la mia lunga avventura con l'Argentina. In verità, la mia prima visita aveva avuto luogo nel 1996 quando, con mia grande sorpresa, l'Università di Buenos Aires (Uba) mi conferì la laurea ad honorem in Scienza politica. Ricordo di avere preparato un buon discorso di accettazione sul pluralismo come pilastro dei regimi che sono e che vogliono continuare a essere democratici e di averlo pronunciato malissimo, ancorché in maniera comprensibile. Probabilmente, è stato pubblicato, spero dopo una accurata revisione linguistica, negli annali dell'Università. In seguito a una complicata e laboriosa trattativa con il rettore dell'Università di Bologna, il mio collega nella Facoltà di Scienze politiche Giorgio Alberti riuscì a fare attivare un programma di master in Relazioni internazionali Europa-America latina. Giorgio era stato a lungo ricercatore in un centro studi a Lima e aveva sposato la figlia di un ambasciatore del Perù. I suoi numerosi e ottimi contatti in America latina consentirono una buona partenza del master, al quale furono (sono tuttora) ammessi studenti di diversi paesi latinoamericani: uruguayani, colombiani, cileni, brasiliani, ecuadoregni, messicani, fra i quali Fernando Barrientos del Monte che scrisse la sua ottima tesi di dottorato sotto la mia supervisione, e studenti italiani. Le lezioni si tengono sia in italiano sia in spagnolo affinché gli studenti acquisiscano una conoscenza funzionale di entrambe le lingue. Giorgio mi invitò a insegnare fin dal primo anno. Con la sola eccezione del 2009 quando vi fu un'epidemia di febbre suina, particolarmente grave in Argentina, ho insegnato tutti gli anni: Teoria dello sviluppo politico, Sistemi politici comparati e, da ultimo, Scienza politica, con il corso del 2021 svolto online, un'esperienza tutto sommato positiva. Dal 2010 al 2012 sono anche stato direttore del master. È di quei tempi la pubblicazione di *Los poderes de los jefes de gobierno* (2007), piccolo denso libro che esiste solo in spagnolo

Andavo in Argentina regolarmente nel mese di agosto soprattutto per evitare il caldo del ferragosto bolognese, mentre a Buenos Aires faceva fresco, ma raramente freddo. Un anno fummo anche invitati a insegnare un corso breve, ma molto intenso (e davvero ben remunerato) dal venerdì mattina alla domenica, tre sessioni di quattro ore ciascuna ad Asunción, Paraguay. Alla fine della terza sessione, già oramai mi esibivo in spagnolo, ero letteralmente stremato quando mi si avvicinò una studentessa, una signora direi quarantacinquenne che, ringraziandomi per quanto avevo insegnato, mi fece un complimento straordinario: «Profesor, Usted es un lujo». Giorgio Alberti mi ha spesso ricordato di diverse occasioni nelle quali alla menzione del mio nome, i suoi interlocutori accademici s'illuminavano esclamando: «Pasquino? Pasquino es un clásico, como Bobbio como Sartori». Troppo? Non fatelo dire a me.

Forse, proprio perché "classico" fui invitato allo *Encuentro de los argentinos: un proyecto nacional para el desarrollo* (20-22 novembre 2001), organizzato a Buenos Aires da alcune associazioni imprenditoriali. Il mio compito consisteva nello spiegare le modalità politiche e socioeconomiche con le quali erano stati affrontati i passaggi importanti nella storia dello sviluppo socioeconomico italiano del dopoguerra. Preparai una relazione densa *La experiencia italiana: dos transiciones (1943-1948; 1989-2001)* poi pubblicata nel numero 8 della rivista "POSTData" del settembre 2002, e commisi una gravissima imprudenza. Erano ancora i tempi nei quali mi consideravo "invincibile" non avendo mai avuto significativi problemi di salute tranne, per anni, una ricorrente allergia primaverile alle graminacee.

Partii da Bologna un martedì dopo la lezione universitaria del mattino, arrivai a Buenos Aires alle 7 del mercoledì, hotel, barba, cambio d'abito, poi relazione in spagnolo agli industriali argentini alle 10 dello stesso giorno. Rimasi la giornata di giovedì. Ritornai con il volo del venerdì, partenza alle 14, arrivo a Bologna sabato intorno alle 11 di mattina. Stremato dalla stanchezza, avevo fatto tutto il volo Buenos Aires-Roma sdraiato senza praticamente alzarmi mai. Enorme imprudenza. Lunedì ripresi regolarmente le lezioni dalle 11 alle 13. Il mercoledì alla fine della lezione, mentre mi lasciavo andare sulla sedia, uno studente mi si avvicinò chiedendomi se mi sentivo bene. Risposi che ero molto stanco anche perché facevo sempre tutta la lezione in piedi, talvolta camminando e per lo più in modo tambureggiante. Lo studente replicò che, no, dovevo avere qualche problema di respirazione. No, solo un po' d'affanno, risposi, chiedendogli perché sapesse fare una diagnosi. Lo studente chiuse la conversazione lapidariamente: «Sono un infermiere al Sant'Orsola» (importante ospedale di Bologna). L'affanno continuò, le lezioni anche fino alla conclusione del corso. Due settimane dopo a Roma, casualmente mi feci fare un elettrocardiogramma all'infermeria del Senato. Dopo tre "prove", il dottore mi annunciò che avevo un problema e che mi consigliava una tac. Privilegio da ex senatore, la tac mi fu fatta nello spazio di venti minuti al vicinissimo ospedale San Giacomo. Diagnosi rapidissima: embolia polmonare in corso con il dottore che mi consigliava il ricovero immediato.

Decisi, invece, a mio "rischio e pericolo", parole del dottore che mi fece, giustamente, firmare una liberatoria, di tornare a Bologna. Senza celare la sua tensione, con enorme gentilezza, Nadia mi accompagnò in auto alla stazione Termini. Feci il viaggio senza muovermi mai. Alla stazione, 15 dicembre, stava nevicando, venne a prendermi mio figlio con una faccia preoccupatissima che, dopo una breve sosta a casa, mi portò all'ospedale dove grazie al dottor Giuseppe Pinelli fui subito ricoverato: altro privilegio. La diagnosi più accurata la fece, qualche giorno dopo Natale, il dottor Claudio Rapezzi, al quale arrivai fortunosamente tramite mio figlio Emanuele. Rapezzi mi rimise in sesto per quel che si può. Da allora, gennaio 2002, sono, come si dice, sotto Coumadin, e correre non è proprio più una mia specialità.

La rete di conoscenze di Giorgio Alberti, non solo a Buenos Aires, era molto ampia, anche nel mondo politico, senza contare che alcuni dei nostri studenti venivano da quel mondo, per acquisire una preparazione aggiuntiva, e altri vi sarebbero entrati. Nel corso degli anni incontrai alcuni importanti uomini politici in particolare della Unión civica radical: Jesus Rodriguez, segretario del partito, Federico Manuel Storani, ministro degli Interni. Entrambi mi invitarono in tempi diversi alla Bombonera, lo stadio del Boca juniors, la famosa eccellente squadra di calcio fondata da immigranti italiani, prevalentemente genovesi, i cui tifosi ancora oggi si chiamano per l'appunto *xeneizes* (genovesi). Conobbi anche il vicepresidente dell'Argentina Chaco Alvarez, la cui figlia studiò al nostro master e scrisse la sua tesi sotto la mia supervisione, diventando poi una brava giornalista professionista. Infine, ebbi il privilegio di essere invitato a un incontro con l'ex presidente Raúl Alfonsín (1983-1987) per parlare con lui di politica. In seguito, partecipammo insieme a un dibattito su "Fortuna e virtù in Machiavelli". Di entrambe le occasioni conservo alcune foto.

Con i peronisti i nostri rapporti furono tessuti da ex studenti, diventati funzionari e assistenti, anche nel governo della città di Buenos Aires. Mi fecero conferire l'onorificenza di *huesped de honor de la ciudad de Buenos Aires*, per le mie frequenti visite e come riconoscimento per il mio insegnamento "impartito" per un periodo più che decennale a un centinaio circa di argentini. Anni dopo, il 25 settembre 2019, furono i docenti della Facoltà di Scienze sociali dell'Università di Buenos Aires a onorarmi in una cerimonia davvero affettuosa donandomi una targa che reca la seguente motivazione «en reconocimiento a su aporte destacado al pensamiento politico y al fortalecimiento de la demócracia». In precedenza, avevo ricevuto due altre lauree ad honorem. La prima mi fu assegnata dall'Università de La Plata nell'autunno del 2000. Pronunciai un discorso di accettazione dedicato alla rivisitazione di due classiche coppie di categorie formulate da Max Weber: "vivere di politica" e "vivere per la politica", ed "etica della convinzione" ed "etica della responsabilità". Il conferimento della seconda laurea honoris causa in una elegante cerimonia formale con tanto di tocco e toga avvenne all'Università Cattolica di Córdoba nel 2011. Tenni il mio discorso di accettazione su "la democrazia nei tempi della globalizzazione" parlando discretamente bene in spagnolo nonostante un po' di giustificabile emozione. Soprattutto, ricordo l'austera figura del rettore, gesuita e professore di teologia, sinceramente interessato ai miei studi, alla mia carriera, alle mie ricerche future. Ne fui molto favorevolmente impressionato.

Le mie, tutte piacevoli, vicissitudini latinoamericane mi hanno consentito di visitare numerosi paesi. Del Brasile ho detto. Vanno aggiunti il Cile, la Colombia, Cuba, il Perù (ma solo come turista), il Paraguay, l'Uruguay e il Messico, in una pluralità di occasioni. Da ultimo, nel 2018 l'Università Autonoma di Pachuca nello stato messicano di Hidalgo mi onorò di una laurea ad honorem.

Poiché ho davvero molto da raccontare sul Cile, lo affido a un articolo pubblicato nel 2019 sul numero 501 nella rivista "il Mulino" che contiene eventi e riflessioni sviluppatisi nell'arco di oramai quasi cinquant'anni, da Salvador Allende a Michelle Bachelet.

*Sono andato a vedere il docufilm di Nanni Moretti [*Santiago, Italia*]. Mi ha fatto riemergere una pluralità di ricordi che, probabilmente, non hanno interesse e valenza esclusivamente personali. Li metto qui in ordine cronologico con qualche riflessione che serve a puntualizzare e a rischiararli.*

*La prima volta che "incontrai" il Cile fu nel settembre 1970. Nella sua strategia di attivare nella Facoltà di Scienze politiche corsi che avessero riferimento con la scienza politica come madre di tutte le discipline politologiche, Giovanni Sartori mi chiese (*sic!*) di andare a Firenze come professore incaricato di Storia e istituzioni dei paesi dell'America latina. Naturalmente, aggiunse, avrei potuto insegnare il corso nella versione Sviluppo politico che era il mio argomento di ricerca di quel periodo. Grazie alla presenza di un numero relativamente ridotto di studenti, una ventina circa, il corso si tenne in forma seminariale con gli studenti che leggevano di volta in volta alcuni brevi testi che assegnavo loro e che discutevamo ampiamente, approfonditamente e con grande soddisfazione in classe. In un certo senso, gli studenti si erano auto reclutati: un giovanissimo professore con credenziali di sinistra, un corso tutto meno che paludato dove, ricordo che siamo nel 1970, riusciva a fare la sua (ri)comparsa persino Che Guevara (e Cuba), la possibilità di scambiare idee senza peli sulla lingua.*

Studiando intensamente acquisii conoscenze sufficienti a comprendere e trasmettere l'evoluzione politica di quattro paesi latinoamericani: Argentina, Brasile, Cile, Perù. Tre di quei quattro erano già caduti sotto governi militari, e bisognava spiegare perché, affrontando il tema dei militari in politica uno degli aspetti indispensabili di qualsiasi analisi dello sviluppo politico e/o della decadenza politica nonché della formazione e del funzionamento dei regimi autoritari. Controtendenza, il socialista Salvador Allende era diventato presidente del Cile in maniera pienamente costituzionale il 24 ottobre 1970, ma attraverso una procedura complessa che avrebbe potuto dare un esito molto diverso. Nelle elezioni presidenziali Allende aveva ottenuto di pochissimo la maggioranza relativa: 1 075 616 voti (36,63%) contro il candidato della destra, Jorge Alessandri, già presidente del Cile dal 1958 al 1964, 1 036 278 voti (35,29%); terzo piazzato Radomiro Tomic, candidato del Partito democratico cristiano, 824 849 voti (28,08%).

Non avendo nessuno dei candidati ottenuto la maggioranza assoluta dei voti popolari, la decisione passò al congresso. La Democrazia cristiana cilena, trovatasi ago della bilancia fra Allende e Alessandri, si spaccò con la maggioranza che, votando insieme ai parlamentari di una variegata sinistra, consegnò la presidenza ad Allende che era candidato per la terza volta. Costituzionalmente corretta, la procedura che portò all'elezione di Allende non poteva cancellare il fatto politicamente rilevante che due terzi dei cileni non avevano votato per lui. Ne seguirono tre anni molto turbolenti nei quali Unidad Popular non riuscì ad ampliare il suo consenso, mentre, da un lato, la destra politica, sociale ed economica sostenuta dagli Stati Uniti, ostacolava in ogni modo l'attuazione del programma del presidente Allende, dall'altro, sarò drastico, molti intellettuali di sinistra europei, fra i quali, in particolare, Régis Debray e Rossana Rossanda, lo incitavano irresponsabilmente ad avanzare verso il socialismo attraverso le nazionalizzazioni, a cominciare dalle miniere di rame e di settori industriali. L'11 settembre 1973, com'era prevedibile (ed era stato previsto da uno studioso americano delle forze armate cilene), i comandanti dell'esercito, dell'aviazione, della marina e dei carabineros *eseguirono un sanguinoso colpo di stato chiedendo le dimissioni di Allende. Il presidente si rifiutò e decise di morire togliendosi la vita nella Moneda, il palazzo presidenziale. L'episodio è riferito anche nelle testimonianze raccolte nel film di Moretti (di più, sotto).*

In fretta e furia scrissi un articolo che sintetizzava quanto avevo fino ad allora imparato sul Cile e cercai una rivista che mi garantisse la pubblicazione più rapidamente possibile. Giorgio Galli mi mise in contatto con Giuseppe Faravelli, socialista turatiano, direttore di "Critica Sociale" che molto gentilmente pubblicò il mio articolo: Militarismo e imperialismo contro "Unidad Popular"*, 20 ottobre 1973, pp. 482-485 (con note a seguire).*

Il mio corso dell'anno accademico 1973-1974, ridenominato "Teoria e politica dello sviluppo" cominciò all'inizio di novembre. Naturalmente, la sconfitta politica di Unidad Popular e il golpe di Pinochet ebbero spazio notevole in chiave comparata, vale a dire collegandoli alle difficoltà dei partiti di sinistra negli altri paesi latinoamericani e ai governi militari già esistenti, specialmente in Argentina, Brasile e Perù. Fin dalla elezione in congresso di Allende, Sartori, che aveva cominciato la sua collaborazione al "Corriere della Sera" allora diretto dal suo collega di Facoltà Giovanni Spadolini, guardò con preoccupazione all'esperimento di Unidad Popular e ne fu fortemente critico in alcuni durissimi editoriali. Tuttavia, non interferì in alcun modo, neppure chiedendomi il contenuto delle lezioni e i testi di riferimento, nel mio corso. Non ricordo più i particolari, ma, da un lato alcuni studenti, dall'altro alcuni esuli cileni mi avvicinarono per chiedermi se fosse possibile, alla luce dei drammatici avvenimenti cileni, organizzare qualcosa sul Cile. Ci accordammo per una tavola rotonda a conclusione del mio corso nel maggio 1974. In qualche modo ottenemmo la disponibilità di alcuni importanti esuli cileni da me coordinati e sotto la mia supervisione: un socialista, un comunista, un esponente del Mapu (sinistra cristiana), che nel 1989 diventò ministro, avrebbero analizzato la situazione e portato il loro punto di vista. Naturalmente, per quell'attività, definita extracurriculare (e assolutamente straordinaria non solo alla Facoltà di Scienze politiche Cesare Alfieri di Firenze, ma in quasi tutte le Facoltà di Scienze politiche in quel periodo), dovetti chiedere l'autorizzazione al preside, il professore di sociologia Luciano Cavalli il quale, comprensibilmente, era molto preoccupato. Mi fu concessa. Seppi poi che decisivo fu Sartori che, dagli Usa dove era visiting professor, *interpellato da Cavalli, rispose: «Se la responsabilità se la prende Pasquino, lo si autorizzi».*

In un pomeriggio soleggiato e tiepido di fine maggio, in un'aula affollata da duecentoventi studenti circa (questa era la capienza massima), con la gradita presenza di forze dell'ordine sia davanti all'aula sia all'ingresso della Facoltà, via Laura 48, per tre ore e mezza si discusse pacatamente, ma con passione, della situazione in Cile. Ricordo che nessuno degli esuli s'immaginava che la giunta militare sarebbe rimasta al potere per quindici lunghi anni. Nel mio libro Militari e potere in America latina *(Bologna, il Mulino, 1974) pubblicato proprio in maggio, avevo argomentato che un conto sono i governi militari che possono durare poco meno o poco più di un anno, un conto sono i colpi di stato effettuati unitariamente dalle forze armate che intendono, come già stavano facendo da quasi dieci anni i militari brasiliani, ristrutturare il sistema politico dando vita a un vero e proprio regime militare.*

Non posso seguire la complessità degli avvenimenti sulla scia del golpe dell'11 settembre 1973, ma, come dovrebbe essere notissimo, fu con tre lunghi e densi articoli su "Rinascita", intitolati Riflessioni sull'Italia dopo i fatti del Cile, *che il segretario del Partito comunista italiano, Enrico Berlinguer, lanciò la strategia del compromesso storico. Argomentandolo variamente, che vuole dire in più luoghi e in più modi, formulai il mio dissenso, più compiutamente in un testo pubblicato nella rivista "il Mulino". Sartori, che aveva seguito con grande apprensione quanto era successo in Cile, criticò duramente la proposta di compromesso storico. Un grande accordo fra le due maggiori forze politiche destinato a durare nel tempo si configurava, naturalmente, come una violazione delle regole di una democrazia liberale, fondata sulla competizione fra partiti e/o fra coalizioni, con possibilità di alternanza al governo. Dunque, qualsiasi compromesso storico, che non si presentasse come alleanza straordinaria per un periodo di tempo predeterminato e breve, era, in via di principio, inaccettabile. Nella tragedia cilena, le cui responsabilità addebitava ampiamente alla sinistra stessa, Sartori vide anche, a ragione, una conferma della validità del modello di competizione partitica, "pluralismo polarizzato", da lui formulato alcuni anni prima (la cui elaborazione definitiva si trova in* Parties and party systems, *Cambridge University Press, 1976). Laddove il centro viene svuotato da due opposizioni antisistema che, se vincono, sovvertirebbero il sistema, il crollo del sistema politico è probabilissimo. Nell'aprile del 1975, la "Rivista Italiana di Scienza Politica" da lui diretta (e della quale ero il redattore capo, cioè colui che la "cucinava" fino a portarla all'editore, il Mulino) pubblicò un denso, solido documentato, saggio di un giovane politologo cileno Arturo Valenzuela,* Il crollo della democrazia in Cile, *tuttora lettura essenziale.*

Passarono non pochi anni prima del mio reincontro con il Cile. Da tempo molti esuli cileni, stabilitisi in varie zone d'Italia, come documenta il film di Moretti, avevano preso atto che il rovesciamento del regime non era affatto dietro l'angolo. Tuttavia, meritoriamente, molti di loro cercavano in ogni modo di sostenere l'opposizione interna. Alcuni dei più attivi si trovavano a Roma. A loro, sulla base di progetti specifici, la Sinistra indipendente del Senato offriva sostegno finanziario per le cose da fare. In quanto conoscitore dell'America latina, spesso fui personalmente coinvolto nei rapporti con gli attivisti cileni a partire dalla mia elezione nel 1983. La svolta vera e propria avvenne quando la giunta militare cilena, più di tutti lo stesso Pinochet, si sentì tanto sicura di godere del consenso dei cileni da indire un referendum, in realtà un plebiscito sulla persona del loro leader, per sancirne il prolungamento della durata in carica per altri otto anni. Ricordo l'effervescenza (e qualche timore) degli esuli cileni a Roma incerti sul da fare, ma consapevoli che il loro ritorno in patria li avrebbe esposti a molti rischi. Passarono pochi mesi nei quali giungemmo alla decisione che sarebbe stata una buona idea, anche come segno di persistente ed effettiva solidarietà dell'Italia, inviare una delegazione di parlamentari come osservatori del corretto svolgimento della consultazione popolare. Andai personalmente a proporlo al presidente del Senato, Giovanni Spadolini, che accettò immediatamente congratulandosi per l'iniziativa.

Una dozzina di senatori in rappresentanza dei rispettivi gruppi parlamentari approdarono a Santiago qualche giorno prima della domenica 5 ottobre 1988, data in cui si svolse il referendum. Molto gentilmente ed efficientemente, l'ambasciatore italiano aveva organizzato alcune escursioni e incontri il più importante dei quali alla sede del parlamento cileno a Valparaíso, non distante dalla bella cittadina turistica Viña del Mar, dove era noto si trovasse la tomba di Salvador Allende. Quando, dopo un rapido consulto con gli altri senatori, chiesi che ci conducessero appunto al cimitero di Viña del Mar, neppure troppo sorpresi, gli organizzatori-accompagnatori acconsentirono. Il custode del cimitero disse di non sapere dove era sepolto Allende. Stava a noi cercarne la tomba. Fatti alcuni passi all'interno del cimitero, fummo avvicinati da un ragazzino che ci fece intendere di saperci condurre a quella tomba lieto, naturalmente, di ricevere qualche donazione da parte di ciascuno di noi, anche, ci feci caso, di Cristoforo Filetti, allora capo del gruppo dei senatori del Msi. Non c'era il nome di Allende sul piccolo monumento, ma quello della famiglia Gossens e di sua sorella. Di quei momenti, conservo alcune foto scattate da un collega senatore in una delle quali appaio, mi è stato fatto notare da Birgitta, inaspettatamente commosso.

Al nostro arrivo a Santiago eravamo stati accolti da alcuni rappresentanti dell'opposizione che si rapportarono a ciascuno di noi secondo le nostre appartenenze politiche, dandoci alcune informazioni essenziali e chiedendoci se volevamo effettivamente fare gli osservatori elettorali. La giovane donna di sinistra che si rivolse a me, di origine italiana, mi interrogò sulla mia disponibilità ad andare in una località a una sessantina di chilometri da Santiago. Avuta la mia accettazione, organizzò il viaggio in auto. Fui ricevuto da un uomo più o meno della mia età, rappresentante dell'opposizione. Appresi quasi subito che era un comunista e che possedeva della terra e un orto e con sua moglie e qualche contadino ne traeva il suo sostentamento. Mi chiese, con discrezione e trepidazione, se ero disposto a pranzare a casa sua o se preferivo una trattoria. Assicuratomi che non avevano preparato nulla di speciale per me, fui lieto di condividere il loro pasto, in una piccola cucina con pavimento di pietra, che mi ricordava quella della casa di mia nonna materna in un paese della provincia italiana negli anni cinquanta del secolo scorso. Subito dopo mi portò a vedere/ispezionare tre o quattro seggi elettorali che si chiamano mesas. *In effetti, in luoghi vari, uffici comunali, scuole, palestre, si trovano lunghe tavolate intorno alle quali siedono gli scrutatori. Erano otto (tutti uomini poiché in Cile esiste la distinzione netta fra seggi per gli uomini e seggi per le donne, nel qual caso le scrutatrici sono tutte donne) di cui uno rappresentante dell'opposizione.*

Era una bella giornata, con foschia nella prima mattinata, poi soleggiata, sarebbe diventata fresca nel tardo pomeriggio. Ho ancora negli occhi la scheda elettorale di colore bianco-giallastra che conteneva nel bel mezzo il quadratino del sì che sovrastava quello del no. Chiesi agli scrutatori con le parole di rito se "il procedimento elettorale si sviluppava regolarmente" (frase incessantemente ripetuta da radio e televisioni). Ottenuta una vociante conferma, chiesi se avevano già votato. Riposta unanime alla quale seguì la domanda se mi dicevano per chi avevano votato. Fra le risate sette di quegli otto giovani, nessuno di loro mi pareva avesse più di una trentina d'anni, mi risposero che avevano votato "per il candidato" – conferma che si trattava effettivamente di un plebiscito. Che cosa avrei votato io? Dichiarai la mia appartenenza politica; aggiunsi che in via di principio ero del tutto contrario a cariche di governo che si prolungassero troppo a lungo; dunque, il mio no era assolutamente logico e conseguente; conclusi augurandomi e augurando loro che il Cile tornasse a essere una democrazia. Fu, sotto gli occhi appena preoccupati del mio accompagnatore, uno scambio civile di opinioni favorito dalla convinzione assoluta di quei giovani che Pinochet avrebbe ottenuto quello che voleva.

Alla sera di ritorno a Santiago, non in albergo, ma alla residenza dell'ambasciatore, attendemmo le notizie sullo spoglio delle schede ascoltando le radio e guardando la televisione che, ossessi-

vamente, ripeteva che «el proceso electoral se desarrrollò con total normalida». Verso le 22, giunsero quasi contemporaneamente due notizie importantissime. La prima segnalava disagio e movimento in alcune caserme della capitale. La seconda pochi minuti dopo riportava una frase dell'ambasciatore degli Usa che si rallegrava per l'alta partecipazione elettorale (l'88,5 per cento) e riconosceva la regolarità del «proceso electoral». Tutti, a cominciare dall'ambasciatore italiano, cogliemmo in quelle parole in quel momento il chiaro messaggio inviato dagli Usa agli ufficiali pinochettiani e agli altri militari: l'amministrazione americana si oppone a qualsiasi tentativo di non riconoscere o di stravolgere l'esito del voto. Terminava dopo quindici lunghi anni la brutale fase della giunta militare con il 56 per cento degli elettori che aveva votato no al prolungamento della presidenza del generale Augusto Pinochet Ugarte.

Tutti gli esuli cileni politicizzati con i quali avevamo avuto contatti a Roma come Sinistra indipendente tornarono il prima possibile in Cile. Era l'inizio della transizione democratica. Anche ad alcuni di noi senatori, di nuovo grazie al presidente Spadolini, fu data l'opportunità di ritornare come osservatori delle elezioni presidenziali il 14 dicembre 1989. Fin dai primi sondaggi apparve chiaro che il democristiano Patricio Aylwin, candidato della Concertación Democratica (schieramento ampio nel quale i due partiti più grandi erano la Democrazia cristiana e il Partito socialista) avrebbe sconfitto il candidato delle destre già al primo turno (3 850 571, 55,17%). Non soltanto il Cile tornava alla democrazia, ma lo faceva ponendo termine alla spaccatura fra democristiani e socialisti. No, non era la realizzazione del compromesso storico, ma l'inizio di una competizione bipolare. Ai festeggiamenti per Aylwin incontrai dopo dieci anni Genaro Arriagada, potente segretario della Dc cilena che avevo conosciuto dieci anni prima nel 1978 quando entrambi eravamo fellows *al Woodrow Wilson International Center for Scholars. Tre dei "nostri" esuli entrarono al governo, due come ministri, uno sottosegretario.*

Il trait-d'union fra quei fatti e la mia visita successiva fu rappresentato da un fuoruscito cileno che, comunista, aveva sostenuto come giovanissimo militante l'esperienza di Unidad Popular. Esule in Italia, aveva vissuto e lavorato a Modena, nutrendo molte perplessità su un suo ritorno in patria. Non più giovane si era iscritto a Scienze politiche, aveva seguito il mio corso di scienza politica e aveva deciso di "fare" la tesi con me. In estrema sintesi, l'argomento era: "che cosa è andato storto: la 'pratica' di Unidad Popular o la teoria?" Vale a dire, forse né i politici di Unidad Popular né gli intellettuali loro vicini avevano capito lo stadio di sviluppo del Cile e le sue possibilità di cambiamento, a quale ritmo? Tesi ambiziosissima, con una componente di riflessione personale e di autocritica. Furono diverse le stesure, insoddisfacenti per lui e per me. Poi, un giorno del 2006 venne a dirmi che aveva deciso di tornare in Cile. Quindi, dovevamo scegliere una stesura affinché potesse laurearsi in tempi brevi, cosa che avvenne rapidamente. Qualche tempo dopo mi scrisse da Santiago. Aveva trovato un lavoro come grafico. Si era sistemato, ma non aveva risolto nessuno dei suoi dubbi politici. Sapendo che insegnavo a Buenos Aires, al master in Relazioni internazionali organizzato dall'Università di Bologna e che ero stato invitato dalla associazione degli studenti cileni a Santiago, mi chiedeva di riservargli un pomeriggio/una serata per un incontro con i suoi amici per discutere a tutto campo della sinistra. Sì, il Cile era cambiato, ma la democrazia, disse, riecheggiando forse inconsapevolmente le parole di Bobbio, non manteneva le sue promesse, in particolare non riduceva le diseguaglianze. Sì, sapevano che non c'era scorciatoia, ma lui e i suoi amici non potevano nascondere il loro disamoramento per le sinistre che non trovavano e, forse, neppure più cercavano il bandolo della matassa. Le mie parole di conforto riformista le ascoltarono con grande scetticismo. Di recente, mi ha scritto che vuole lanciare una rivista tutta centrata sulla politica e che desidera la mia collaborazione. Ho dato la mia disponibilità e gli ho fatto molti sinceri auguri.

Dal 12 al 16 luglio 2009 tornai in Cile in un'occasione molto diversa dalle precedenti: il XXI *congresso mondiale della International Political Science Association (Ipsa). Su invito dell'organizzatore cileno Manuel Antonio Garretón, professore di scienza politica, pluripremiato, socialista, già oppositore del regime militare, presentai un paper* The Theory of Political Development *(riflettendo sulle tematiche del mio primo libro, revisionandole, aggiornandole) e partecipai a una tavola rotonda in assemblea plenaria sull'Unione Europea. L'evento più importante e del tutto inaspettato fu l'invito (con il mio nome immagino suggerito dall'amico Garretón) da parte della presidenta del Cile (la socialista Michelle Bachelet; padre generale dell'aeronautica morto in seguito alle torture dei golpisti, lei stessa, allora poco più che ventenne, detenuta, torturata e costretta all'esilio) a una cena in piedi alla Moneda, palazzo presidenziale. Mi trovai, lo debbo proprio scrivere, poiché sto ancora gongolando adesso, fra i quaranta più importanti scienziati politici del mondo. La presidenta ci salutò uno per uno, affabilmente, chiedendo informazioni su ciascuno di noi. Tenne un breve discorso sulla democrazia in Cile. Infine, ci regalò una visita da lei guidata delle sale a disposizione del presidente. Giungemmo allo studio usato da Allende, una stanza modesta, non grande, con una finestra dalla quale erano giunti spari e bombe, una scrivania,* escritorio, *piccola e spoglia, alla quale il presidente era solito lavorare e alla quale, così ci raccontò Michelle Bachelet, con voce ferma, parlando lentamente, con un velo di affettuosa commozione, trascorse i suoi ultimi attimi di vita. Dal nostro totale silenzio e dai volti di quei miei colleghi politologi, mi resi improvvisamente conto che, con tutta probabilità, rappresentavamo, forse non casualmente, l'ala progressista dell'International Political Science Association.*

Tutti questi ricordi, che mi legano al Cile, in maniera che non pensavo fosse tanto stretta e tanto significativa, sono comparsi alla mia mente in maniera graduale e continua mentre guardavo il docufilm Santiago, Italia. *Ricordi di esperienze importanti, non direi solo per me, di politica e di vita. Di quei legami che intercorrono sempre fra la vita e la politica.*

Quando mi interrogo sulle ragioni dei numerosi inviti che ho variamente ricevuto dalle università latinoamericane trovo due risposte plausibili che si sommano. Da un lato, è stata la traduzione del *Dizionario di politica* che circola inesausto, in forme varie, alcune leggermente piratesche, da una quarantina d'anni, a rendermi molto "popolare". Dall'altro, un grande contributo è venuto dalla circolazione di alcuni miei libri, in particolare *La oposición en las demócracias contemporáneas* (1997), *La demócracia exigente* (2000) e, purtroppo pessimamente tradotto, *Sistemas politicos comparados* (2004). Comunque sia, ho accettato quasi tutti gli inviti e ricordo con piacere tutte le attività svolte in quelle occasioni. Dal 26 al 28 agosto 2013 ho partecipato al primo congresso internazionale di scienza politica svoltosi all'Università di Guanajauto, Messico, bella città dalle molte strade sotterranee. All'organizzazione del congresso diede un apporto formidabile Fernando Barrientos del Monte che, come ho già notato, aveva scritto la sua tesi di dottorato sotto la mia supervisione all'Istituto italiano di scienze umane di Firenze. In quell'occasione conobbi lo studioso tedesco Dieter Nohlen, autore della migliore raccolta e analisi delle leggi elettorali usate nei sistemi politici latinoamericani. Ricordo, infine, un'affollatissima sessione nella quale gli studenti mi intervistarono sulla scienza politica, sul mio personale percorso accademico e politico, su quali suggerimenti potessi dare loro. Eccoli: leggere leggere leggere, non dare mai niente per scontato, fare ricerca e scrivere nella consapevolezza che la scienza politica è una scienza applicabile le cui conoscenze possono rendere migliore il funzionamento delle istituzioni e i comportamenti degli uomini e delle donne in politica e degli stessi cittadini.

In Colombia avevo già preso parte nel 2004 a un dibattito a Bogotà sulla sinistra, sulle sue trasformazioni e su valutazioni e critiche alla Terza Via, organizzato da una sorella dell'allora presidente della Repubblica Àlvaro Uribe. Non ebbi alcuna esitazione ad accettare un altro invito davvero lusinghiero. Andare a Medellín a tenere una conferenza intitolata *La ciencia politica en un mundo en transformación* per celebrare degnamente il venticinquesimo anniversario della fondazione dell'Instituto de Estudios Politicos, Universidad de Antioquia, 19-22 agosto 2014. In questo, come in alcuni altri meno frequenti casi, sono stato molto gratificato dall'interesse a saperne di più manifestato dagli studenti. Il dialogo con gli studenti, i dibattiti senza rete e senza limiti di domande e di repliche sulla scienza politica, sul già fatto/già scritto e il perché, su quello che è imperativo sapere e non dimenticare (i "maestri" continuano ad avere molto da offrire, spesso, le loro inadeguatezze e i loro "errori" offrono ispirazioni inaspettate), quello, infine, che si può fare e a quali condizioni con un uso accorto delle teorie formulate dalla scienza politica, di ieri e di oggi («del diman non v'è certezza») sono esperienze che ho regolarmente molto apprezzato. A partire da Guanajuato a continuare con Medellín, ma soprattutto a Mendoza e poi ad Aguascalientes, con domande e interrogativi intelligentemente sorprendenti, gli studenti latinoamericani mi hanno obbligato a feconde riflessioni. Al XII Congreso nacional de ciencia politica della Sociedad argentina de análisis politico, 12-15 agosto 2015, ottimamente organizzato dal presidente della Sociedad, Martín D'Alessandro, mi furono offerte due splendide occasioni. La prima fu una discussione quasi plenaria sull'Unione Europea, nella quale feci l'elogio, per quasi tutti gli studenti stupefacente, dell'Unione Europea com'è: il più grande spazio di libertà e di diritti mai esistito al mondo. La seconda occasione è consistita in una specie di amichevole duello con un ottimo studioso Usa dell'America latina, Scott Mainwaring, autore di libri di notevole interesse sui partiti e sulle forme di governo nei paesi latinoamericani. Alto fu il gradimento degli studenti (e anche il mio!).

Al rientro a Buenos Aires insegnai il mio corso in maniera intensiva per volare all'Università autonoma di Aguascalientes (Messico). Là il mio compito era di tenere una lezione "magistrale" che avevo perentoriamente intitolato *Como hacer ciencia politica*: con concetti chiari, definiti in prospettiva storica, utilizzati in chiave comparata, capaci di condurre a spiegazioni e teorie probabilistiche «se esistono i fattori a, b, c allora è probabile che ne derivino le conseguenze x, y, z», tali da potere influenzare gli esiti, in che modo, producendo prevedibilmente quali conseguenze a loro volta riform(ul)abili. Anche ad Aguascalientes sperimentammo il formato "domande degli studenti – mie risposte a partire dai testi classici". Qui mi limito a due domande molto frequenti che sarebbe bello si ponessero anche i commentatori frettolosi e gli studiosi superficiali che popolano lo stivale: è davvero finita la storia come scrisse Fukuyama? Risposta: chi è Fukuyama; quale storia è finita; con il muro di Berlino finirono certamente i regimi comunisti dell'Europa centrorientale; che cosa non fu capace di prevedere Fukuyama nella continuazione e proseguimento della storia, la sfida dei fondamentalismi?; quale è il ruolo dei fondamentalismi (plurale) religiosi in politica. Domanda: hanno lunga vita i regimi autoritari? Risposta: definizione fondata sull'esistenza di pluralismo limitato, non competitivo, non responsabile (riferimento al grande studioso, sociologo e politologo spagnolo Juan Linz, 1926-2013), esistenza di pochi gruppi duri, ma non puri, che controllano la popolazione, e su un leader che coordina. Potere dei militari. Latifondisti e industriali che godono di autonomia relativa. Governanti che "dosano" l'eventuale crescita economica per non concedere troppo potere né ai gruppi "vecchi" che si aggrappano, né ai "nuovi" che scalpitano. Grande successo, moltissime domande, curiosità crescenti: meno male che la cena in Messico viene servita anche molto tardi.

Ho continuato a lungo con grande soddisfazione a girare per l'America latina, incamerando tantissime miglia Air France-Klm (Alitalia) come *frequent flyer*. Il 2017 è stato un anno davvero pieno. Dal 30 ottobre al primo novembre insegnai un breve corso *Politica y Partidos en Europa* al dottorato in scienza politica a Montevideo, poi trasferimento per mare con il *Buquebus* (una specie di aliscafo) a Buenos Aires per il prestigioso XVIII foro ibero-americano sul tema *Crisis de representación política*. Al mio panel, oltre al professor Natalio Botana, uno dei più autorevoli intellettuali argentini, e all'astro politico nascente María Eugenia Vidal, allora presidente della Provincia di Buenos Aires, due dei partecipanti erano Felipe Gonzalez, a lungo, 1982-1996, presidente del governo spagnolo, e Julio Maria Sanguinetti, ex presidente dell'Uruguay. Ai panel successivi parlarono Fernando Henrique Cardoso, il presidente per caso del Brasile 1995-2003 (*The Accidental President of Brazil* è il titolo della sua interessante autobiografia pubblicata nel 2007) e Pedro Paulo Kuczyinski, presidente in carica del Perù. Intervenne anche Mauricio Macri, allora presidente dell'Argentina. Non avevo mai visto tante personalità insieme allo stesso tempo in un'atmosfera di collaborazione e convergenza. Nel complesso, fu una conferenza di grandissimo interesse.

Nello stesso mese da Bologna tornai a Città del Messico per un brutto, frettolosamente organizzato convegno (27-28 novembre 2017) intitolato *Homenaje postumo a Giovanni Sartori*, dal quale non uscì nulla né di buono né di nuovo. A seguire andai a parlare di Sartori, della sua scienza politica e della sua eredità intellettuale all'affollatissima Festa del libro di Guadalajara. Fra gli studenti messicani ho sempre notato un grande, genuino interesse per la scienza politica e il desiderio di ascoltare soprattutto le opinioni e le lezioni che vanno contro il sapere "codificato". È un compito che non mi riesce difficile e che ritengo sostanzialmente indispensabile per fare avanzare le conoscenze scientifiche.

Le mie interazioni di grande soddisfazione con il Messico sono culminate nel conferimento della laurea ad honorem da parte dell'Universidad autonoma del estado de Hidalgo, nella capitale Pachuca (27-31 agosto 2018) nella splendida sede del rettorato. La mia *lectio magistralis*, pronunciata con qualche emozione e persistente preoccupazione per la scelta delle parole più appropriate (lo spagnolo è una lingua ricchissima), fu centrata sui problemi, non le crisi, delle democrazie, ma soprattutto sulle capacità di apprendimento, di trasformazione, di evoluzione delle democrazie che, sulla scia di Sartori, definisco "reali", quelle realmente esistenti.

***

Le mie escursioni culturali e "professorali" in Gran Bretagna sono una storia molto diversa da quella dell'America latina, anche se, spesso, quasi altrettanto gratificante. Negli anni novanta e duemila ho partecipato a diversi convegni della Political Studies Association, da Londra a Leicester, da Swansea a Birmingham, fino a Belfast, dove i segni del conflitto con gli unionisti si vedevano un po' dappertutto. Ho anche avuto la fortuna di essere invitato nei classici college di Oxford e Cambridge. Grazie a David Hine, ottimo studioso dell'Italia contemporanea e autore di uno dei migliori libri sul periodo 1945-1994 (*Governing Italy: The Politics of Bargained Pluralism*, 1993), passai un tranquillo trimestre del 2001 come *fellow* al Christ Church College. Fui iniziato ai gradevoli riti dell'*afternoon tea* e soprattutto alle cene assiso in pompa, ovvero con la toga, alla High Table. No, la qualità del cibo non è mai elevata tranne che per il purtroppo raro roast beef! Nonostante i miei ripetuti sforzi, non riuscii a incontrare né Alice né il Cappellaio Matto né Humpty Dumpty ancorché il loro creatore Lewis Carroll fosse stato a lungo *fellow* di Christ Church e si dicesse che il nome Alice viene da quello della figlia del *dean* del college. Due anni dopo passai il trimestre primaverile a Clare Hall, Cambridge. Fu un buon periodo di studio, ma, nel complesso, Cambridge mi è parsa intellettualmente piuttosto meno vivace di Oxford. Nel 2005, ancora invitato da David Hine, fui nominato Isaiah Berlin Visiting Scholar e mi si affidò il compito di pronunciare quattro lezioni pubbliche nel mese di febbraio. Scelsi come tema generale *The Quality of Democracy* declinata con riferimento a quattro aspetti che considero essenziali: i diritti civili e politici; la *Rule of Law*; il pluralismo competitivo; e la *accountability*. Sul quarto aspetto ho poi frequentemente lavorato e rielaborato, in voci di enciclopedia e dizionario (anche quello di politica) e dello *International Handbook of Political Communication* diretto da Gianpietro Mazzoleni. Su *Accountability. La virtù democratica* il 21 gennaio 2012 ho tenuto anche una lezione (da allora disponibile su YouTube) al corso Un paese da ricostruire organizzato dal Partito democratico della Lombardia ed efficacemente coordinato da Annamaria Abbate. Fu certamente uno dei migliori corsi di questo genere che, se fatti in maniera seria, preparano davvero alla politica. (Da tempo, Annamaria mi consente di essere efficacemente presente sui social – account Twitter @GP_ArieteRosso e blog "Qualcosa che so", www.gianfracopasquino.com – mettendo a disposizione di coloro che sono interessati tutti i miei articoli, i miei interventi di vario tipo, le interviste e molte clip.)

Nel 2007 da Oxford andai direttamente a Manchester dove avevo vinto una borsa di ricerca presso l'Università di Salford. Oltre alla ricerca, su richiesta di Martin Bull feci anche un paio di lezioni agli studenti del suo corso *The Left in Europe*. Quando lo ritengo possibile e utile, anche per "alleggerire" la lezione, ma soprattutto per dimostrare quanto la politica e la sua conoscenza scientifica sono collegati e rilevanti per la vita di oggi (di ieri e di domani) faccio riferimenti a libri e a film. Parlando della sinistra in Spagna e delle sue profonde, esiziali divisioni anche durante la guerra civile (1936-1939), ritenni pienamente appropriato, addirittura indispensabile, richiamare il famoso libro di George Orwell, *Omaggio alla Catalogna* (prima edizione 1938, ma opportunamente e frequentemente ripubblicato) e citare il film di Ken Loach, *Tierra y Libertad* (1995). Vedendo molte facce sperdute e qualche sguardo che incrociava di sfuggita il mio in maniera piuttosto imbarazzata, cominciai a chiedere agli studenti uno per uno se avevano sentito parlare di Orwell e di Loach: vagamente. Poi, mi resi conto dell'inconveniente di fondo: quella piccola classe, sedici-diciotto studenti, era internazionale. C'erano soltanto due inglesi. Gli altri erano giapponesi, francesi, cinesi, un paio di slavi, un portoghese, quindi, almeno in parte, scusabili. Ma non mi riuscì di non criticare con amarezza gli inglesi e gli spagnoli. Purtroppo, il fenomeno della limitatezza di conoscenze e di prospettive è diffuso anche fra gli studenti italiani e quelli americani. Certo, esistono eccezioni, ma temo che al bombardamento delle informazioni di ogni tipo e all'uso di una varietà di strumenti social e delle app non si accompagni affatto una effettiva crescita di informazioni e di conoscenze, nessun arricchimento culturale.

Spesso fa la sua comparsa qualcuno che sostiene che queste manifestazioni di nostalgia per un passato davvero passato sono riprovevoli e che le critiche all'ignoranza di quel passato mancano il bersaglio perché ci sono molti giovani bravi e promettenti. Non condivido e sono fortemente preoccupato dal declino di interesse e di capacità di apprendimento che ho potuto constatare un po' dappertutto anche grazie alla mia più che quarantennale attività di docente "internazionale". Naturalmente, ho spesso incontrato anche studenti di alto livello, preparatissimi e motivatissimi. A essere preoccupante è il livello medio. Il quesito che mi sono frequentemente posto è duplice: dove cominciare ad affrontare il problema (nelle scuole medie ancora prima che nei licei) e come diffondere un sapere integrato (che non è la stessa cosa di interdisciplinare), ma, soprattutto, come incoraggiare la curiosità di cercare quel tipo di sapere e premiarlo.

Trovandomi a Manchester, naturalmente, cercai subito come andare alle partite di calcio (*football!*). L'Old Trafford, lo stadio del Manchester United, *theatre of dreams* come lo definì il grande capitano Bobby Charlton, ha la capienza di poco più di settantaseimila posti a sedere, quasi tutti venduti in abbonamento. Scoprii che i tifosi-soci hanno il diritto di prelazione sui circa duemila biglietti rimasti disponibili. Una volta un collega di Salford, una volta un collega di Dublino, entrambi tifosi-soci, mi comprarono gentilmente il biglietto. La terza volta l'ottenni attraverso il console italiano a Manchester che conosceva uno dei massaggiatori, italiano, della squadra. Andai anche a vedere il Manchester City, allora una squadra di metà classifica, direttamente allo stadio, sapendo della disponibilità di biglietti dal quotidiano "The Independent", che il giorno delle partite, sabato, pubblica questo importante dato. Infine, come si fa a non approfittare della brevissima distanza, quaranta minuti di treno, fra Manchester e Liverpool e non andare al mitico Anfield Road dove giocano i Reds? Dalla stazione ferroviaria è possibile raggiungere lo stadio a piedi, mezz'ora o poco più per le strade della vecchia Inghilterra della rivoluzione industriale. Quella rivoluzione industriale che è giustamente celebrata nel bel Museo della scienza e dell'industria dedicato a Friedrich Engels che a Manchester visse e operò per qualche anno. Grande tifo dappertutto, tutte le volte, ma ordinato e senza nessuno scontro fisico fra i tifosi. Lontani sono i tempi degli hooligans. Una volta, però, mi preoccupai moltissimo. Alla fine della partita vinta dal Manchester United, avviatomi dallo stadio alla metropolitana per tornare a casa, fui sorpreso da un notevole assembramento di persone che sembravano tenute a bada e controllate da numerosi poliziotti a cavallo. Mi misi disciplinatamente in fila/coda ("quando in Inghilterra fare come gli inglesi") per l'ingresso alla metropolitana. Avrei detto che i poliziotti controllavano i documenti. Poi, quando fui più vicino mi venne da sorridere: controllavano che coloro che entravano nella zona di accesso alla metropolitana fossero in possesso di regolare biglietto di viaggio!

L'ultima occasione di soggiorno inglese fu nella primavera (Hilary and Trinity Terms) del 2007 in qualità di *visiting fellow* al St Antony's College di Oxford, di cui è stato *dean* Timothy Garton Ash, professore di studi europei, grande esperto dell'Europa centrorientale, considerato uno dei cento intellettuali più influenti al mondo. Fu un periodo straordinariamente vivace. Accettai di tenere un minicorso (alcune lezioni, forse cinque, di due ore) di Politica comparata, ma soprattutto andai a numerose conferenze, in particolare quelle tenute dai grandi esperti di Oxford sulla politica sovietica e cinese. Due furono gli eventi più significativi. Il primo fu un duello organizzato dalla Students' Debating Society sul multiculturalismo fra l'ex ministro conservatore Michael Portillo, molto brillante, e l'astro dell'islamismo Tariq Ramadan, molto sicuro nella sua arroganza (recentemente incriminato per una varietà di molestie sessuali e stupro). Il secondo fu una conferenza sull'Unione Europea tenuta dal ministro degli Esteri italiano Massimo D'Alema. Fui piacevolmente sorpreso dal fatto che D'Alema svolgesse il suo tema parlando un inglese essenziale (*basic*), ma corretto, anche se, ovviamente, "frenato" per chi lo ha ascoltato conferenziare in italiano. Per le domande (e le risposte più complicate) fu aiutato da una traduttrice, italiana, che parlava un ottimo inglese, fluido e senza accento. Alla fine della conferenza, incuriosito, chiesi alla signora dove aveva imparato l'inglese. Appresi che era Chiara Ingrao, la figlia di Pietro, che mi raccontò di avere vissuto negli anni sessanta per qualche tempo a Londra. La rivoluzione politica, pensai, può aspettare; quella nei costumi, negli stili di vita, nella cultura nei paesi civili aveva fatto non pochi irreversibili passi avanti.

***

Alla Facoltà di Scienze politiche di Bologna insegnavo intensamente il primo semestre guadagnandomi di tanto in tanto un congedo per il secondo semestre. Cercavo di utilizzarlo in sedi universitarie che mi consentissero anche di fare ricerca. Ebbi un grande colpo di fortuna quando dalla School of Advanced International Studies mi fecero sapere che, poiché Francis Fukuyama aveva ottenuto un anno sabbatico, nello *spring term* del 2006 desideravano un docente per il suo corso base: *Comparative Political Development*. Da qualche anno tenevo un corso molto simile al Bologna Center. Quindi, nella preparazione non sarei partito da zero. Inoltre, non soltanto lo sviluppo politico comparato è il mio argomento preferito, ma è un settore della scienza politica ancora frequentato da alcuni grandi studiosi che producono ottimi libri. Decisi di non cambiare nulla del programma delle lezioni e delle letture suggerite da Fukuyama, la maggior parte delle quali conoscevo. Fui lieto di essere costretto ad alcune nuove letture relative soprattutto alle cosiddette "tigri asiatiche", vale a dire a Corea del Sud, Malesia, Singapore, Taiwan, alle loro aggressive strategie di sviluppo economico, ai loro sistemi politici e all'interpenetrazione fra politica ed economia, fra stato e mercato. Trovai studenti molto meglio preparati di quelli che avevo avuto dieci anni prima, più motivati e fortemente competitivi. Fui anche reclutato come *affiliated scholar* della prestigiosa Brookings Institution (dotata anche di un'ottima *cafeteria* dove si possono consumare gustosi pranzi a prezzi moderati!). La newsletter della Brookings mi è stata una essenziale preziosissima fonte di informazioni, riflessioni e dati per tutto il periodo del Covid-19, e continua a esserlo. Presi parte ad alcuni seminari della Brookings e ne organizzai uno sulle elezioni politiche italiane dell'aprile 2006. Ebbi anche l'occasione di ascoltare di persona il presidente George W. Bush che tenne una conferenza alla Sais, in qualche modo costretto a giustificare perché la "sua" guerra in Iraq non aveva prodotto una situazione neppure moderatamente stabile e accettabile, in grado di condurre verso la democrazia. Nient'affatto un grande oratore, anzi, mediocre assai, Bush fu più efficace nella difesa delle sue scelte, ma, certo, non convinse un uditorio scettico e poco disponibile a dargli credito. D'altronde, a due anni dal compimento del suo secondo mandato, quindi non rieleggibile, il presidente Bush era oramai un'anatra zoppa non più in grado di fare molta strada. Preoccupato soprattutto della sua *legacy*, di quel che sarebbe rimasto della sua presidenza, nella storia. Poco e male. Nella classifica dei presidenti stilata dagli studiosi americani, che vede Abraham Lincoln quasi sempre in testa da solo, Bush si colloca nelle posizioni di coda.

In generale, quando sono all'estero quasi stacco la spina dalla politica italiana. Rimango informato, in parte leggendo qualche rassegna stampa, in parte sfogliando il "Corriere della Sera", in parte attraverso le mail degli amici, in parte, infine, grazie ai giornalisti italiani che chiedono miei commenti dall'altra sponda dell'Atlantico. Per l'appunto, un giornalista del "Corriere" mi aveva intervistato sulla formazione delle liste elettorali contenenti le candidature dei Democratici di sinistra al parlamento. La mia risposta, in parte banale, fu che non vedevo novità, troppa continuità e persino qualche ricongiungimento familiare (esempio principe il segretario Fassino che candidava sua moglie Anna Serafini alla quinta/sesta legislatura in parlamento). Le sei ore di differenza fra Italia e Usa fecero sì che quando aprii la mia posta elettronica la mattina dopo alle 9 circa di Washington, in Italia tutti avevano già guardato i quotidiani e sbrigato la loro personale posta. Lessi con grande allegria la mail di apprezzamento per le mie critiche inviatami da Giorgio Napolitano, senatore a vita, che mi comunicava che lui avrebbe fatto anche altri nomi di ricandidature di cui si poteva fare a meno. A mia esplicita richiesta, «fuori i nomi», però, non replicò.

Quel nuovo Parlamento aveva un grande compito di fronte a sé: l'elezione del presidente della Repubblica successore di Ciampi. Mi arrivò un'altra richiesta di intervista dal "Corriere" dove, evidentemente, allora, qualcuno gradiva il mio parlare senza peli sulla lingua. Feci alcuni nomi, Giuliano Amato e Massimo D'Alema in testa, con i miei commenti positivi nell'ordine, e aggiunsi che anche Napolitano mi pareva figura "presidenziabile" con il solo inconveniente dell'età (allora già superiore a ottanta anni). La mattina dopo la risposta arrivò puntualissima e chiarissima: «Grazie per avere fatto il mio nome, ma sono molto lieto della mia carica di senatore a vita». Non credo che a portare Napolitano al Quirinale sia stata la mia menzione del suo nome e della qualità della sua carriera, ma il ricordare questo scambio di mail ancora mi diverte.

Anni dopo, quando ero stato eletto presidente della Società italiana di scienza politica (Sisp) per il triennio 2010-2013, ebbi il compito di organizzare il convegno annuale della società. Il luogo già prescelto era Palermo. Nel corso del tempo mi ero distanziato dalla Sisp, (ri)fondata da Bobbio e Sartori nel 1973 ai cui primi passi avevo peraltro contribuito. Pur partecipando in varie forme ad alcuni congressi, sentivo e vedevo che qualcosa non funzionava. In particolare, non gradivo il formarsi di un piccolo gruppo di potere che si scambiava le cariche, a partire dalla presidenza, che decideva dei concorsi e delle promozioni, che usava dei congressi per accrescere la propria, peraltro mai elevata, visibilità, che, soprattutto, non si curava dell'impatto culturale che la scienza politica poteva avere nel poco ricettivo, ma molto bisognoso, contesto italiano. Raccogliendo l'insoddisfazione di alcuni giovani colleghi e cedendo alla spinta che mi venne in particolare da Marta Regalia e Marco Valbruzzi, che in seguito mi avrebbero coinvolto nella curatela del volume *Quarant'anni di scienza politica in Italia* (2013), presentai la mia autocandidatura pubblicamente, in una seduta plenaria, evento inusitato perché le candidature venivano decise dal ristretto comitato direttivo e calate dall'alto. La sorpresa fu grande, ma, nonostante non pochi mugugni e riserve, nessuna opposizione si coagulò e nel settembre 2010 fui eletto presidente con una buona maggioranza, superiore alle mie previsioni. Ci mettemmo all'opera anche per darci un nuovo statuto in osservanza della mutata legislazione in materia di associazioni culturali senza fini di lucro. Riuscimmo infine a fare sì che tutti i soci si mettessero in regola con il pagamento delle quote, quasi un quinto di loro era allegramente, spudoratamente moroso. Da allora, sono molto contento che la Sisp continui a essere in condizione di vantare un bilancio significativamente in attivo.

Soprattutto, memore di uno dei punti fermi dell'insegnamento di Sartori, «la scienza politica è una scienza applicativa» (le conoscenze che acquisiamo debbono potere essere messe alla prova per tentare di migliorare le strutture e di orientare i comportamenti), mi posi come obiettivo quello di rendere la scienza politica italiana più rilevante nel contesto sociopolitico di questo paese. Nelle orecchie, mi arrivò subito il classico commento del generale de Gaulle, che se ne intendeva di operazioni quasi disperate: *vaste programme*. Da qualche tempo, parlarsi solo fra ristretti gruppuscoli di scienziati della politica, scambiarsi opinioni su qualche "regressione" e qualche *veto player*, ascoltare sedicenti analisi svolte con il metodo della "narrazione", sentirsi trionfalmente dire che l'ipotesi di partenza è risultata completamente confermata (e, dunque, non abbiamo imparato niente di nuovo), mi infastidiva. Ovviamente, il fastidio si manifesta anche quando leggo di questo sulle migliori riviste statunitensi. Curiosamente, mentre rimaneva invariata l'irrilevanza della scienza politica italiana, cresceva il numero di studiosi, storici e filosofi, ma anche di giornalisti e commentatori politici di provenienze svariate che si lasciavano definire "politologi", anzi, mostravano grande compiacimento nel ricevere tale, per lo più largamente immeritata, qualifica. Sul punto, c'era oramai poco da fare, anche se qualche sbeffeggio l'ho tentato. Sulla rilevanza della scienza politica, il lavoro appariva comunque di lunga lena. Sulla visibilità, invece, si poteva procedere, con un po' di fortuna e un po' di virtù.

L'occasione mi fu offerta dal centocinquantesimo anniversario dell'unità d'Italia: marzo 2011. Più volte, con dichiarazioni importanti in una pluralità di sedi, il presidente della Repubblica Giorgio Napolitano aveva celebrato l'avvenimento in maniera efficace, da me molto apprezzata, senza enfasi retoriche, talvolta rilevando la problematicità dell'unificazione e delle sue conseguenze. Approfittando audacemente di una conoscenza personale che risaliva all'inizio degli anni ottanta (forse anche prima per la partecipazione a qualche convegno) e si accompagna a una notevole affinità politica, decisi che avrei provato a invitarlo a parlare in seduta plenaria al convegno Sisp 2011 che si sarebbe tenuto a Palermo all'inizio di settembre. Scrissi una lettera ufficiale al Quirinale. Presi contatto con la segreteria del presidente. Con mia grande sorpresa il centralino del Quirinale mi passò subito uno dei due consiglieri culturali del presidente, il gentilissimo e cautissimo Carlo Guelfi, al quale spiegai che eravamo interessatissimi a una specie di lezione/conversazione con i soci che il presidente avrebbe potuto declinare a suo piacimento. Attesi un paio di settimane. Sollecitai una sola volta rispettosamente, ma cominciando a temere di avere mirato troppo alto. Non ricord(av)o nessuna partecipazione di un presidente della Repubblica a un convegno di un'associazione di docenti universitari.

Poi, una mattina, mi trovavo a spasso per Torino poiché usufruivo di una *fellowship* di tre mesi a Moncalieri per un progetto di ricerca sulle democrazie. Stavo avviandomi verso una pasticceria nota anche per i suoi strepitosi cappuccini. Ricevetti una telefonata dal Quirinale. Accertatasi della mia identità, la telefonista diede la linea immediatamente al presidente. Con grande cordialità Napolitano mi comunicò la sua disponibilità, scelse come data l'8 settembre, motivando: «Così avrò un'ottima giustificazione per non accettare altri impegni» (chiaro riferimento al non volere partecipare a nessuna manifestazione per l'armistizio e la fuga da Roma della famiglia Savoia). Il mio cappuccino mi sembrò di gran lunga più squisito delle altre volte. In seguito a due altre telefonate più ravvicinate alla data del convegno, il presidente mi disse che come formato avrebbe preferito, non una sua lezione, ma un dialogo con me. Decidemmo il tema e concordammo il titolo: Rifare l'Italia per stare in Europa.

Quella conversazione di Palermo "Napolitano-Pasquino" fu un evento straordinariamente interessante e gratificante. Napolitano era palesemente a suo agio, mentre, un collega me lo disse in seguito, io apparivo teso e piuttosto (è un eufemismo) emozionato, confortato soltanto dal volto disteso e sorridente di Giovanni Mattioli, segretario personale del presidente. Dopo l'applauso di benvenuto e di gratitudine per la sua presenza, la platea dei politologi seguì con grandissimo interesse il dialogo che fluiva gradevolmente con il presidente che calibrava le risposte senza mai eludere le mie domande e senza eccedere in lunghezza. Ho sempre ammirato la notevole capacità argomentativa di Napolitano e la sua ricercata proprietà linguistica. Quel giorno il presidente fu al meglio. Essendomi impossibile riassumere il dibattito, invito il lettore interessato a farsi un'idea andando all'apposito link.* Irripetibile, ma recuperabile: molte belle foto si trovano su Google e l'intero dibattito è disponibile.

Mettere la scienza politica – che, non soltanto secondo me, sta(va) andando nella direzione di una sterile scientificazione – in contatto con la politica e viceversa, mi pare(va) un'operazione necessaria e potenzialmente molto utile. Tentai di replicarla l'anno successivo al congresso tenutosi a Roma Tre. Purtroppo, le contestazioni degli studenti tennero lontano il presidente del Consiglio Mario Monti, con il quale sperimentammo un'intervista in video conferenza. Sfidando le potenziali "avversità" il governatore della Banca d'Italia Ignazio Visco venne personalmente a discutere di un tema significativo: le politiche pubbliche con particolare riferimento a quelle monetarie e fiscali, e fu molto apprezzato. Sono grato a entrambi. Credo che i dialoghi pubblici fra personalità autorevoli e studiosi costituiscano uno

* [gianfrancopasquino.com/dialogo-fra-il-presidente-della-repubblica-giorgio-napolitano-e-gianfranco-pasquino]

strumento importante per diffondere informazioni e migliorare la comunicazione. In democrazia vi si può precedere evitando personalismi ed esibizionismi. In quelle occasioni, almeno, ci siamo riusciti. Il peggio stava per venire (*was yet to come*). Per capire perché e come debbo fare un passo indietro e riprendere un difficoltoso discorso.

***

A suo tempo, ho molto apprezzato quello che l'Ulivo sembrò, almeno inizialmente, promettere, o quello che mi sembrò di capire, ma troppi altri ne hanno capito anche meno. L'Ulivo fu il benemerito tentativo di rinnovare il ceto politico aprendosi alla società (sì, civile). Riuscì solo parzialmente. È ancora quasi del tutto da realizzare. Da qualche tempo, però, interessa a pochi. Con il doppio turno francese non è difficile pensare a candidature "uliviste" nei collegi uninominali capaci di vincere e di rappresentare quella società in modo e misura di gran lunga migliori di quelli dei politici di professione/cooptazione. Per qualche tempo ho aspettato, non acriticamente, Prodi, Veltroni, Parisi e oggi anche, se lo vorrà, Enrico Letta, sulla sponda del fiume doppio turno. Sono certo che lì non arriverà mai Matteo Renzi, le cui riforme istituzionali, pasticciate, confuse, inadeguate, Prodi e Parisi hanno purtroppo sostenuto con il loro sì referendario. Portavano a una democrazia maggioritaria, bipolare, dell'alternanza? A una tanto vantata, ma inesistente negli studi degli specialisti, democrazia "decidente"? O del decisore unico? Aprivano spazi veri alla società? Non chiedo a nessuno di esultare per lo scampato pericolo. L'ho fatto io, per molti, mentre Parisi se ne doleva, quella sera del 4 dicembre 2016.

Ma, poi, l'Ulivo è stato il progenitore del Partito democratico? Proprio no. Come si fa a pensare che una grande e ambiziosa operazione di interlocuzione, interazione e congiunzione fra settori di società ed elementi di politica – l'Ulivo che (non) fu – abbia potuto diventare la matrice di una fusione di spezzoni di ceto politico che si guardarono bene dal coinvolgere associazioni non satelliti (il Pd di ieri e di oggi)? Eppure né Prodi né Veltroni né Parisi espressero riserve e critiche su quella fusione gelida del 2007 che salvava le poltrone (eh, sì, lo scrivo proprio così) di praticamente tutti i dirigenti, ma escludeva quasi programmaticamente e in maniera brutale le numerose associazioni che si erano mobilitate per l'Ulivo *d'antan*.

Il Pd suscitò, raccolse, valorizzò le migliori culture riformiste dell'Italia? E quale cultura politica e istituzionale ha oggi il Pd? Qualcosa di elaborato da Parisi e Prodi? Da Veltroni? Da altri, e chi? Quale democrazia hanno voluto i collaboratori di Prodi? Quella che sarebbe sbucata dalla vittoria del sì al referendum? Per usare le parole di Parisi: da chi venne l'*ispirazione* di una democrazia diversa e verso quale modello si orienta oggi la sua *aspirazione*?

Da Arturo Parisi ho imparato molto nei quasi trent'anni trascorsi insieme tra Mulino e Istituto Cattaneo. Ho imparato soprattutto che è un dovere scientifico, ma anche etico, mettere in discussione le spiegazioni date per acquisite, spesso pappagallescamente ripetute, e le proposte non argomentate. Rovesciare. Da qualche tempo mi sembra che talvolta Parisi e con lui troppo spesso molti altri commentatori e politici (con me stanno pochi *followers*, ex studenti, persone incontrate nelle conferenze) si nutrano di luoghi comuni e rinuncino alla critica dell'esistente in nome di qualcosa che non è mai esistito. Dunque e comunque, non finisce qui.

Qualche tempo dopo la mia definitiva sconfitta a Piacenza, di cui presi tristemente, ma non polemicamente, atto, e poco prima del collasso dell'Ulivo di governo, il Partito democratico di sinistra decise la sua trasformazione/allargamento in Democratici di sinistra. Da parte di Antonio La Forgia, allora segretario della federazione di Bologna, mi venne prima l'invito a entrare nella segreteria di Bologna e poi la richiesta di iscrivermi ai Ds. Nel passato, vale a dire negli anni sessanta, per un breve periodo ero probabilmente stato iscritto al Psi (o al Psu). In seguito non ebbi più tessere di partito. I Democratici di sinistra mi parevano un luogo appropriato per fare politica, uno spazio aperto, una struttura non consolidata e non irrigidita. Purtroppo, però, soprattutto a livello nazionale, fecero la loro ricomparsa vecchie mentalità indirizzate alla ricerca di cariche senza nessun lavoro culturale per una sinistra che fosse effettivamente nuova e innovativa. Il resto fu prodotto dalla congiuntura tutt'altro che favorevole, cinque lunghi anni di opposizione sconclusionata al governo Berlusconi, e da furbizie ("le primarie per Prodi", non in quanto tali, ma per il modo con il quale furono organizzate) e da errori: il governo dell'Unione sostenuto da una coalizione extralarge già sfilacciata fin dall'inizio.

C'era da tempo chi lavorava non a costruire e potenziare un credibile partito di sinistra, quantomeno concretamente progressista, ma qualcosa di diverso che si collocasse nei pressi del centro facendo a meno di tutte le ingombranti e pesanti "scorie" della sinistra. Vero è che a sinistra si trovavano anche molti disponibili soltanto a sfruttare quasi scientificamente le (poche, ma per loro vitali) rendite di opposizione. Non ripercorro passo passo le varie fasi attraverso le quali si dipanò l'operazione Partito democratico. Non posso, però, sottacere che fare un partito richiede anche una riflessione preliminare, ampia e approfondita, relativa alle modalità con le quali si procede e agli insegnamenti che provengono da altre esperienze comparabili nel bene, cioè, riuscite, e nel male, cioè fallite. Già non trovai brillante la frase iniziale del *Manifesto*: «Noi, Democratici, amiamo l'Italia», troppo simile all'incipit berlusconiano del 1994: «L'Italia è il paese che amo», ma certamente di minore impatto comunicativo ed emotivo. Mi permisi di suggerire che un partito progressista avrebbe fatto meglio ad affermare: «Noi, Democratici, vogliamo cambiare l'Italia», dando il senso di un progetto ambizioso di trasformazione. Rimasi ancora più perplesso quando ascoltavo la ripetizione di un mantra poco attinente alla realtà che conoscevo perché avevo continuato a girare per l'Emilia-Romagna e l'Italia per conferenze e dibattiti. Il Partito democratico voleva essere e si presentava come il prodotto delle migliori culture politiche riformiste del paese: cattolico-democratica, ambientalista, di sinistra, ovvero le avrebbe messe tutte insieme. Quel che rimaneva di una cultura politica di sinistra presentava delle criticità. Per non urtare molte sensibilità, non era possibile fare riferimento al marxismo e neanche al pensiero troppo caratterizzato di Antonio Gramsci. Quanto al comunismo, nessuno, forse meno che mai i molti che pure erano stati iscritti e dirigenti del Partito comunista italiano, intendeva farvi riferimento. A mio modo di vedere, non avevano saputo/voluto fare i conti politici e culturali con quell'esperienza, per molti "di vita", comunque, cruciale e formativa. La sorpresa, per me molto negativa, sia come studioso sia come persona impegnata in politica, fu che da quell'elenco rimase esclusa la cultura politica socialista italiana e, naturalmente, furono lasciati ai margini i molti esponenti di quella cultura. Tutto questo portò, ma non poteva essere diversamente, a quello che Massimo D'Alema bollò come «un amalgama mal riuscito».

Non mi risulta che esista un'analisi della cultura politica del Partito democratico, principi, valori, obiettivi. Pure, talvolta interessanti, *Partito Democratico. Le parole chiave* (è il titolo di un libro curato da Marco Meacci con prefazione di Pietro Scoppola, 2007) non sono sufficienti a dare un inquadramento complessivo di una qualsiasi cultura politica. Per esempio, manca, ma probabilmente è stata una scelta deliberata e consapevole, la parola "socialismo". Più divertente è constatare che la parola "riformismo" si è conquistata due trattazioni. Alla trattazione a me affidata, probabilmente considerata troppo eterodossa, fa immediato seguito quella di Iginio Ariemma, già comunista, diventato vero pasdaran del Partito democratico. Nella biblioteca ideale che conclude il libro, ovvero le letture consigliate come essenziali, mancano sia “democrazia” sia “partito”. Naturalmente, ma tristemente, “socialismo” non compare neanche fra quelle letture. Si direbbe che il messaggio abbia voluto essere che il Partito democratico aveva già buttato il cuore (gli appelli alle emozioni non si contavano) oltre quello che veniva ritenuto un ostacolo, una nuova cultura riformista, ma che per molti continua(va) a essere ritenuto un obiettivo degno di essere perseguito.

Pur assolutamente consapevole che la sinistra italiana (temo di non sapere come essere più preciso) aveva terminato malamente la sua parabola e doveva porsi il compito di trovare modi e forme nuovi, non condivisi un progetto di fusione fra Ds e Margherita che consideravo affrettato e semplicistico, sommatoria senza fantasia di sigle e di ceto politico che mirava a salvaguardare le proprie prospettive di carriera. Sulla base di quanto avevo scritto e detto, fui contattato da Mauro Zani, europarlamentare dei Ds, che intendeva presentare al congresso di scioglimento dei Ds una mozione, non per respingere la prospettiva di un partito diverso, ma per chiedere tempi più lunghi e approfondimenti. La prima mozione era drasticamente per il sì; la seconda, altrettanto drasticamente, per il no. Sottoscrissi la terza mozione che divenne nota come “Angius-Zani”. Nei tempi piuttosto brevi che portarono al congresso di scioglimento dei Democratici di sinistra andai in diversi luoghi a illustrare la “mozione 3”, a difenderne i cardini e a delucidarne le prospettive: il partito che vorremmo, non solo pluralista, ma federale con grande discrezionalità attribuita alle diverse realtà locali. Qui, mi limito a ricordare una sola esperienza perché fu alquanto scioccante. Luogo: la più grande, territorialmente e come numero di iscritti, sezione dei Ds di Pesaro, città nella quale avevo nel tempo partecipato a una pluralità di iniziative. Formato: presentazione delle mozioni seguita da dibattito fino a esaurimento delle domande dei partecipanti. Presentataria della mozione 1: una giovane donna facente parte della segreteria locale dei Ds che lesse un testo preconfezionato del tutto privo di qualsiasi problematicità: il Partito democratico come sbocco logico e inevitabile del percorso dal Pci al Pds ai Ds. Mozione 2: un sindacalista locale di mezz'età che sostenne molto semplicemente, ma aggressivamente, che il Pd non si doveva proprio fare. Mozione 3: il sottoscritto che argomentò l'utilità di un discorso approfondito su come rinnovare e ampliare la sinistra senza affrettate e sconsiderate fusioni non in grado di suscitare energie nuove.

La sezione aveva fatto il suo dovere consentendo il confronto e qualche scarna domanda, non un intenso dibattito. Subito dopo si procedette alla votazione. Tutti al bar prima di andare a dormire. Mi trovai seduto a un tavolo con sei-sette persone, giovani tra i venticinque e i trenta anni, quattro dei quali mi dissero di avere studiato scienza politica con me a Bologna. Chiesi se li avevo convinti. Sì, certo avevo detto cose interessanti, ma loro facevano parte della segreteria e, quindi, avevano votato la mozione 1, la linea del segretario del partito proprio come, la valutazione è mia, salvo qualche clamorosa eccezione, si era sempre fatto nel Partito comunista. Il conformismo al potere non era esattamente quello che mi pareva di insegnare agli studenti di scienza politica.

In una bella giornata di fine aprile, assistetti (partecipai non è chiaramente il verbo giusto) in un clima carico di emozioni collettive, alcune procurate, nessuna paragonabile per intensità e genuinità, al congresso di Rimini, al quale pure ero stato presente (altri discorsi, altre emozioni), che sancì la trasformazione dal Pci al Pds (31 gennaio-1 febbraio 1991). La parola "fine" sulla breve vita di un partito, i Democratici di sinistra, nel quale era, però, confluita una storia molto più grande, complessa e tormentata, fu messa dal segretario Fassino. Sempre sull'orlo di una crisi di lacrime, spesso interrotto da applausi, che lo confortavano e gli consentivano di prendere fiato, Fassino fu torrenziale. Tuttavia di risposte convincenti agli interrogativi su che cosa sarebbe stato il Partito democratico personalmente (ma ammetto i miei pregiudizi) non ne sentii neanche una. I verbi al condizionale stravinsero. Campo di Marte non fu Bad Godesberg, dove nel 1959 la Spd si liberò di un marxismo impraticabile e controproducente per caratterizzarsi come potenziale forza di governo. Non fu neppure Épinay, dove nel 1971 da una reale ibridazione di "pezzi" di politica e di pezzi di società nacque il Parti Socialiste che in dieci anni condusse François Mitterrand, il suo principale artefice e federatore, alla presidenza della Quinta repubblica francese.

Una volta sbrigata la pratica essenzialmente burocratica dello scioglimento della Margherita e della sua confluenza nel Pd, fu Walter Veltroni («mai stato comunista», ma berlingueriano *all the way*) che, cooptando nel suo ticket Dario Franceschini (sicuramente stato piuttosto democristiano), suggellò l'evento. Poi, in omaggio a uno dei principi fondativi del Partito democratico, Veltroni lanciò la sua cavalcata estiva per le cosiddette primarie (le primarie designano un candidato a una carica elettiva monocratica; fare eleggere il segretario di un partito è un'operazione chiaramente diversa) che avrebbero assegnato la carica di primo segretario del partito. Non disse nulla sul partito che avrebbe voluto costruire e guidare, tranne annunciare un piccolo *coup de théâtre*: la tessera numero uno a una giovane donna. Ne fu dissuaso poiché da sempre quel n. 1 deve essere ed è il segretario del partito. Avendo continuamente parlato di quello che avrebbe voluto fare come politiche pubbliche e riforme, in notevole misura diverse e contrastanti con quello che stava faticosamente mettendo insieme la coalizione dell'Unione, Veltroni contribuì in maniera significativa a indebolire il già barcollante governo Prodi 2, la cui caduta portò alla ennesima fine anticipata della legislatura (la più breve in assoluto della storia repubblicana).

Quanto all'altro principio fondante del Pd, che la leadership del partito dovesse essere sempre contendibile, Veltroni ne consentì prestissimo la messa in pratica rassegnando le dimissioni nel febbraio 2009. Dopodiché, il Pd è stato caratterizzato da un frequentissimo tourbillon di segretari che non ne ha certo migliorato l'immagine e potenziato l'influenza ed è stato seriamente, sembrerebbe anche irreversibilmente, indebolito da alcune scissioni, addirittura guidate, fenomeno inusitato, da ex segretari del partito. Per quel che mi riguarda personalmente, come a Piacenza nell'aprile 1996 finì la mia storia di parlamentare, così a Firenze nell'aprile 2007 si chiudeva la mia breve esperienza di iscritto a un partito. Allora pensai che la formazione del Pd mi avesse spinto totalmente ai margini della vita politica italiana, ma il tornare dalla politica alla scienza della politica che, peraltro, non avevo mai trascurato, mi obbligava a mantenere vivo e attivo il mio interesse non solo per la politica in Italia, ma ancora più per la politica in Europa e per la politica comparata.

Di tanto in tanto, quasi fosse un gioco di società, i dirigenti del Pd e i/le loro giornalisti/e di riferimento sottolineavano l'esigenza di dare effettivamente vita a una democrazia maggioritaria, bipolare, dell'alternanza, compiuta. Non sono mai riuscito a sapere quali fossero le loro fonti, quali le loro letture, quali le esperienze alle quali avevano guardato e si ispiravano. Con il mio ultimo allievo, Marco Valbruzzi, già autore di un pregevole libro *Primarie. Partecipazione e leadership* (2005), decidemmo di approfondire, in chiave, come si deve, comparata, l'argomento. Non possiamo proprio affermare di avere ottenuto un clamoroso successo di critiche e di vendite, ma il libro da noi curato *Il potere dell'alternanza. Teorie e ricerche sui cambi di governo* (2011) contiene prospettive, analisi di casi concreti e generalizzazioni di permanente interesse e rilevanza. Non posso dire altrettanto delle politiche del Pd, caratterizzate da opportunismi, espedienti, elementi personali, tutti in larga misura spiegabili con riferimento alle modalità con le quali il Pd nacque e al suo statuto (sul punto, impietosa è l'efficacissima analisi di Antonio Floridia, *Un partito sbagliato. Democrazia e organizzazione nel Partito Democratico*, 2019, che riesce anche a offrire proposte operative di assoluto rilievo). Come scienziato della politica potrei rallegrarmi delle frequenti occasioni di analisi che il Pd e i suoi dirigenti offrono con i loro comportamenti discutibili e inadeguati. Come cittadino continuo a essere notevolmente preoccupato dall'incapacità del Pd a svolgere quel compito di partito progressista e riformista che aveva promesso al momento della sua nascita.

5

Quasi sindaco e più

Nell'arena pubblica – Bologna non proprio dotta – "la Repubblica" mi saluta, e io ricambio – L'Associazione il Mulino – L'estraneo sono io – L'università mi mette a riposo – L'avventura referendaria del 2016 – L'Accademia dei Lincei – Le riviste – L'era del Covid-19

All'inizio dell'ottobre 2008, quando oramai era quasi pronto il comitato per la sua ricandidatura, senza neppure preavvertire il fin troppo zelante professor Paolo Pombeni molto compiaciuto di essere stato designato dal Pd di Bologna a guidarlo, Sergio Cofferati, il paracadutato del 2004, annunciò che se ne andava a Genova, dove abitava la sua compagna, poiché non voleva viaggiare avanti-indietro sull'autostrada con il figlio nato da poco. Poi si seppe che, in realtà, preferiva la candidatura a europarlamentare e fu debitamente eletto nel maggio 2009 nella circoscrizione nord-ovest. Spiazzato, il Pd bolognese contò per qualche giorno sul ritorno a Bologna di Pierluigi Bersani, molto popolare e molto apprezzato anche se non bolognese. Quando fu chiaro che (giustamente) Bersani non aveva nessuna intenzione di fare il sindaco di Bologna, il Pd propose la candidatura di Flavio Delbono, assessore al bilancio e vicepresidente della Regione Emilia-Romagna, immediatamente appoggiata (*endorsed*) dal segretario del Pd Bersani e da Romano Prodi. Poiché, però, emersero altri pretendenti, quella candidatura doveva passare per le primarie.

Dalla metà di ottobre del 2008 all'8 giugno del 2009 mi sono gradualmente, ma intensamente impegnato in un'audace avventura politica rappresentata dalla campagna per l'elezione del sindaco di Bologna. Ricordo che molti, amici e conoscenti, sicuri che non ce l'avrei fatta, mi chiedevano regolarmente con faccia un po' stupita un po' critica: «Ma chi te lo fa fare?». Quella domanda ce la eravamo posta molte volte anche noi prima di creare la nostra associazione Cittadini per Bologna. Mai esplicitamente, ci siamo dati due risposte. La prima era che pensavamo di aver qualcosa di importante da immettere nell'alquanto asfittico circuito politico e programmatico di Bologna. Sapevamo che tipo di città avremmo voluto disegnare, dopo la francamente penosa esperienza di Cofferati, l'uomo che volle *essere* sindaco, non *fare* il sindaco. La seconda risposta era, e non ci sembrava affatto illusoria alla luce dello stato confusionale del Partito democratico, quella di provare a cambiare quel partito e i suoi dirigenti. Fin dall'inizio ero perfettamente consapevole che la vittoria costituiva una missione impossibile. Tuttavia, ero anche convinto che quella campagna potesse effettivamente equivalere a una "missione", vale a dire, a un tragitto politico e programmatico nel corso del quale saremmo riusciti a incidere in qualche modo sull'opinione pubblica e sulla politica bolognese. Adesso, sono in grado di affermare che, da un lato, ho sottovalutato la difficoltà del compito e, dall'altro, ho nettamente sopravvalutato la disponibilità e l'apertura dell'opinione pubblica bolognese e la qualità della politica locale. Qualcosa, tuttavia, riuscimmo a cambiare. Poco, però, troppo poco.

In seguito, per molti mesi successivi all'elezione, mentre ero impegnato in altre attività – insegnare all'Università di Bologna, fare ricerca all'Italian Academy for Advanced Studies in America presso la Columbia University (fine gennaio-inizio maggio 2010), dirigere il master in Relazioni internazionali Bologna-Buenos Aires, scrivere commenti di politica, tenere conferenze, passeggiare lungo le spiagge della Romagna e delle Marche – ho pensato, senza lasciarmi ossessionare, a come era andata la nostra campagna elettorale e al suo sicuramente deludente esito. Ma ho anche riflettuto sullo stato di degrado politico e amministrativo in cui è caduta la città, naturalmente con alcune eccezioni importanti, e dal quale neppure l'apprezzabile opera di un bravo commissario mandato dal governo, Annamaria Cancellieri, riuscì a risollevarla. Tuttavia, l'interludio del commissario e la "sospensione della politica", oltre a stabilizzare la situazione, hanno messo in evidenza le grandi potenzialità, purché se ne abbiano le capacità e la volontà, di una corretta amministrazione quotidiana. Mentre nelle sedi dei partiti, nelle redazioni di alcuni quotidiani, nei salotti borghesi, molti ben pasciuti coccodrilli versavano inutili e tardive lacrime sulla città "ferita" dal commissariamento (meritatissimo, anche proprio da coloro che ipocritamente piangiucchiavano) e "umiliata", per colpa di buona parte dei suoi cittadini-elettori e dei suoi dirigenti politici, lentamente, ma amaramente, maturava in me la convinzione che dovessi mettere per iscritto quanto avevamo fatto, malfatto, non fatto, tentato di fare. Sentivo di doverlo a me stesso, ma in modo particolare ai miei elettori, a coloro che avevano votato la lista civica Cittadini per Bologna, a coloro che in quella lista erano entrati, a coloro che variamente ci avevano aiutati e finanziato. Non, quindi, ai notai di sinistra che lavora(va)no per il Pd; non a Romano Montroni, pure sicuramente un amico, il "libraio rosso", direttore della libreria CoopAmbasciatori che mi chiarì subito che non mi avrebbe dato nessun aiuto (avrebbe votato "il candidato del partito" perché era un "buon amministratore"), non ai colleghi professori transitati dal Pci al Pd; non, infine, a quei molti bolognesi per i quali qualsivoglia critica al partito dominante o presa di distanza è anatema.

Nulla è cambiato neppure nelle primarie del giugno 2021. Coerenza granitica. No, non apprezzo. Meno che mai mi adeguo.

Quello che segue è un racconto non soltanto personale, ma politico. Mi auguro che sia utile; lo credo indispensabile. È giusto che quanto abbiamo fatto, noi Cittadini per Bologna, sia ricordato. Può servire di insegnamento, a qualcuno, non soltanto a noi. Ma è anche una riflessione delicata e amareggiata sulla politica in quella che una volta era considerata la capitale rossa del buongoverno. Ecco, nelle pagine che seguono desidero che i lettori e gli elettori trovino un tentativo di spiegazione di quanto è successo, senza cedimenti a una tradizione che non esiste più, a un mito che si è logorato da più di un decennio, a lamentazioni spropositate e a ingiustificabili esibizioni di orgoglio cittadino, quasi di eccezionalità.

Questa è la premessa che scrissi al piccolo libro *Quasi sindaco. Politica e società a Bologna 2008-2010*, respinto da Feltrinelli e da Donzelli, ma anche da Pendragon, editrice bolognese di politica e, alla fine, gentilmente accettato e rapidamente pubblicato da Alessandro Scansani, responsabile editoriale della casa editrice Diabasis di Reggio Emilia, scomparso poco dopo la pubblicazione (2010), al quale sono enormemente grato. In *Quasi sindaco* offro la mia personale spiegazione, inevitabilmente parziale e incompleta, ma collegata ad alcuni tratti profondi per l'appunto della politica e della società a Bologna. Al tempo della pubblicazione, mi sarebbe piaciuto che ne scaturisse un confronto con altre spiegazioni, in una città nella quale, purtroppo, il conflitto di idee, anche aspro e argomentato, ma civile, sembra essere quasi totalmente scomparso. Non successe nulla. Continuo a pensare che, confrontandosi con le opinioni altrui e con qualche dato duro è sempre possibile imparare qualcosa. Almeno, ci si può provare. Non è stata questa l'opinione né dei politici del Pd e altri né dei quotidiani locali tranne una recensione controllatissima di Olivio Romanini sulle pagine del "Corriere" di Bologna. Notevole il silenzio de "Il Resto del Carlino" e di "Repubblica – Bologna". Nessuna recensione sulla stampa nazionale.

Ricordo di avere trascorso il mese di agosto 2010 a scrivere dolorosamente il resoconto della campagna elettorale del 2009 della lista Cittadini per Bologna da me guidata. Avevo il dovere politico e morale di lasciare una traccia scritta di quello che avevamo fatto, perché, come, con quali conseguenze. Non ho nulla da cambiare di quel resoconto originario, solo da aggiungere. Ci furono conseguenze quasi immediate e conseguenze più lente, tutte interessanti, molto istruttive, per coloro che sono disposti e sanno imparare. Nel mondo politico bolognese e nei suoi dintorni, pochissimi hanno dato mostra di avere imparato qualcosa.

Qui andrò per grandi linee. Di tanto in tanto, abbastanza di frequente, ancora di recente, qualcuno al mio account Twitter @GP_ArieteRosso mi ricorda che mi sono candidato a sindaco di Bologna nel 2009, ho raccolto circa quattromila voti (4448 per la precisione) quasi il due per cento che, comunque, è più di qualsiasi prefisso telefonico italiano che fu per qualche tempo il non originale commento del segretario della federazione di Bologna. Non abbiamo mai voluto esplorare perché i radicali con i quali avevamo raggiunto un accordo elettorale avessero ottenuto nelle elezioni per il parlamento europeo svoltesi lo stesso giorno più del doppio dei nostri voti. Che non abbiano rispettato l'accordo, come mi venne da sospettare anche in seguito alla scomparsa dei loro esponenti nel dopo voto? Non li abbiamo più visti. Mi pare, comunque, opportuno e più significativo segnalare che proprio i nostri voti furono decisivi per costringere il candidato del Partito democratico Flavio Delbono ad andare al ballottaggio con Alfredo Cazzola, imprenditore di grande successo: Motor Show e Virtus Basket. Proprio grazie al dibattito durante il ballottaggio, Cazzola ebbe modo di sollevare la questione dei molti comportamenti illeciti di Delbono, quando era assessore al bilancio della Regione Emilia-Romagna. Se Delbono avesse vinto al primo turno, non ci sarebbero forse stati quegli sviluppi successivi che crearono le premesse di una sua incriminazione.

All'inizio dell'agosto 2009, i vigili mi recapitarono sette-otto contravvenzioni di importo vario dai mille ai cinquemila euro ciascuna per affissione di manifesti elettorali della lista

Cittadini per Bologna fuori dagli spazi appositi. Nessuna fotografia nessuna possibilità di contestazione, ma le multe dovevano essere convalidate dal prefetto di Bologna, Angelo Tranfaglia, al quale portai tutta la documentazione convinto che nessuno dei miei collaboratori avesse violato i regolamenti elettorali. Com'era nei suoi poteri, il prefetto non diede seguito a quella che, qui mi assumo tutta la responsabilità di quello che scrivo, era una palese rappresaglia: «a Pasquino gliela facciamo pagare». Letteralmente. Per questa piccola cronaca può essere utile aggiungere che Claudio Merighi, il capo della campagna elettorale di Delbono, di professione era proprio un vigile. Poi, non sorprendentemente, non tornò al suo lavoro, ma venne collocato in qualche ufficio della Lega delle Cooperative. Vasi comunicanti.

Troppi hanno dimenticato che subito dopo l'estate 2009 le voci sulla gestione disinvolta dei rimborsi spese per viaggi e conferenze, da Ischia a Cancún, Messico, con tanto di foto con la compagna, a opera dell'assessore al bilancio e vicepresidente della Regione Emilia-Romagna Flavio Delbono si fecero più frequenti, più intense, più dettagliate. Non entro nei particolari, ma Delbono promise e versò soldi alla sua compagna occasionale, dipendente della Regione, per "comprarne" il silenzio. La situazione divenne talmente imbarazzante per il Partito democratico di Bologna che sotto molteplici pressioni il sindaco Delbono si sentì costretto a dimettersi, il 24 gennaio 2010. Le sue dimissioni furono salutate da alcune dichiarazioni che parlano da sole. Il segretario della federazione del Pd di Bologna, Andrea De Maria, affermò che le dimissioni erano «un atto di serietà e responsabilità». Ancora più enfatiche le parole di colui, Romano Prodi, che "Repubblica" (25 gennaio 2010) presentava come, e in effetti era stato, uno degli sponsor di Delbono: «Il suo è un gesto di grande sensibilità nei confronti di Bologna [le sue dimissioni] dimostrano un senso di responsabilità verso la comunità che va al di là dei propri obblighi e delle proprie convenienze. Delbono ha confermato, a differenza di altri [riferimento per me non comprensibile], di saper mettere al primo posto il bene comune e non le sue ragioni personali». In seguito, i magistrati ritennero che Delbono non avesse tenuto in grande considerazione "il bene comune" utilizzando fondi della Regione proprio per "sue ragioni [spese] personali". Per non perdere la cattedra universitaria, se fosse stato riconosciuto colpevole, il professore Delbono patteggiò, non una, ma due volte. Prodi si adoperò ancora a favore di Delbono facendo pressione sul Direttore del Bologna Center affinché fosse richiamato a insegnare. L'Academic Council non prese in considerazione questa richiesta. In seguito anche Stefano Zamagni, docente e vicedirettore del Bologna Center, ma altresì coautore con Delbono di un testo di economia che il Mulino dovette "purgare" di molte pagine che configuravano un plagio, tentò di fare riassumere Delbono. L'Academic Council del Bologna Center respinse nuovamente la richiesta.

Nel frattempo, Bologna fu inevitabilmente commissariata, un fenomeno impensabile che ha macchiato la storia di una città considerata un modello di buongoverno progressista. Dal 17 febbraio 2010 al 24 maggio 2011 il prefetto Annamaria Cancellieri svolse l'incarico di commissario governativo per il disbrigo degli affari correnti e la preparazione di nuove elezioni. Cancellieri, spesso definita "papessa", acquisì notevole popolarità, probabilmente anche come effetto di una ripulsa della politica e dei politici del Pd, tanto che molte voci della "società civile" si levarono per una sua candidatura a sindaco che le consentisse di proseguire il lavoro iniziato. Alcuni nel Pd chiesero, però, che si sottoponesse alle primarie. Fra i nomi che circolarono riscuotendo notevole approvazione c'era quello di Maurizio Cevenini, a lungo consigliere comunale, presenzialista vero poiché partecipava in effetti a una pluralità di cerimonie non solo politiche, ma sociali e culturali della città, notissimo soprattutto per celebrare con cortesia, cordialità e stile un numero molto elevato di matrimoni (già nell'ottobre 2009 aveva superato la cifra di quattromila) nella Sala Rossa del Comune. Per sbarazzarsi della sua ingombrante presenza a Palazzo Accursio, la sede del sindaco, il Pd decise in conformità a una astrusa regola sul numero dei mandati, di imporgli di candidarsi al consiglio regionale. Fu eletto con il record di preferenze: più di diciannovemila.

La sua candidatura alle primarie del gennaio 2010 con le quali il Pd doveva statutariamente scegliere il candidato sindaco era un fatto naturale. Cevenini iniziava quella che si suole chiamare "la corsa" in sicuro vantaggio: notissimo, apprezzato, impeccabile. La prima incrinatura si ebbe quando le telecamere in occasione della sfilata del 2 agosto per la strage alla stazione di Bologna inquadrarono uno scambio fra il segretario nazionale del Pd, Pierluigi Bersani, e il segretario di Bologna, Raffaele Donini, nel quale entrambi facevano commenti molto poco lusinghieri (sì, questo mio aggettivo è un gigantesco eufemismo) sulle qualità politiche di Cevenini, commenti subito riportati dalla stampa locale. Il 25 ottobre 2010 Cevenini ebbe un malore, fu ricoverato in clinica, annunciò il suo ritiro dalle primarie spianando la strada alla vittoria di Virginio Merola nel maggio 2011, alla quale contribuirono anche le tredicimila preferenze ottenute da Cevenini stesso, (ri)candidato al consiglio comunale. Un anno dopo, nella notte dell'8 maggio 2012, Cevenini si suicidò buttandosi dal settimo piano della torre della Regione Emilia-Romagna. Conservo con cura e commozione una copia da lui regalatami della sua autobiografia politica, scritta con la figlia Federica: *Bologna nel cuore. Il Cev raccontato a mia figlia* (2011). La dedica di suo pugno legge: «Da quasi sindaco a quasi sindaco. Non sanno che cosa si sono persi». Non lo sapranno mai, ma non hanno neppure mai mostrato un minimo interesse a sapere qualcosa.

> **Se sei a terra non strisciare mai**
> **se ti diranno sei finito non ci credere**
> **finché non suona la campana vai**
> **uno su mille ce la fa...**
> ***Gianni Morandi***

Da quasi sindaco a....
quasi sindaco. Uniti nel
destino ma con la certezza
che non sapremo cosa ci
siamo persi.
In modo più serio, caro
Gianfranco, grazie per
le parole che hai usato
in questi mesi difficili
nel "fenomeno" CEU.

Con amicizia

Morandi

Nelle elezioni politiche nazionali del febbraio 2013 Andrea De Maria, che in seguito all'affaire Delbono aveva dovuto lasciare la segreteria del Pd provinciale, fu candidato alla Camera dei deputati unitamente a Sandra Zampa, l'assistente di Romano Prodi. Entrambi in posizioni tali nelle liste bloccate che ne garantivano l'elezione. Dichiarai che la presenza di queste due candidature rendeva impossibile il mio voto per il Pd alla Camera dei deputati. Il 19 giugno 2016 Merola è stato rieletto sindaco sconfiggendo al ballottaggio 54,64 contro 45,36 per cento la candidata della Lega Lucia Borgonzoni (divenuta sottosegretaria alla cultura nel governo Conte). Nel marzo 2018 De Maria è stato rieletto alla Camera dei deputati e rimane l'uomo forte del Pd di Bologna. No, purtroppo, no, proprio non siamo riusciti a cambiare la politica (e le persone) del partito che domina la città. Sicuramente, abbiamo salvato la nostra anima politica.

***

Nel corso della campagna elettorale per "diventare sindaco" ero riuscito a vincere una borsa di studio per diventare *fellow* dell'Italian Academy for Advanced Studies presso la Columbia University a New York (gennaio-maggio 2010) diretta dallo storico dell'arte David Freedberg. Proprio mentre ero a New York, in un piccolo, ma attrezzatissimo, ufficio d'angolo quindi con due ampie luminose finestre che si affacciavano sulla Amsterdam Avenue, fui quotidianamente raggiunto dalle notizie riguardanti la saga Delbono. Non vado oltre avendone parlato esaurientemente sopra. Più interessante è riferire del mio soggiorno newyorchese nel quale a metà febbraio si ebbe una delle più tempestose nevicate del secolo che bloccò la circolazione e gli aeroporti per alcuni giorni ma, più a sud, la capitale Washington rimase in tilt per quasi una settimana. Abitavo a due isolati dall'Academy in un alloggetto per studenti e docenti della Columbia. Seppure a fatica, potevo raggiungere l'ufficio saltabeccando su marciapiedi che avevano circa mezzo metro di neve.

L'Academy è un luogo splendido per chi vuole studiare e New York è un luogo fantastico per chi vuole esperienze culturali diversificate. Grande musica, grande teatro, il Lincoln Center è magico. Le mattinate dei mercoledì è possibile ascoltare le prove dei concerti della sera o dei giorni successivi a prezzi minimi. Assistetti a una prova generale diretta da Riccardo Muti che interrompeva e spiegava agli orchestrali il perché di un certo accordo e di una certa pausa. Dal Museum of Modern Art, che tutti, più o meno intenditori, chiamano MoMA al Madison Square Garden, facilissimamente raggiungibile con la metropolitana, vecchia, sporca, sferragliante, ma assolutamente funzionale, a vedere la pallacanestro con i Knicks che da anni non riuscivano più ad avere una squadra all'altezza dei giganti del passato, e, naturalmente, a una grande università come la Columbia, New York offre di tutto. Oltre a visitare Harlem, che è a due passi dall'Academy, a cenare al famoso Cotton Club, a entrare in qualche localino di jazz e altre musiche alternative (grazie agli altri borsisti, molto più giovani e curiosi di me), ad accettare inviti per conferenze (Yale, Harvard, Albany), riuscii persino a fare ricerca su come le esperienze politiche e di vita di coloro che scrissero la *Grundgesetz* tedesca del 1949 e la Costituzione della Quinta repubblica francese influenzarono le loro scelte più problematiche e controverse dei meccanismi e delle strutture più originali, più durature ed efficaci. In materia, c'è ancora molto di importante e di utile da imparare.

Andai sempre in treno a fare alcune gratificanti conferenze. Capitale dello Stato di New York, Albany è una piccola città con circa centomila abitanti. Il viaggio fu bellissimo con il treno che costeggiava il fiume Hudson, un panorama da guardare con il naso appoggiato al finestrino. A Yale gentilmente invitato da Joseph LaPalombara feci una conferenza sulla democrazia in Europa, ma l'evento importante fu il *lunch* con il club dei professori emeriti di scienza politica: LaPalombara stesso, Charles Lindblom, Robert Dahl, David Mayhew, Bruce Russett,

Douglas Rae, Robert E. Lane, Immanuel Wallerstein che, con David Apter e Juan Linz, allora indisposti, hanno scritto quasi la metà della storia della scienza politica Usa del XX secolo. La mia valutazione si fonda sulla produttività di quegli studiosi e sul loro impatto complessivo. Buona parte dell'altra metà si trovava a Harvard dove, invitato al Center for European Studies da Stanley Hoffman, svolsi un discorso sull'antipolitica. Avendo scoperto che i Boston Celtics giocavano in casa riuscii persino ad andare a vederne la bella e costosa partita.

***

A due mesi dalle elezioni, Aldo Balzanelli, direttore di "Repubblica – Bologna", quotidiano con il quale avevo sospeso la collaborazione il giorno in cui, fine gennaio 2009, avevo annunciato la mia candidatura, non si era ancora fatto vivo. Per circa vent'anni ero stato assiduo commentatore della politica cittadina. Era sottinteso, anzi, quasi scontato, che alla fine dell'avventura "quasi sindaco" sarei ritornato a scrivere e che i tempi li avrebbe dettati lui. La situazione, però, si era fatta più difficile, in un certo senso anche imbarazzante. Infatti, Balzanelli, in special modo, ma anche i suoi cronisti, la maggior parte dei quali conoscevo personalmente, avevano scelto una linea non proprio equilibrata, nient'affatto equidistante, fra me e il candidato a sindaco del Pd. Il sostegno loro personale e del giornale al candidato del Partito democratico era stato evidente ed esplicito, fondamentalmente acritico, davvero eccessivo. Nei miei confronti, la linea fu indifferenza oppure racconti sottilmente denigratori, persino a fronte di mie smentite ufficiali, due soltanto poiché non potevo sprecare il mio tempo prezioso, una delle quali clamorosa. Non proposi mai, come "Repubblica" scrisse in bell'evidenza, di scambiare il mio sostegno al candidato del Pd con cariche (oggi loro direbbero "poltrone"), meno che mai per me personalmente. Balzanelli si rifiutò di accettare e pubblicare la mia smentita.

All'inizio dell'agosto, in occasione della commemorazione della strage di Bologna, 2 agosto, attesi invano la richiesta da parte di Balzanelli di un articolo in materia: quanti ne avevo già scritti per "Repubblica" a ricordo di quel dolorosissimo avvenimento! Il "Corriere" di Bologna mi aveva variamente fatto sapere che avrebbe gradito la mia collaborazione. Parlai con il direttore Armando Nanni per avere ospitalità sulle sue pagine con una riflessione sulla strage. Pubblicato proprio il 2 agosto con il titolo *Il dovere del rito e le lezioni per la memoria* fu l'inizio di una lunga serie di articoli. Lo riporto qui di seguito.

Una comunità vive anche di riti che plasmano il sentire comune, scendendo dalla memoria e rafforzando i legami fra le persone. La cerimonia del 2 agosto è certamente ripetitiva, anche se, in questo caso, la sua ripetitività è assolutamente comprensibile e condivisibile.

Ma i riti che tengono insieme una comunità debbono essere ripetitivi. Ripetitive ma fastidiose sono, invece, le polemiche, qualche volta artificiali, fatte soltanto per riportare all'attenzione di un popolo distratto la gravità di quello che è accaduto. Ripetitivo ma deplorevole è anche il tentativo di scrivere un'altra verità, diversa da quella giudiziaria, lungamente elaborata e fino a ora non intaccata da nessuna prova nuova e convincente, informata soltanto dal chiacchiericcio e dai rumors. *Infine, ripetitivi sono gli appelli a trovare qualche altra forma di celebrazione, aggiuntiva piuttosto che totalmente sostitutiva, diversa da una mesta sfilata (nella quale i politici locali sgomitano) e da un minuto di silenzio vero alla stazione. Insegnare quello che è accaduto quasi trent'anni fa, nel rispetto della pluralità delle opinioni, purché abbiano qualche fondamento, è una richiesta oramai formulata da qualche lustro, da almeno quando era sindaco Guazzaloca, assolutamente condivisibile e, per responsabilità di non poche autorità, rimasta lettera morta. Peccato, poiché in città esiste un centro di documentazione apposito e si trova un patrimonio di ricerche e di cono-*

scenze presso l'Istituto Cattaneo, al quale fin dall'inizio degli anni ottanta, il sindaco Imbeni e il presidente della Regione Lanfranco Turci commissionarono un programma di ricerche, tutte eseguite e pubblicate, quindi disponibili. È possibile insegnare la storia d'Italia del dopoguerra senza approfondire i dieci anni e più di terrorismi (al plurale) che incisero sul percorso di quella storia? È possibile insegnare, come pure si dovrebbe, la storia di Bologna, senza spiegare gli attentati ai treni e la strage della stazione il 2 agosto 1980? Quanto bisogna aspettare prima che il ministro dell'Istruzione, se è di sua competenza, il provveditore agli studi e il sindaco di Bologna costituiscano un piccolo, selezionato, non lottizzato comitato scientifico e lancino un programma di lezioni, anche pubbliche, di alto livello? La memoria civile non può essere lasciata ai soli testimoni del tempo con il rischio (che, in verità, non riguarda soltanto la strage alla stazione di Bologna) che i giovani abbiano le idee confuse su fatti e responsabilità oppure, peggio, non abbiano nessuna idea in materia. Ripetiamo pure anno dopo anno il nostro doveroso cordoglio di cittadini bolognesi, ma aggiungiamo l'impegno a trasmettere la memoria, a cominciare dalle giovani generazioni di italiani e di immigrati. Sì, dalla storia si può imparare. Anzi, tutti hanno l'obbligo morale di farlo, a fini non di propaganda e di parte, ma per una convivenza basata su conoscenza e lealtà.

Il direttore di "Repubblica – Bologna" replicò immediatamente, credo addirittura già nel primo pomeriggio del 2 agosto, al mio articolo, non con una telefonata, ma con una inopinata, "graziosa" e succinta mail: «Vedo che hai iniziato a scrivere sul Corrierino...». Non molto tempo dopo, nei primi mesi del 2010, Balzanelli venne chiamato/mandato a Roma. Il suo successore, Giovanni Egidio, non mi ha cercato mai. I suoi cronisti mi hanno fatto nel decennio trascorso una sola intervista che non fu pubblicata perché era molto critica della linea del giornale (del partito?).

Quanto alla mia collaborazione al "Corriere" di Bologna giunse a termine dieci anni dopo, "a mia insaputa", subito dopo la pubblicazione di un articolo nel quale avevo stigmatizzato la decisione del Pd di candidare il democristiano Pier Ferdinando Casini nel collegio senatoriale di Bologna centro. Credo che quell'articolo dell'11 gennaio 2018 mantenga un qualche interesse generale e duraturo sia per il caso specifico sia per le modalità con le quali il Pd sceglie le candidature al parlamento, ma anche per il mio pensiero in materia. Eccolo:

Sacrifici da meritare

Vorrei offrire ai dirigenti locali del Partito democratico qualche argomento da contrapporre alla segreteria nazionale per evitare troppi sacrifici in termini di candidature al parlamento nazionale. Primo, fare valere il criterio di una sana rotazione dopo i famosi/famigerati due mandati, non in maniera automatica, ma esprimendo anche una valutazione sull'operato del/la parlamentare uscente-entrante. Secondo criterio, inteso a dare buona rappresentanza politica agli elettori, ricandidare chi viene ripresentato nello stesso collegio della precedente elezione. Lì potrà spiegare ai suoi elettori le molte cose successe nella delicata, soprattutto per il Pd, legislatura che si è conclusa, chiarendo, mio mantra, che cosa ha fatto, non fatto, fatto male e perché. Sarebbe un'ammirevole e utilissima operazione pedagogica che restituisce dignità alla politica. Terzo, scegliere le nuove candidature, anche valutando quelle che da Roma vorrebbero paracadutare, in base a due elementi essenziali: la storia politica, sociale, professionale e la sua rappresentatività delle idee del Pd, della sua storia, del suo progetto. Naturalmente, da parte del paracadutato/a dovrebbe anche esserci una disponibilità a garantire la sua presenza sul "territorio", non solo a fare passerella, ma a interloquire con gli elettori tutti, con le associazioni, persino con le banche. A questo punto, a Pier Ferdinando Casini (eletto alla Camera per la prima volta nel 1983) fischieranno le orecchie, ma so che personalmente se ne infischia. Tuttavia, da un lato, mi pare difficile inserire Casini nella storia del Pd; dall'altro, mentre serpeggia l'inquietudine nella "base", fra malumori e mal di pancia, è giusto chiedersi se la candidatura di Casini (quanti voti porterà?) non segnali la direzione di marcia del Pd verso il centrodestra. Infine, per chi ritiene che la buona rappresentanza parlamentare è la premessa di qualsiasi governabilità decente, le candidature vanno scelte in base alla loro qualità, non perché sono "in quota di" qualcuno, né di Prodi né di Franceschini, per esempio, ma perché rappresentano le idee del Partito democratico. Si tratta di elezioni nazionali che, dunque, non dovrebbero in nessun modo avere riflessi sulla composizione della giunta di Bologna. Qualsiasi rimpasto andrebbe fatto con riferimento alle esigenze di garantire un miglior funzionamento del governo locale, non a ricompensare qualcuno perché non ha "ottenuto" candidature al parlamento né a produrre un qualche riallineamento fra chi ha vinto e chi ha perso nel Partito democratico. Che brutta storia.

Ne seguì un lungo totale silenzio del direttore Ernesto Franco che non mi chiese nessun articolo per tutta la campagna elettorale, sostanzialmente ponendo fine senza nessuna comunicazione o giustificazione ufficiale alla mia collaborazione. Me lo confermò in una brevissima telefonata quando a metà marzo 2018 se ne tornò a dirigere il "Corriere del Trentino". Così non fan tutti.

***

La mia vita personale, di studioso e professionale sarebbe stata molto diversa se non fossi entrato in contatto con il Mulino. Lo scrivo in maniera deliberatamente vaga poiché il Mulino è qualcosa di complesso, uno e trino. Non ne esiste una storia accurata e approfondita. Ci sono, invece, alcune vulgate, narrazioni da più prospettive, ma imperfette e incomplete. Però, per essere credibili e utili, tutte le narrazioni debbono prendere le mosse da alcuni punti fermi. Non sono in grado di farne la storia, lavoro al di sopra delle mie energie e conoscenze, ma quello che conta qui sono i miei rapporti nel corso del tempo. Premessa: l'avventura del Mulino comincia con il primo fascicolo della rivista pubblicato il 25 aprile 1951 (la data, naturalmente, è tutt'altro che casuale) da sei giovani universitari di Facoltà diverse. Fabio Luca Cavazza, Pier Luigi Contessi, Gian Luigi Degli Esposti, Federico Mancini, Nicola Matteucci e Antonio Santucci, liberali, cattolici, socialisti.

Nel 1956 fu creata l'Associazione di politica e cultura che diede rapidamente vita all'Istituto di studi e ricerche Carlo Cattaneo e alla casa editrice il Mulino. I miei rapporti con il Mulino in tutte le forme e modalità possibili iniziarono nel settembre 1969 con il compito di redattore capo del *Dizionario di politica* presso l'Istituto Cattaneo. Su invito di Nicola Matteucci, allora direttore della rivista "il Mulino", pubblicai nel primo fascicolo del 1970 l'articolo *Recenti tendenze di ricerca in scienza politica*, il primo di una lunghissima serie. Non so quanti ne sono seguiti, ma, grazie all'indice storico della rivista, mi vanto (*sic*, davvero) di essere l'autore che ha pubblicato di più nell'arco oramai di cinquant'anni. Molti di quegli articoli, una cinquantina, gentilmente recuperati da Bruno Simili, diventato poi vicedirettore della rivista, sono raccolti nel libro, anche online, *Le istituzioni di Arlecchino* (2009).

Nell'autunno 1970, dopo sette-otto mesi di lavoro all'Istituto, dopo la pubblicazione di alcuni articoli sulla rivista "il Mulino" e dopo la consegna del testo definitivo di quello che diventò il mio primo libro, fui cooptato nell'associazione. Voglio sottolineare che avevo tutte le carte in regola poiché il principio determinante della cooptazione è sempre stato quello di avere "lavorato" nelle istituzioni dell'associazione. Aggiungo subito che ho sempre condiviso convintamente le impegnative parole dell'articolo 2 dello statuto che indica la natura e finalità dell'associazione e, ogniqualvolta possibile, ho agito per tradurle in pratica concreta: l'associazione

> è formata da studiosi e intellettuali di formazione culturale e di attività professionale diversa, legati fra loro da un comune impegno civile e democratico. Essi sanno che la soluzione dei problemi sociali e politici del nostro tempo impegna in primo luogo le responsabilità delle autorità pubbliche e delle forze politiche organizzate; ma giudicano che in una democrazia pluralistica sia altresì importante il contributo di studio e di formazione che può essere portato alla società e all'opinione pubblica da parte di gruppi indipendenti. Essi perciò si costituiscono in associazione per perseguire in modo non episodico fini di studio, di formazione e orientamento dell'opinione pubblica, di impegno civile democratico.

Nel dicembre del 1970, quasi un regalo di Natale, uscì il mio primo libro *Modernizzazione e sviluppo politico*. Da allora la casa editrice ne ha pubblicati altri undici da me scritti (ne ho altresì curato una decina circa), ai quali credo sia giusto aggiungere anche la prima ricerca della serie Itanes (Italian National Elections Studies), *Perché ha vinto il centro-destra* (2001), prodotto anonimo o collettivo per qualche reviviscenza tardo sessantottina di alcuni colleghi. La stesura definitiva, alla quale dedicai quasi tutto il mese di luglio, mi fu affidata, su indicazione autorevole e perentoria di Giacomo Sani il quale, gli sono tuttora molto grato della stima, motivò la sua designazione con riferimento alla mia capacità di scrivere presto e bene. Peraltro, non ho difficoltà a riconoscere che i testi sottoposti dai diversi collaboratori erano già in ottime condizioni. Grande e dolorosa fu la mia sorpresa quando, nel 2019, in maniera fulminea e fulminante, senza neppure chiedere di vedere né l'indice né il testo, il direttore editoriale della casa editrice non ha neppure voluto vedere la mia proposta di un volume di saggi dedicato a *Bobbio e Sartori. Capire e cam-*

biare la politica, subito accettato e rapidamente pubblicato dalla Università Bocconi Editore e immediatamente tradotto in spagnolo da Eudeba, la casa editrice dell'Università di Buenos Aires.

Entrai praticamente subito a far parte del consiglio direttivo dell'Istituto Cattaneo. Per alcuni anni con Anna Oppo, Marzio Barbagli, Pier Paolo Giglioli e Arturo Parisi affiancammo come comitato di redazione, Camillo Pellizzi, fondatore e direttore della "Rassegna italiana di sociologia" nella confezione di un certo numero di fascicoli. Personalmente ne curai uno "Lo studio dei militari" (numero 4 del 1971). Nel corso del tempo ho svolto compiti e ricoperto ruoli in tutte le istituzioni alle quali sono stato, di volta in volta, designato o eletto secondo le norme e le procedure vigenti. Oltre a fare parte del consiglio direttivo dell'Istituto Cattaneo, ne sono divenuto segretario generale in due occasioni. Sono stato eletto più volte nel comitato direttivo dell'associazione. Ho presieduto per anni il gruppo di lavoro in scienza politica e ho spesso fatto parte del consiglio editoriale, consigliando la traduzione di numerosi volumi. Buona parte dei primi volumi di scienza politica pubblicati dal Mulino hanno una mia breve presentazione o una più ampia introduzione. Nel 1986 insieme a Marzio Barbagli e Arturo Parisi partecipai alla fondazione della rivista "Polis. Ricerche e studi su società e politica in Italia" che dirigemmo per quindici anni.

Rivendico il merito principale di due importanti iniziative tuttora in atto. Quando in associazione ci si interrogò sulle modalità con le quali ottenere una proiezione esterna delle molte attività "mulinesche", prendendo lo spunto dalle prestigiose *lectures* che da tempo sono parte integrante delle attività di alcune università degli Usa, proposi l'organizzazione di una lettura annuale da affidare in alternanza a prestigiosi studiosi italiani e stranieri di cui la casa editrice aveva già pubblicato un libro. Nel 1985 la prima lettura fu affidata al sociologo tedesco, a lungo attivo in Olanda, Norbert Elias. Altri "lettori", su mandato del comitato direttivo dell'associazione, furono da me direttamente invitati. Mi limito a un esempio: il collega e amico Robert D. Putnam (Harvard) di cui il Mulino aveva da poco pubblicato l'importantissimo studio *Capitale sociale e individualismo. Crisi e rinascita della cultura civica in America* (2004).

Sono, inoltre, positivamente responsabile della decisione di pubblicare un volume annuale dedicato a fare il punto sui più importanti eventi politici e sociali in Italia. Dal 1986 sotto l'egida dell'Istituto Cattaneo hanno fatto la loro comparsa i volumi intitolati *Politica in Italia. I fatti dell'anno e le interpretazioni*, tradotti anche in inglese. Ho avuto l'onore e l'onere di curarne quattro: nel 1992 e 1993 con Stephen Hellman, nel 1994 con Carol Mershon e nel 2000 con Mark Gilbert. In molti di quei volumi ho anche scritto numerosi capitoli, ma negli ultimi vent'anni nei quali, peraltro, non ho smesso di occuparmi di politica italiana, sono stato invitato a scrivere soltanto due volte, la più recente nel 2013. Forse, però, me lo sono meritato poiché ho più volte sostenuto che la formula si è palesemente logorata.

A più riprese ho fatto parte di molti comitati editoriali della rivista "il Mulino" con diversi direttori, prima e dopo esserne eletto e rieletto direttore per i quattro anni 1980, 1981, 1982, 1983. Prima di me si erano succeduti, Contessi (1951-1958), Matteucci (1959-1960), Pedrazzi (1961-1965), Galli (1965-1969), Matteucci (1970-1973), Scoppola (1974-1977), Parisi (1978-1979). Spesso quei comitati erano proprio il luogo dove si faceva la rivista. Si individuavano i temi, si sceglievano i potenziali autori, si discuteva con loro, si commissionavano gli articoli e, persino, si chiedevano loro cambiamenti, variazioni, approfondimenti. Naturalmente, i componenti dei comitati editoriali avevano anche il compito di scrivere articoli. Nei limiti del possibile, cercavamo di individuare giovani promettenti, spesso fra gli studenti che si erano laureati con noi, talvolta anche fra gli autori che avevano pubblicato un libro recente con l'editrice, ma, comprensibilmente, c'era un nucleo solido pronto a collaborare. Insomma, la rivista che conobbi e che frequentai per circa trent'anni non fu mai sostanzialmente una buca delle lettere dalla quale estrarre articoli inviati senza essere stati commissionati e bell'e pronti da pubblicare. Talvolta fu anche quello, ma in maniera notevolmente, fortemente selettiva. I direttori erano eletti dai rispettivi comitati direttivi, spesso molto ristretti di numero, cinque-sette, con un mandato di due anni, rinnovabile una sola volta. Alla fine degli anni settanta, il direttore in carica Arturo Parisi annunciò la sua decisione di non volere fare un secondo mandato. Con mia grande sorpresa, ma, ovviamente, con mia immediata lusingata accettazione, fui eletto per il biennio 1980-1981 e poi rieletto per il 1982-1983. Cercai di dare un taglio di maggiore approfondimento alle tematiche, meno vicino all'attualità, un bimestrale rischia sempre di arrivare in ritardo, e più internazionale e comparato. Non spetta ovviamente a me dare i voti alla mia direzione, ma credo di potermi permettere di affermare che alcuni dei fascicoli di quel periodo, per esempio, sulla ingovernabilità del sistema politico Usa, sui regimi autoritari in America latina, sul ruolo del Psi nel sistema politico italiano, offrono materiale e interpretazioni di qualche utilità ancora oggi.

L'Associazione di cultura e politica "il Mulino" era il luogo dell'elaborazione delle linee lungo le quali, naturalmente con significativi spazi di iniziativa e discrezionalità, si dovevano muovere la rivista, l'Istituto Cattaneo e, specialmente, la società editrice. Nel tempo, il numero dei soci cresceva gradualmente attraverso cooptazioni a maggioranza qualificata che dovevano riguardare esclusivamente persone che fossero già note e apprezzate per avere lavorato per qualche tempo in una o più delle istituzioni. Quando fui cooptato, nel 1970, subito dopo il mio arrivo all'Istituto Cattaneo, l'associazione aveva all'incirca una trentina di soci. Almeno fino all'inizio degli anni duemila, ci conoscevamo tutti: colleghi di Facoltà, ricercatori del Cattaneo, autori della casa editrice. Sapevamo delle nostre preferenze politiche, mai di ostacolo a un franco scambio di idee e di critiche. Ci furono due momenti molto difficili. Il primo fu quello del referendum sul divorzio che vide i cattolici su due sponde davvero avverse: da un lato, Luigi Pedrazzi e Pietro Scoppola, per il no all'abrogazione della legge; dall'altra, Sergio Cotta e Augusto Del Noce, schierati per il sì. Preso atto che la maggioranza dei soci era favorevole al mantenimento della legge Fortuna-Baslini, si dimisero entrambi.

Il secondo momento fu meno difficile, ma certamente produsse tensioni non piccole anche perché durò più a lungo. Negli anni ottanta, la presenza di Craxi alla presidenza del consiglio creò una forte polarizzazione all'interno dell'associazione con, da una parte, Federico Mancini schierato a suo totale sostegno persino con eccessivo slancio, e, dall'altra, una notevole maggioranza, me incluso, contraria soprattutto allo stile craxiano quasi più che alla sua politica. Nessuno se ne andò, ma, cooptazione dopo cooptazione, all'inizio del 2000 il clima era cambiato. Cominciavano posizionamenti e spintonamenti per ottenere cariche. Fecero la loro comparsa alcuni arrampicatori culturali. In sintesi, poiché non vorrei dare troppo peso all'evento, invece di discutere e controbattere le mie idee, qualcuno decise inopinatamente, senza nessun preavviso di deferirmi ai probiviri per una recensione molto critica intitolata *Marmellata italiana*, in "la Rivista dei Libri" del marzo 2007, di un libro molto brutto (*Venerati maestri*) di Edmondo Berselli congiuntamente a un libro non proprio pregevole di Bruno Vespa. Vale la pena che io riporti per esteso il passaggio "incriminato" (l'articolo è reperibile ora anche nel mio libro *Politica è*, 2012).

I potenziali lettori di Berselli vorrebbero sapere chi sono i "venerati maestri" ai quali si deve il titolo del libro e, magari, con quali criteri sono stati scelti. Per esempio, perché il tartassato debba proprio essere Claudio Magris, intellettuale, scrittore, moralista, autore di libri di valore tradotti in molte lingue? Non oso neppure avanzare l'infamante sospetto che la ragione della estesa presa in giro di Magris, perché di questo si tratta, non di analisi severa dei suoi testi, che non rientrano nei pur vasti interessi di Berselli, è che scrive sul "Corriere della Sera", il "concorrente" del quotidiano "la Repubblica" di cui Berselli è fin troppo frequentemente una firma. Eppure, "la Repubblica" e "L'Espresso" offrono da tempo uno straordinario parco di maestri che vogliono essere venerati: da Eugenio Scalfari a Pietro Citati allo stesso Giampaolo Pansa. Per stare sul sicuro Berselli evita questi bersagli e va sul troppo facile, magari anche sul postumo, dando il suo contributo persino allo sgradevole ridimensionamento, che è già cominciato, di Norberto Bobbio (parlare male di Giulio Einaudi, per di più con critiche totalmente fruste, non fa più notizia). Poco importa che l'autore non conosca a fondo né gli scritti di Magris né il circolo di Einaudi né il pensiero di Bobbio. Qualche risatina a qualche superficiale lettore riuscirà a strapparla.

Dovetti distribuire personalmente la fotocopia del mio articolo a quei soci che, stupefatti, ne fecero richiesta. Dopodiché, nessuno di loro sembrò interessato a saperne di più, per esempio, sulle motivazioni del deferimento. La decisione dei probiviri fu semplicemente l'archiviazione. Meglio sarebbe stato, naturalmente, discuterne apertamente, ma a me il deferimento parve un tentativo senza precedente alcuno di intimidazione che si tradusse sostanzialmente nella mia successiva emarginazione.

Altri cambiamenti sopravvennero per una politica delle cooptazioni che, fin dall'inizio, mi parve dissennata a cominciare da quella dei funzionari della casa editrice, a suo tempo, chiaramente preclusa. Anche se avevano in qualche modo lavorato, peraltro per davvero poco tempo, in una o nell'altra delle istituzioni, spesso coloro di cui veniva suggerita la cooptazione erano poco conosciuti alla maggioranza dei soci con la prevedibile conseguenza che passavano candidati non noti, ma, talvolta, venivano bocciati quelli più noti perché, attivi sulla scena politica e mediatica, erano più controversi. Ci furono tre o quattro casi clamorosi di bocciature, ma anche alcune cooptazioni proposte sull'onda della popolarità alle quali mi opposi, senza successo, ma con ragione: quei cooptati non frequentarono praticamente mai le assemblee dell'associazione.

Nel decennio recente, in un caso clamoroso la proposta di procedere in blocco a nove-dieci cooptazioni, che non esito a definire "infornata", fu, nonostante le affannate perorazione dei loro sponsor, bocciata in blocco. Normalmente, ci si sarebbe dovuti fermare lì salvo procedere con calma a recuperare i due o tre più votati dopo avere compiuto un'opera di informazione diffusa sulle loro qualità. Invece, il neopresidente dell'associazione, Marco Cammelli, fece votare in pieno luglio 2019 un emendamento allo statuto dell'associazione che ridusse significativamente il quorum necessario alle cooptazioni e, *nella stessa seduta*, a distanza di una manciata di minuti, sottopose a votazione con le nuove regole tutti coloro che erano stati precedentemente bocciati. Con totale successo. Da quel che mi risulta, nessuno, ma proprio nessuno sollevò una qualsiasi obiezione a una procedura gravemente scorretta. L'esito mi allontanò viepiù dall'associazione che, in precedenza, avevo criticato per essere diventata una "società di estranei". In non poche assemblee succedeva che i miei vicini mi chiedessero il nome di qualche nuovo socio e in non poche occasioni non sapevo rispondere. A un certo punto ho dovuto prendere dolorosamente atto che, a cinquant'anni dalla mia cooptazione, l'estraneo sono irrimediabilmente e irreversibilmente diventato io stesso. Dei circa cento soci ne conosco, nel migliore dei casi, non più di una cinquantina. Estraneo al luogo nel quale ho svolto una parte molto significativa della mia vita di studioso e, credo, fornito più di un contributo di idee e di opere. Me ne dispiaccio. Amaramente.

***

Alla fine del mese di giugno 2012 dal rettorato dell'Università di Bologna mi fu comunicata con lettera raccomandata e ricevuta di ritorno la mia, letteralmente, "messa a riposo" a partire dal primo novembre di quell'anno. Il pensarmi "messo a riposo" suscitò molte risate di mio figlio Emanuele, che sapeva delle conferenze che tenevo ogni settimana in diverse parti d'Italia e degli impegni già presi a Washington per novembre e dicembre di quello stesso anno. Per me, invece, fu il segnale doloroso che si chiudeva per sempre una parte, lunga e gratificante, della mia vita, non solo di docente. Prima di partire per gli Usa tenni con qualche riluttanza la mia ultima "speciale" lezione nella Sala dei Poeti di Strada Maggiore 45 a gentile richiesta di alcuni colleghi, fra i quali anche ex allievi che avevano fatto una prestigiosa carriera, non tanto grazie al loro docente di scienza politica (ma, forse, anche sì), ma specialmente per la loro bravura, a cominciare da Stefano Bartolini, che presentò la *laudatio*, e Luciano Bardi. Apprezzai moltissimo la presenza dell'ex rettore Fabio Alberto Roversi Monaco, ottimo studioso e grande organizzatore culturale, amico. Da quella cerimonia ebbe origine un libro, che ho molto gradito, con capitoli anche di Carlo Guarnieri, Sofia Ventura, Donatella Campus, Marco Valbruzzi, Oreste Massari, unitamente alla mia complessa e copiosa bibliografia a opera di Marta Regalia. Il libro, *Una certa idea di scienza politica. Saggi in onore di Gianfranco Pasquino* (2016) è stato curato da Angelo Panebianco, il primo studente che si laureò con me relatore della sua tesi. Con mio dispiacere, nel corso del tempo, si sono evidenziate fra di noi profonde e innegabili differenze di opinioni e di concezioni non soltanto su come pensare e fare scienza politica, ma anche su come analizzare e commentare la politica e i sistemi politici.

Naturalmente, non ho smesso di insegnare, e temo molto il giorno, che sicuramente verrà, in cui non sarò più in grado di farlo. Per, se ben ricordo, cinque anni, ho tenuto alcuni corsi di scienza politica: Democrazie e democratizzazioni, Partiti politici, Maestri della scienza politica, Sviluppo politico, Regimi autoritari e totalitari, alla Scuola Superiore Sant'Anna di Pisa. Continuo regolarmente a insegnare al master in Relazioni internazionali Europa-America latina dell'Università di Bologna e a svolgere un corso sui *Political Systems of the Developing World* al Bologna Center della Johns Hopkins University, quel che rimane di una serie di insegnamenti cominciata nel 1973 su una pluralità di tematiche. Forse, in una concezione più ampia di quel che è "insegnamento" potremmo anche includere le molte lezioni sulla Costituzione italiana e sull'Unione Europea che ho accettato di tenere in diverse scuole superiori e licei da Casalecchio e San Lazzaro a Conegliano, da Scandicci a Brescia, da Caposele (AV) a Modena, da Pesaro a Ravenna, e molti gratificanti dibattiti sui miei libri e sulla politica all'associazione Cultura e sviluppo di Alessandria. Sono anche molto orgoglioso del mio Mooc (Massive Open Online Course) di scienza politica per Federica Weblearning dell'Università degli Studi Napoli Federico II, propostomi e abilmente organizzato da Mauro Calise. Conferenze e lezioni hanno occupato parte significativa del mio tempo di reclusione, pardon, confinamento, durante il *lockdown* dovuto al Covid. Anzi, spesso, diventati impossibili gli spostamenti, mi sono trovato in situazioni altrimenti impensabili e impraticabili come, per esempio, fare lezione per gli studenti di Gorizia di Elisabetta De Giorgi nel primo pomeriggio e tenere la sera una conferenza sulla democrazia per gli studenti dell'Università autonoma di Città del Messico. Non mi è possibile fare un bilancio complessivo. Ancora non saprei dire se queste conferenze a distanza proseguiranno, ma so che, invece di parlare via Skype agli studenti di Singapore, ai colleghi di Astana, alla variopinta spumeggiante brigata, lo scrivo con allegro apprezzamento, dei corrispondenti della stampa estera, avrei di gran lunga preferito essere sul posto, a visitare quei luoghi, vedere le persone, guardarne gli occhi e le espressioni, sentire le atmosfere.

***

Da qualche anno in pensione, anche se continuavo a insegnare al Bologna Center, mi ero accorto di avere moltissimo tempo a disposizione e avevo gradualmente imparato a farne buon uso.

Non era soltanto godere di maggiore disponibilità per accettare gli inviti a tenere conferenze, ma scoprii anche con piacere la possibilità di tornare negli Usa offertami dal molto benemerito programma Fulbright per ricercatori e docenti. Fatta la domanda nell'autunno 2015, ottenni la borsa e il titolo *Distinguished Fulbright Lecturer*. Dichiarata la mia preferenza per l'Università di Chicago (città che avevo visitato brevemente nel lontanissimo settembre 1973), venni accettato dal dipartimento di Scienza politica per insegnare due corsi: *European Political Systems* e *Contemporary Italian Politics*, ben frequentati, con studenti di varia provenienza geografica, molto motivati, che mi rivelarono che erano anni, almeno quattro o cinque, che quelle materie non erano insegnate. Nella seconda metà del marzo 2016 ero installato in un confortevole appartamentino dell'ampia casa di due ex docenti dell'università molto vicino al Quadrangle, cioè al bellissimo campus dell'università. Era una grande occasione per "staccare" per qualche mese dalla politica italiana. Invece, la settimana prima di partire per gli Usa, di ritorno da una conferenza all'Università di Perugia, avevo dato inizio alla mia personale campagna elettorale referendaria a Vicenza in un incontro pubblico organizzato dall'Anpi già sul piede della giusta battaglia contro le riforme costituzionali di Renzi giunte a un passo dall'approvazione definitiva.

Fin dall'inizio della opportunamente lunga procedura delle riforme costituzionali, ebbi e manifestai per iscritto molte critiche al nient'affatto piccolo (toccava in un modo o nell'altro almeno 74 articoli della Costituzione su 138) pacchetto di riforme costituzionali presentato dal presidente del Consiglio Matteo Renzi e approvato definitivamente dalla Camera dei deputati il 15 aprile 2016. Era sconclusionato, conteneva clamorose omissioni, per esempio sulle modalità di stabilizzazione del governo, avrebbe provocato pericolosi squilibri. A spron battuto ero riuscito molto per tempo a formulare e argomentare le alternative preferibili e possibili in *Cittadini senza scettro. Le riforme sbagliate* (2015). Più volte il presidente del Consiglio aveva dichiarato che le (sue) riforme sarebbero state sottoposte a referendum costituzionale. Più volte feci notare che i referendum costituzionali dovrebbero essere richiesti dagli oppositori delle riforme non da chi le ha proposte e fatte, ma esisteva l'infausto precedente del centrosinistra nel 2001. L'obiettivo perseguito da Renzi con il voto referendario era, inevitabilmente, quello di dimostrare di avere un largo consenso personale, tecnicamente di stampo plebiscitario. Che fu esattamente il modo con il quale a fine aprile Renzi lanciò la sua campagna referendaria.

A Chicago feci di tutto: andando ad ascoltare la Chicago Philarmonic Orchestra, a vedere una partita dei purtroppo non più fantastici Chicago Bulls, ad ascoltare una fin troppo dotta lezione della famosa Martha Nussbaum, a vedere film di una curiosa e francamente mielosa rassegna di registi sudamericani, a visitare un paio di abitazioni disegnate dal grande architetto Frank Lloyd Wright, a discutere piacevolmente di economia e politica con il noto economista Luigi Zingales, che mi regalò un suo libro *Europa o no. Sogno da realizzare o incubo da cui uscire* (2015) non proprio favorevole all'Unione Europea, un argomento sostanzialmente assente nel piano di studi del dipartimento di Scienza politica, dove, invece, trovai un bel corso interamente dedicato al pensiero di Machiavelli. *Last but not least*, la mia prima settimana di permanenza americana fu rallegrata dalla compagnia di mia figlia Sara che, trasferitasi ad Amsterdam dal 2006, vedo troppo raramente. Chicago è una città enorme, con un sistema di trasporti pubblici non particolarmente sviluppato cosicché per raggiungere il centro era di gran lunga preferibile che mi affidassi a un servizio di autotrasportatori privati. A maggior ragione, quel servizio era indispensabile per andare al gigantesco aeroporto O'Hara dal quale volai due volte. La prima destinazione fu Cincinnati a passare qualche giorno con Eleanor. La seconda fu Rochester per recarmi a Leroy, piccolo paese nell'Upper State New York, a conoscere la famiglia

Iacuzzi della quale mio figlio Emanuele era stato ospite nel suo ultimo anno di liceo (1993-1994).

Il resto del tempo preparavo le lezioni, insegnavo, studiavo e cercavo di mantenermi informato. Negli Usa, fin dalla mia prima visita, la mia fonte di informazioni e analisi di gran lunga preferita è il "New York Times" che, però, ha un notevole inconveniente. Leggerlo da cima a fondo, come non riuscivo a non fare, richiede un tempo minimo superiore all'ora, anche se è assolutamente gratificante. Le notizie sull'Italia mi venivano dalle letture in rete nonché dalle segnalazioni che i miei abituali interlocutori italiani mi inviavano molto gentilmente con grande regolarità. Il roboante lancio da parte del capo del governo Matteo Renzi della campagna per il "suo" referendum costituzionale mi fu subito portato all'attenzione, con annesse preoccupazioni. In fretta e furia stilai il mio personale *Manifesto del* NO, sottoscritto anche da Carlo Galli, Marco Valbruzzi e Maurizio Viroli, che "Il Fatto Quotidiano" pubblicò integralmente il 14 maggio 2016 con il titolo *Per voi che ragionate e non plebiscitate. C'è chi ci mette la faccia, noi ci mettiamo la testa*. Ho inserito questo testo, unitamente ad alcune mie repliche personalizzate, vale a dire dirette frontalmente contro interviste e dichiarazioni di esponenti del sì: l'ex presidente della Camera Luciano Violante (decisionista dello stivale); l'ideologo dell'Ulivo Arturo Parisi; il filosofo Massimo Cacciari (memorabile la giustificazione del suo sì a una riforma brutta e da rifare, per "responsabilità repubblicana"); l'ex economista Michele Salvati (secondo il quale coloro che votavano no erano "nemici del popolo"); il ministro dell'Agricoltura, Pd, Maurizio Martina. Tutto questo si trova anche sotto forma di eBook nel mio *No positivo. Per la Costituzione. Per le buone riforme. Per migliorare la politica e la vita* (2016). Questo piccolo libro contiene anche le mie repliche alle argomentazioni faziose, alle affermazioni infondate, alle manipolazioni fattuali e, naturalmente, agli enormi errori dei sostenitori delle riforme di Renzi, i peggiori essendo quelli che volevano ingraziarsi il potente e per convenienza correvano, secondo la sarcastica espressione di Ennio Flaiano, in soccorso di colui che sembrava il molto probabile vincitore. A uno di loro andò talmente bene che, prima della disastrosa sconfitta di Renzi, riuscì a essere nominato giudice della Corte costituzionale.

Riporto qui il *Manifesto* nella sua interezza poiché contiene la mia interpretazione complessiva delle riforme e mi pare qualcosa di più che semplicemente un documento di quel tempo. Ho la presunzione di ritenere che ciascuno dei punti che ho sollevato contenga insegnamenti e tuttora mantenga la sua validità "sistemica".

Per voi che ragionate e non plebiscitate. C'è chi ci mette la faccia, noi ci mettiamo la testa

«Noi crediamo profondamente in una democrazia così intesa, e noi ci batteremo per questa democrazia. Ma se altri gruppi avvalendosi, come dicevo in principio, di esigue ed effimere maggioranze, volessero far trionfare dei princìpi di parte, volessero darci una Costituzione che non rispecchiasse quella che è la profonda aspirazione della grande maggioranza degli italiani, che amano come noi la libertà e come noi amano la giustizia sociale, se volessero fare una Costituzione che fosse in un certo qual modo una Costituzione di parte, allora avrete scritto sulla sabbia la vostra Costituzione ed il vento disperderà la vostra inutile fatica» (Lelio Basso, 6 marzo 1947, in Assemblea Costituente).

1. Il no non significa immobilismo costituzionale. Non significa opposizione a qualsiasi riforma della Costituzione che sicuramente è una ottima costituzione. Ha obbligato con successo tutti gli attori politici a rispettarla. Ha fatto cambiare sia i comunisti sia i fascisti. Ha resistito alle spallate berlusconiane. Ha accompagnato la crescita dell'Italia da paese sconfitto, povero e semianalfabeta a una delle otto potenze industriali del mondo. Non pochi esponenti del no hanno combattuto molte battaglie riformiste e alcune le hanno vinte (legge elettorale, legge sui sindaci, abolizione di ministeri, eliminazione del finanziamento statale dei partiti). Non pochi esponenti del no desiderano riforme migliori e le hanno formulate. Le riforme del governo sono sbagliate nel metodo e nel merito. Non è indispensabile fare riforme condivise se si ha un progetto democratico e lo si argomenta in parlamento e agli elettori. Non si debbono, però, fare riforme con accordi sottobanco, presentate come ultima spiaggia, imposte con ricatti, confuse e pasticciate. Noi non abbiamo cambiato idea. Riforme migliori sono possibili.

2. *No, non è vero che la riforma del Senato nasce dalla necessità di velocizzare il procedimento di approvazione delle leggi. La riforma del Senato nasce con una motivazione che accarezza l'antipolitica "risparmiare soldi" (ma non sarà così che in minima parte) e perché la legge elettorale Porcellum ha prodotto due volte un Senato ingovernabile. Era sufficiente cambiare in meglio, non in un porcellinum, la legge elettorale. Il bicameralismo italiano ha sempre prodotto molte leggi, più dei bicameralismi differenziati di Germania e Gran Bretagna, più della Francia semipresidenziale e della Svezia monocamerale. Praticamente tutti i governi italiani sono sempre riusciti ad avere le leggi che volevano e, quando le loro maggioranze erano inquiete, divise e litigiose e i loro disegni di legge erano importanti e facevano parte dell'attuazione del programma di governo, ne ottenevano regolarmente l'approvazione in tempi brevi. No, non è vero che il Senato era responsabile dei ritardi e delle lungaggini. Nessuno ha saputo portare esempi concreti a conferma di questa accusa perché non esistono. Napolitano, deputato di lungo corso, presidente della Camera e poi senatore a vita, dovrebbe saperlo meglio di altri. Piuttosto, il luogo dell'intoppo era proprio la Camera dei deputati. Ritardi e lungaggini continueranno sia per le doppie letture eventuali sia per le prevedibili tensioni e conflitti fra senatori che vorranno affermare il loro ruolo e la loro rilevanza e deputati che vorranno imporre il*

loro volere di rappresentanti del popolo, ancorché nominati dai capipartito.

3. No, non è vero che gli esponenti del no sono favorevoli al mantenimento del bicameralismo. Anzi, alcuni vorrebbero l'abolizione del Senato; altri ne vorrebbero una trasformazione profonda. La strada giusta era quella del modello Bundesrat, non quella del modello misto francese, peggiorato dalla assurda aggiunta di cinque senatori nominati dal presidente della Repubblica (immaginiamo per presunti, difficilmente accertabili, meriti autonomisti, regionalisti, federalisti). Inopinatamente, a cento senatori variamente designati, nessuno eletto, si attribuisce addirittura il compito di eleggere due giudici costituzionali, mentre seicentotrenta deputati ne eleggeranno tre. È uno squilibrio intollerabile.

4. No, non è vero che è tutto da buttare. Alcuni di noi hanno proposto da tempo l'abolizione del Cnel. Questa abolizione dovrebbe essere spacchettata per consentire agli italiani di non fare, né a favore del sì né a favore del no, di tutta l'erba un fascio. Però, no, non si può chiedere agli italiani di votare in blocco tutta la brutta riforma soltanto per eliminare il Cnel.

5. Alcuni di noi sono stati attivissimi referendari. Non se ne pentono anche perché possono rivendicare successi di qualche importanza. Abbiamo da tempo proposto una migliore regolamentazione dei referendum abrogativi e l'introduzione di nuovi tipi di referendum e di nuove modalità di partecipazione dei cittadini. La riforma del governo non recepisce nulla di tutta questa vasta elaborazione. Si limita a piccoli palliativi probabilmente peggiorativi della situazione attuale. No, la riforma non è affatto interessata a predisporre canali e meccanismi per una più ampia e intensa partecipazione degli italiani tutti (anzi, abbiamo dovuto registrare con sconforto l'appello di Renzi all'astensione nel referendum sulle trivellazioni), ma in particolare di quelli più interessati alla politica.

6. No, non è credibile che con la cattiva trasformazione del Senato, il governo sarà più forte e funzionerà meglio non dovendo ricevere la fiducia dei senatori e confrontarsi con loro. Il governo continuerà le sue propensioni alla decretazione per procurata urgenza. Impedirà con ripetute richieste di voti di fiducia persino ai suoi parlamentari di dissentire. Limitazioni dei decreti e delle richieste di fiducia dovevano, debbono costituire l'oggetto di riforme per un buongoverno. L'Italicum non selezionerà una classe politica migliore, ma consentirà ai capi dei partiti di premiare la fedeltà, che non fa quasi mai rima con capacità, e di punire i disobbedienti.

7. No, la riforma non interviene affatto sul governo e sulle cause della sua presunta debolezza. Non tenta neppure minimamente di affrontare il problema di un eventuale cambiamento della forma di governo. Tardivi e impreparati commentatori hanno scoperto che il voto di sfiducia costruttivo esistente in Germania e importato dai costituenti spagnoli è un potente strumento di stabilizzazione dei governi, anzi, dei loro capi. Hanno dimenticato di dire che: I) è un deterrente contro i facitori di crisi governative per interessi partigiani o personali (non sarebbe stato facile sostituire Letta con Renzi se fosse esistito il voto di sfiducia costruttivo); II) si (deve) accompagna(re) a sistemi elettorali proporzionali non a sistemi elettorali, come l'Italicum, che insediano al governo il capo del partito che ha ottenuto più voti ed è stato ingrassato di seggi grazie al premio di maggioranza.

8. I sostenitori del no vogliono sottolineare che la riforma costituzionale va letta, analizzata e bocciata insieme alla riforma del sistema elettorale. Infatti, l'Italicum squilibra tutto il sistema politico a favore del capo del governo. Toglie al presidente della Repubblica il potere reale (non quello formale) di nominare il presidente del Consiglio. Gli toglie anche, con buona pace di Scalfaro e di Napolitano che ne fecero uso efficace, il potere di non sciogliere il parlamento, ovvero la Camera dei deputati, nella quale sarà la maggioranza di governo, ovvero il suo capo, a stabilire se, quando e come sciogliersi e comunicarlo al presidente della Repubblica (magari dopo le 20.30 per non apparire nei telegiornali più visti).

9. No, quello che è stato malamente chiesto non è un referendum confermativo *(aggettivo che non esiste da nessuna parte nella Costituzione italiana), ma un plebiscito sulla persona del capo del governo. Fin dall'inizio il capo del governo ha usato la clava delle riforme come strumento di una legittimazione elettorale di cui non dispone e di cui, dovrebbe sapere, neppure ha bisogno. Nelle democrazie parlamentari la legittimazione di ciascuno e di tutti i governi arriva dal voto di fiducia (o dal rapporto di fiducia) del parlamento e se ne va formalmente o informalmente con la perdita di quella fiducia. Il capo del governo ha rilanciato. Vuole più della fiducia. Vuole l'acclamazione del popolo. Ci "ha messo la faccia". Noi ci mettiamo la testa: le nostre accertabili competenze, la nostra biografia personale e professionale, se del caso, anche l'esperienza che viene con l'età ben vissuta, sul referendum costituzionale (che doveva lasciare chiedere agli oppositori, referendum, semmai da definirsi oppositivo: si oppone alle riforme fatte, le vuole vanificare). Lo ha trasformato in un mal posto giudizio sulla sua persona. Ne ha fatto un plebiscito accompagnato dal ricatto: "se perdo me ne vado".*

10. Le riforme costituzionali sono più importanti di qualsiasi governo. Durano di più. Se abborracciate senza visione, sono difficili da cambiare. Sono regole del gioco che influenzano tutti gli attori, generazioni di attori. Caduto un governo se ne fa un altro. La grande flessibilità e duttilità delle democrazie parlamentari non trasforma mai una crisi politica in una crisi istituzionale. Riforme costituzionali confuse e squilibratrici sono sempre l'anticamera di possibili distorsioni e stravolgimenti istituzionali. Il ricatto plebiscitario del presidente del Consiglio va, molto serenamente e molto pacatamente, respinto.

Quello che sta passando non è affatto l'ultimo trenino delle riformette. Molti, purtroppo, non tutti, hanno imparato qualcosa in corso d'opera. Non è difficile fare nuovamente approvare l'abolizione del Cnel, e lo si può fare rapidamente. Non è difficile ritornare sulla riforma del Senato e abolirlo del tutto (ma allora attenzione alla legge elettorale) oppure trasformarlo in Bundesrat. Altre riforme verranno e hanno alte probabilità di essere preferibili e di gran lunga migliori del pasticciaccio brutto renzian-boschiano. No, non ci sono riformatori da una parte e immobilisti dall'altra. Ci sono cattivi riformatori da mercato delle pulci, da una parte, e progettatori consapevoli e sistemici, dall'altra. Il no chiude la porta ai primi; la apre ai secondi e alle loro proposte da tempo scritte e disponibili.

Qualche giorno dopo la pubblicazione del *Manifesto* cominciarono ad arrivarmi inviti a iniziative sul referendum un po' dappertutto. Salvo un paio di eccezioni, dovute alla logistica complicata o a sovrapposizioni, credo di averli accettati tutti. Complessivamente, tirando le somme, dal 10 giugno, giorno successivo al mio ritorno in Italia, al 2 dicembre riuscii a effettuare più di ottanta interventi di vario tipo. Gli organizzatori, sezioni dell'Anpi in testa, più tardi la Cgil, molte scuole a Bologna, ma anche altrove, associazioni culturali di vario tipo, si premuravano di avere un dibattito fra me e un esponente dichiarato del sì. Non sono mai, ma proprio mai stato invitato da esponenti del sì a un incontro con loro, organizzato da loro. L'episodio più farsesco, ma, dati gli organizzatori, nient'affatto per me sorprendente, fu il dibattito sul referendum costituzionale alla festa dell'Unità di Bologna, settembre 2016: cinque oratori, tutti per il sì, *en passant* anche tutti uomini. Il partito di Bologna aveva cambiato parte della sua nomenklatura, ma lo stile, lo abbiamo visto e lo vedremo anche in seguito, quello no, proprio no. Un altro episodio illuminante fu l'invito a dibattere con Renzi a Radio 1 giuntomi alle 16.45 circa e cancellato alle 19.30 con il giornalista imbarazzato a giustificarsi per la sopraggiunta indisponibilità di Renzi (il quale, sembra, dopo avere accettato in linea di massima, aveva poi dichiarato obliquamente di non gradire l'interlocutore). Dei vari luoghi che visitai, ricordo la chiesa di Montecchio il cui parroco era un fratello di Giuseppe Dossetti e, soprattutto, la città di Sciacca: un bel pomeriggio di sole, un ampio spazio all'aperto con circa quattrocento persone interessate a quelle riforme, al contenuto, alla loro qualità, alle prevedibili conseguenze. Mi ricorderei di Sciacca comunque, ma, certo, la squisita accoglienza, la gradevole compagnia e la cena a base di pesce in un ristorante con vista sul golfo sono di grande aiuto alla mia memoria. Condussi la campagna referendaria fino all'ultimo momento possibile, vale a dire venerdì 2 dicembre, chiudendo con una conferenza a Pordenone. Andai anche ai circoli del Partito democratico di Berlino e di Londra a confrontarmi con un esponente del sì scelto da loro. Non posso citare tutti i luoghi, ma un elenco quasi esaustivo spesso illustrato con le locandine si trova nel mio blog.

Naturalmente, il tema centrale della mia contrapposizione frontale era quello delle riforme inadeguate, pasticciate e sbagliate, probabilmente controproducenti, sicuramente destabilizzanti in maniera non prevedibile neppure dai riformatori, ai quali (e ai loro volenterosi sostenitori) mancava quasi completamente l'essenziale prospettiva comparata: che cosa funziona o no, in quali situazioni e con quali conseguenze. Qui, anche se la battaglia concettuale fa parte a pienissimo titolo della mia vita di studioso, non discuterò degli aggettivi, di coloro che si ostinavano a volere riformare un bicameralismo che definivano "perfetto" né di coloro che definivano "confermativo" il loro referendum costituzionale che portò al rigetto delle riforme da coloro che vi si opponevano, dunque, semmai, referendum "oppositivo", "ricusativo". Racconterò, invece, un episodio più importante.

Avendo ripetutamente, fin dall'inizio, sostenuto che Renzi aveva impostato il referendum tutto sulla sua persona: «le mie riforme», «se perdo lascio la presidenza del Consiglio», «se sono sconfitto esco dalla politica, c'è altro da fare nella vita», sottolineai esplicitamente che si stava manifestando una *deriva plebiscitaria.* Dopo qualche tempo, fine giugno 2016, ricevetti una telefonata dal presidente della Repubblica Giorgio Napolitano che mi chiese conto della mia espressione. Risposi che in un referendum mettere in gioco la propria carica da parte del capo di un governo significa chiaramente trasformare quel referendum in un plebiscito sulla propria persona. Napolitano non commentò. Dopo un'estate passata da Renzi a cavalcare in tutte le salse il "suo" referendum, un giorno lessi con gongolante soddisfazione che, in un'intervista a "Repubblica", il presidente Napolitano aveva dichiarato che nella campagna referendaria c'era «forse stato un eccesso di personalizzazione politica» da parte del presidente del Consiglio. Non noto come riformatore istituzionale e costituzionale, sempre molto cauto in tutte le sue prese di posizione politiche, come mai Napolitano appoggiava Renzi, quasi a prescindere da quelle specifiche riforme, sulle quali, anche per riserbo presidenziale, non si era espresso? La risposta che, gradualmente, mi sono dato ruota intorno a due elementi. Primo, era stato il presidente della Repubblica a decidere di nominare Renzi presidente del Consiglio al posto di Enrico Letta prendendo atto che il segretario (ovvero Renzi stesso) del partito più grande, ovvero il Pd, esigeva quel cambiamento. Secondo, nel timore che la sconfitta di Renzi producesse una crisi di governo con conseguente instabilità dell'intero quadro politico (sono costretto a usare termini "politichesi"), allora Napolitano preferiva che quelle riforme, peraltro almeno in parte da lui condivise, fossero approvate per scongiurare il rischio di una crisi di governo al buio, vale a dire, senza soluzione precostituita e rapida, e dell'instabilità che ne sarebbe seguita.

Non sono mai stato un estimatore acritico della Costituzione italiana. Non ho mai creduto che la Costituzione italiana sia la più bella del mondo. Non ci sono concorsi di bellezza per le costituzioni, ma se ne esistessero, il titolo andrebbe alla Costituzione inglese, flessibile e flessuosa, viva e vitale, "scritta" negli atti del parlamento, nelle sentenze della magistratura, nel *self-restraint* (autocontrollo) dei protagonisti politici, nella tradizione. Fuori dalla melensa espressione inventata da Roberto Benigni il quale, poi, ironia della sorte e con sprezzo della coerenza, dichiarò il suo voto favorevole alle riforme di Renzi, e malamente ripresa da Pierluigi Bersani, la Costituzione italiana è e rimane un ottimo documento storico-politico e giuridico, più che meritevole di essere difeso e "insegnato". Per me l'avventura referendaria si caratterizzò come un'entusiasmante occasione per diffondere la conoscenza della Costituzione italiana, per riflettere sulla storia del paese, per discutere della politica in Italia e nelle democrazie, ovvero come affrontare le sfide e come migliorare funzionamento e prestazioni dei governi. Per altri, politici, giornalisti, commentatori e, non ultimi, una parte numericamente abbastanza consistente di giuristi italiani, fu una, non posso non dirlo, straordinaria cartina di tornasole della loro ignoranza della storia e dei sistemi politici.

Che dire di un noto storico che in un paio di dibattiti pancia a terra affermò che non poteva rispondere a quali fossero le motivazioni di alcune riforme perché non faceva il dietrologo, come se fare storia non significasse anche, forse, soprattutto cercare e individuare le cause, le condizioni che, appunto, stanno dietro a tutti gli sviluppi che spieghino gli avvenimenti, le scelte, le conseguenze? Che dire dell'ingresso minaccioso della Confindustria nella battaglia referendaria con la potentissima arma dell'algoritmo che prevedeva, nel caso della vittoria del no, disastri economici con caduta vertiginosa del prodotto interno lordo? Pronto e certamente inevitabile fu l'allineamento del quotidiano della Confindustria "Il Sole 24 Ore", ma ci sono modi e misure. L'ancora più compatta falange dei docenti alla Luiss, per l'appunto, l'Università della Confindustria, schierati per il sì, con il professore Roberto D'Alimonte che si dichiarò più volte in maniera orgogliosa e compiaciuta "zio" della proposta di legge elettorale patriotticamente (o provincialmente) definita "Italicum". Poi scrisse un articolo su "Contemporary Italian Politics" (dicembre 2015), proprio sul suo "nipotino italico", ovvero a sostegno "scientifico" di quella controversa proposta di legge elettorale, dichiarando di non avere nessun conflitto di interessi. Non credo proprio di sbagliarmi se vedo in questo comportamento una grave e non perdonabile carenza di etica professionale.

Una menzione specialmente disonorevole la merita anche la Facoltà di Giurisprudenza di Bologna che, non mi è noto con quali processi decisionali e con quale maggioranza (ma mi è stato riferito sostanzialmente all'unanimità) decise che del referendum costituzionale non si doveva parlare. In Facoltà non si fa politica. Fuori Facoltà, invece, Andrea Morrone, allievo di Augusto Barbera, che, certo, qualche (oh, sì, questo è un eufemismo) influenza l'esercitava, si moltiplicò. Personalmente, lo ho incrociato in non meno di cinque occasioni, una delle quali radiofonica. D'altronde, di referendum entrambi, allievo e maestro se ne intendono, intraprendenti e intrepidi partecipanti, ma anche studiosi. Ancora oggi, mi chiedo, ma l'ho subito fatto loro rilevare ottenendone un silenzio neppure imbarazzato (così va il mondo degli accademici "di mondo") come mai sia loro sfuggita la dichiarazione perentoria di Giuliano Amato che i referendum elettorali sono "incostituzionalissimi". Nel loro libro, *La Repubblica dei referendum* (2003) notevolmente documentato, anche grazie a un ricorso abbondante, se non addirittura esaustivo, alle rassegne stampa parlamentari, non vi è neanche un cenno a questa pur molto discutibile posizione dell'autorevole professore di diritto costituzionale nonché più volte ministro, due volte primo ministro, dal 2013 giudice costituzionale, studioso e politico di cui ho grande stima.

Mi fa piacere elaborare questo punto, vale a dire la mia stima intellettuale e politica per Giuliano Amato con riferimento allo strano percorso delle idee sul funzionamento delle istituzioni. Per spiegare perché, spesso, i presidenti del Consiglio italiano siano costretti a mettere la fiducia sui disegni di legge del governo, ho frequentemente citato la metafora di Amato che risale ai tempi nei quali fu il potente e cruciale sottosegretario alla presidenza del Consiglio, Craxi presidente (1983-1987). «Il capo del governo italiano», sostenne Amato, ma né lui né io ricordiamo dove e quando, «è come un naufrago. Scrive disegni di legge che affida a una bottiglia lanciata nel mare procelloso chiamato parlamento. Dopo circa otto-nove mesi la bottiglia giunge a riva, ma il disegno di legge è illeggibile, non assomiglia che minimamente a quanto scritto dal capo del governo». Incidentalmente, il ricorso alla decretazione d'urgenza a opera dei governi sta proprio nell'accidentato e imprevedibile tragitto dei disegni di legge governativi. Questa metafora, che peraltro continua a mantenere buona parte della sua validità riguardo ai tempi, ai modi, agli esiti, ha avuto molta minor fortuna nell'utilizzo e nelle citazioni della metafora sulla fisarmonica dei presidenti della repubblica. Premesso che, avendone discusso proprio con un perplesso e incuriosito Giuliano Amato, l'attribuzione originaria della metafora della "fisarmonica del presidente", sono lieto di dichiarare convintamente di averla ascoltata per la prima volta in una sua esposizione, intervento, relazione, conferenza, che, però, nessuno di noi due è finora riuscito a collocare con precisione nel tempo e nello spazio. Tuttavia, sono in grado di segnalare con quasi assoluta precisione quando per la prima volta misi per iscritto la metafora, attribuendogliela (non sono un ladro di citazioni). Lo feci in una recensione/discussione del libro di Paolo Guzzanti, *Cossiga, uomo solo* (1991), pubblicata nel marzo del 1992 proprio con il titolo *La fisarmonica del Presidente*, su "La Rivista dei Libri", con numerosi riferimenti ad altri articoli sul presidente. Credo opportuno citare per esteso:

Secondo Amato, già fin d'ora la Costituzione italiana garantisce al presidente della Repubblica poteri "a fisarmonica". Se il presidente è autorevole, se la sua personalità è forte, se il suo prestigio è grande, se la sua popolarità è diffusa [...] allora egli potrà allargare la fisarmonica dei suoi poteri fino alla sua massima estensione.

Altrimenti [...] con l'elezione parlamentare, quindi contrattata fra i partiti [...] la fisarmonica dei poteri presidenziali rimarrà prevalentemente chiusa, tranne negli eventi di crisi, oppure subirà forzature, come con Gronchi e con Segni, con Saragat e persino con il popolarissimo, ma non per questo sempre "costituzionalissimo", Pertini.

È poi passata molta acqua anche sotto i ponti del Tevere e altri presidenti hanno fatto la loro comparsa in una situazione politica da molti punti vista molto diversa soprattutto a causa del crollo dei partiti di massa e dell'intero sistema dei partiti. Vent'anni dopo sono ritornato alla metafora della fisarmonica analizzando i comportamenti di tre presidenti, Scalfaro, Ciampi e Napolitano, mettendo in evidenza e sottolineando che quando i partiti sono solidi e compatti riescono a mantenere il potere di impedire al presidente di suonare come vorrebbe la fisarmonica dei suoi numerosi e incisivi poteri. Iniziata tra il 1992 e il 1994 una transizione, a mio parere tuttora irrisolta, caratterizzata dal declino e dalla sostanziale e perdurante debolezza delle strutture partitiche, quei tre presidenti (ai quali potremmo già aggiungere Sergio Mattarella) hanno goduto di enorme discrezionalità nell'uso dei loro poteri costituzionali. Ho altresì azzardato che Scalfaro e Napolitano, entrambi sicuramente "parlamentaristi" durante tutta la loro lunghissima vita politica, sono stati incoraggiati, costretti, facilitati dalle circostanze a suonare la fisarmonica dei loro poteri in chiave definibile addirittura come semipresidenziale. Aggiungerei che lo hanno fatto con molto gusto. Invece, Ciampi ha dovuto fare i conti con ampie maggioranze di centrodestra a sostegno di Berlusconi cosicché alla fisarmonica ha dovuto sostituire la sua voce, autorevole, ma spesso sovrastata dagli urlatori del centrodestra. Comunque, la metafora "tiene", ha dimostrato potere esplicativo per non pochi importanti comportamenti di Mattarella. Ha visto lungo Giuliano Amato (e io con lui).

Attribuisco enorme importanza politica e personale a tutta la complessa vicenda del referendum costituzionale tenutosi il 4 dicembre 2016. Certamente, ebbe molta importanza per il presidente del Consiglio Renzi che, pesantemente sconfitto, fu costretto a dimettersi, senza mai interrogarsi sulle ragioni della sua sconfitta. Anzi, giunse persino a sostenere che il quaranta per cento dei sì significavano un consenso personale (ecco il plebiscitarismo che si reintrufola) superiore a quello ottenuto da Emmanuel Macron per la sua elezione alla presidenza della Quinta repubblica. Davvero una comparazione da manuale! Matteo Renzi perse rovinosamente il suo plebiscito e insieme a lui furono sconfitti tutti coloro che in un modo o nell'altro, per un motivo o per un altro, erano saliti sul suo carro. Erano numerosi, ma anche acrobatici. Per qualche tempo alcuni commentatori, cattivi perdenti, continuarono a sostenere che se le riforme di Renzi fossero passate, gli inconvenienti di funzionamento del sistema politico e della politica italiana sarebbero stati risolti d'incanto.

Non ho doti di preveggenza, ma qualche segnale sull'inaffidabilità di Renzi, al quale non ero stato in nessun modo pregiudizialmente ostile, lo avevo ricevuto. Per la conclusione del mio triennio di presidenza, anche perché il convegno si teneva a Firenze, ritenni appropriato invitare il neosegretario del Partito democratico che pareva avere dato un notevole impulso alla politica italiana. In occasione di una sua conferenza alla Johns Hopkins di Bologna nel maggio 2012, gli rivolsi l'invito di persona. Ne ebbi una risposta positiva di massima che mi premurai di confermare con la sua segreteria. Per il dépliant del convegno trovammo anche un titolo assolutamente allettante: *Esame di Scienza politica a Matteo Renzi*. Una settimana o poco più prima del convegno il "Corriere" di Firenze, che si preparava a "coprire" il gustoso avvenimento, venne indirettamente a sapere che Renzi aveva deciso di non partecipare. Feci numerose telefonate al suo segretario personale, che qualche volta non mi rispondeva, qualche volta mi dava una risposta interlocutoria. Non mi disse mai esplicitamente che Renzi non sarebbe venuto. Dal diretto interessato neppure un cenno, che so, un minimo di «mi dispiace, non ce la faccio». La sera della giornata in cui avrebbe dovuto essere con noi, Renzi fece una rapidissima incursione a Palazzo Strozzi dove si teneva la cena sociale della Sisp con un ottimo catering. Avrebbe potuto fare un saluto, certamente gradito, ai soci colà riuniti. Niente.

Avvenimenti successivi fanno pensare che quella simulazione di esame di scienza politica Matteo Renzi non l'avrebbe superato, ma, forse, gli sarebbe servito per qualche suggerimento di lettura e di riflessione, per esempio sui partiti, non tanto come conquistarne la leadership, ma in che modo esercitarla. Renzi ha preferito affidarsi al suo estro. È stato l'unico segretario di partito dei regimi democratici a incoraggiare, meglio provocare nel 2017 una scissione (forse, espulsione) dei dissenzienti, coloro che stavano con Bersani, e poi, qualche anno dopo, nel 2019, freddamente, a portare a compimento la sua personale scissione dal Partito democratico, ovviamente portandosi dietro un gruppetto di parlamentari la cui candidatura in collegi sicuri aveva imposto grazie alla legge elettorale Rosato (uno di loro) nelle elezioni del 2018. Ma, forse, questa è una lezione di scienza politica.

La vicenda del referendum costituzionale fu molto importante anche per me personalmente. Ne sono uscito con la convinzione e la soddisfazione di essere riuscito a mettere a buon frutto le mie conoscenze di scienza politica e di politica comparata, ma anche con la preoccupazione che gran parte della classe politica italiana non possiede neppure le conoscenze di base relative alla Costituzione italiana. Troppi, in particolare, ovviamente, fra i professori di diritto, interpretano la Costituzione italiana come se fosse quasi esclusivamente un documento giuridico. È sbagliato e fuorviante. Le costituzioni democratiche, non soltanto le migliori, come la Costituzione Usa 1789, la Costituzione della Germania 1949, la Costituzione della Quinta repubblica francese 1958, sono sempre anche, forse soprattutto, documenti storico-politici. Si inquadrano in una fase della storia di un paese e sono meglio comprensibili e valutabili conoscendo quella fase; riflettono le esperienze personali, professionali, politiche dei costituenti; mirano a illuminare e guidare la storia futura di quel paese. Sono documenti spesso volutamente "politici" poiché intendono in special modo plasmare la politica di un paese, dei suoi cittadini, di coloro che avranno compiti di rappresentanza e di governo. La Costituzione italiana è effettivamente progressista e presbite perché, come desiderava Piero Calamandrei, guarda lontano. È una rivoluzione promessa.

Era imperativo evitare che la Costituzione italiana, che è stata il frutto dell'elaborazione e spesso della convergenza fra i migliori giuristi di quel tempo e di alcuni fra gli uomini politici più competenti e meglio preparati, fosse stravolta da riforme mediocri e pasticciate. Purtroppo, lo desidero ribadire, i perdenti non hanno imparato nulla. Da allora continuano imperterriti a lamentare l'esito del referendum, asserendo, senza nessuna possibile, plausibile prova, che con il sì sarebbero arrivati il latte e il miele, dimostrando l'inadeguatezza della loro cultura per lo più asfitticamente giuridica (anche se molti mai rifiutano la immeritata qualifica di politologi), continuando a non volere capire quali rischi avrebbe comportato una riforma della Costituzione secondo le proposizioni e le ambizioni di Matteo Renzi. Per molte buone ragioni, soprattutto per l'affondamento di quelle riforme, il mio 2016 è sicuramente stato "un anno bellissimo". La sonora sconfitta di quel referendum/plebiscito deve costituire un severo monito sia per i riformatori tanto roboanti e arroganti quanto inadeguati sia per i conservatori ideologici e retrogradi.

Nel settembre 2016 ho ricevuto anche un davvero inaspettato riconoscimento alla carriera assegnatomi con una bella targa dal Conference Group on Italian Politics and Society, associazione di studiosi per l'appunto della società e della politica in Italia.

Ne sono stato uno dei fondatori nel 1979. Ne fui poi eletto presidente nel 1980-1981. Provenendo da studiosi giovani il riconoscimento mi è giunto graditissimo. Gli ho attribuito il significato di una qualche rilevanza dei miei studi e dei numerosi scritti sul sistema politico italiano. Tutto (o quasi) quello che so e la cui comprensione può essere utile a evitare le superficialità e i fraintendimenti nei quali spessissimo cadono gli osservatori e i commentatori non soltanto stranieri l'ho fatto confluire nel volume *Italian Democracy. How It Works* (2020). Grandissima è stata la mia soddisfazione quando ho letto che, recensendolo nella rivista "The Political Quarterly", l'ex direttore del settimanale "The Economist" Bill Emmott lo ha definito un *admirable book*.

***

Finita l'avventura parlamentare andavo raramente a Roma, salvo per qualche conferenza e qualche apparizione televisiva. Talvolta, sfruttavo l'occasione per recarmi a trovare Sartori che in quei primi anni duemila aveva un'intensa presenza nei salotti di La7 e non solo. Improvvisamente, un pomeriggio mi chiese se ero interessato a diventare socio dell'Accademia dei Lincei. Confesso che conoscevo molto poco la natura e le attività dell'Accademia. Ero andato del tutto casualmente a due o tre conferenze, ma non ricordo più gli argomenti. Avevo notato molti uomini anziani, alcuni dei quali conoscevo per lontane esperienze torinesi, per esempio, Giovanni Conso e Pietro Rossi, ma non mi ero fatto nessuna domanda particolare. Neppure sapevo che da circa vent'anni, Sartori era socio, in verità non molto attivo e frequentante mi dissero poi altri. Comunque sia, preso atto della mia disponibilità, Sartori mi chiese il curriculum, raccomandandosi di non sottolineare la mia esperienza di parlamentare. Si premurò anche di farmi tenere basse le aspettative. La mia candidatura doveva prima essere approvata dalla categoria delle scienze sociali, dominata dagli economisti, poi essere sottoposta al voto di tutti i soci. Ancora adesso mi chiedo come mai neppure cercai di sapere chi erano i soci di quella categoria che avrebbero potuto bloccarmi fin dall'inizio. Con il senno di molto poi, in quel piccolo gruppo, dodici o poco più, c'era chi mi conosceva benissimo, per esempio il molto influente Alberto Quadrio Curzio, economista, che poi divenne presidente dell'Accademia, era stato il mio preside alla Facoltà di Scienze politiche di Bologna; l'importante demografo Massimo Livi Bacci era socio dell'associazione il Mulino. Non seguii da vicino gli avvenimenti, ma grande e molto piacevole fu la mia sorpresa quando una telefonata dall'Accademia verso la fine del luglio 2005 mi comunicò che ero stato cooptato. Anche Sartori ne fu notevolmente sorpreso: avevo ottenuto quasi l'ottanta per cento dei voti di approvazione della mia candidatura.

Dopo la cerimonia nella quale mi fu consegnato il distintivo, partecipai, presentando una relazione poi pubblicata negli Atti (*Bobbio e la scienza politica*) a una giornata in commemorazione di Norberto Bobbio (ottobre 2005) e notai che ero l'unico socio dei Lincei a essere stato suo allievo. Per alcuni anni, anche perché a Bologna continuavo a insegnare, fui abbastanza assenteista alle adunanze, così si chiamano, dei Lincei, una volta al mese per otto mesi l'anno. Poi, andato in pensione diventai assiduo e persino attivo (*sic*). Fra l'altro, giustamente, tenendo prima la commemorazione di Sartori, poi organizzando un piccolo convegno alla sua memoria (maggio 2019, le relazioni presentate in quell'occasione si trovano nei *Resoconti* lincei). Partecipando cominciai a conoscere gli altri soci, alcuni dei quali mi erano noti poiché ne avevo letto gli scritti, ma anche come persone, per esempio soci del Mulino e studiosi incontrati a convegni. Cominciai ad apprezzare la mole di attività che l'Accademia svolge, dalla organizzazione di mostre e convegni specialistici (è impressionante la concentrazione di uomini e donne, spesso autorità assolute nei loro rispettivi settori dall'archeologia alla linguistica, dalla filosofia all'economia, per fare pochi esempi, dall'astronomia alla fisica), alle conferenze con relatori soci stranieri. Notai anche una certa propensione di molti soci a sfruttare le adunanze per presentare libri propri, di colleghi e di giovani allievi, talvolta a offrire i primi risultati di ricerche in corso, talora, inevitabilmente, a commemorare la scomparsa di un socio linceo.

Anche solo l'idea che si debbano dare voti ai Lincei, quasi tutti uomini e donne con uno straordinario percorso intellettuale, mi fa sorridere. Tuttavia, credo di dovere sottolineare che nel corso dell'ultimo decennio, a partire dalla presidenza di Alberto Quadrio Curzio, l'Accademia è stata attivissima offrendo grandi occasioni di apprendimento e di divulgazione di conoscenze di alto livello. Ha organizzato conferenze di importanti personalità, come, ne cito soltanto due poiché assolutamente memorabili, Fabiola Gianotti, socia dei Lincei, direttrice del Centro europeo di ricerche nucleari (Cern) sul bosone di Higgs, e Liliana Segre, senatrice a vita, su Auschwitz e il genocidio degli ebrei. L'Accademia costituisce un bacino di conoscenze e di studiosi di altissimo livello che hanno contribuito e, detto senza retorica, continuano a contribuire alla vita culturale dell'Italia e non solo, come ha dimostrato l'attribuzione nell'ottobre 2021 del premio Nobel per la fisica a Giorgio Parisi, suo ex presidente. A mio parere, lo hanno fatto mirabilmente con una pluralità di interventi di altissimo livello in occasione del Covid-19.

Fra le altre attività più interessanti nelle quali sono stato coinvolto c'è quella del consiglio scientifico dell'Enciclopedia italiana. Fui cooptato nel 2001, immagino su indicazione dell'allora presidente Giuliano Amato, e sono già per due volte stato riconfermato. Sotto la presidenza di Franco Gallo il consiglio è diventato piuttosto pletorico, con alcuni componenti che non contribuiscono significativamente alla individuazione delle tematiche che meritano attenzione e che le eccellenti professionalità e competenze dell'Enciclopedia traducono rapidamente in pubblicazioni specifiche di alta qualità. Personalmente sono stato nel comitato scientifico, che, direttore Gennaro Sasso, condirettore Giorgio Inglese, ha coordinato la produzione di tre splendidi volumi dedicati a Niccolò Machiavelli e pubblicati in elegantissima veste nel 2014: un vero gioiello. In seguito, su mio suggerimento, per celebrare degnamente e appropriatamente il sessantesimo anniversario del *Trattato di Roma* (1957), l'Istituto della Enciclopedia italiana ha dato vita a tre volumi intitolati *Europa: un'utopia in costruzione* (titolo non di mio gradimento poiché ritengo che l'Europa non sia affatto un'utopia, bensì un ambiziosissimo, ma realizzabile, progetto politico) che ha avuto anche una traduzione parziale in inglese. Purtroppo, il Covid ha interrotto, non la produzione a opera del molto capace staff della Enciclopedia italiana, ma la serie di incontri del consiglio scientifico.

***

Quando, in quella che fino ad allora era una molto gradevole giornata, venerdì 21 febbraio 2020, appresi indirettamente da una telefonata la notizia dell'esistenza del "paziente uno" non avrei mai immaginato che la mia vita sarebbe cambiata, se non drammaticamente, quantomeno drasticamente. Quella che appariva come "soltanto" un'epidemia venuta da lontano era in effetti qualcosa di molto più pericoloso che si stava diffondendo in tutta Italia a partire dalla Lombardia. Mi preoccupai, anzitutto, di sapere se avrei potuto rispettare i molti impegni che avevo già accettato quasi fino alla fine dell'anno, a cominciare dal più prossimo. Riuscii a recarmi a Lugano dove il 5 marzo sera tenni una conferenza nella biblioteca comunale, già attrezzata con il distanziamento: "Diseguaglianze: precisazioni, problemi, proposte". Sia all'andata giovedì pomeriggio sia al ritorno la mattina del venerdì, la stazione di Milano e la sala Freccia Rossa mi apparvero desolatamente quasi deserte. Fu il mio ultimo viaggio in treno fino all'inizio di agosto.

Tutte le sere guardando alla televisione il bollettino dei contagiati e dei deceduti non riuscivo a trattenere le lacrime. Quando ascoltavo frasi come «andrà tutto bene»; «tutto tornerà come prima»; «gli italiani danno il meglio di sé nelle emergenze», diffuse forse soprattutto per infondersi reciprocamente coraggio, mi irritavo profondamente. Ricordo anche di avere reagito all'ultima asserzione scrivendo che, dunque, logicamente, gli italiani danno il peggio di sé nella normalità. Vedendo le immagini, che rimangono le più drammatiche, delle colonne di camion militari trasportare fuori da Bergamo le bare di vittime del Covid che nessun parente aveva potuto confortare e salutare, chiunque si rendeva facilmente conto che niente stava andando bene. No, non bisognava affatto tornare "come prima" perché molto di quel "prima" aveva preparato un brutto dopo. Non avremmo dovuto rimpiangerlo e meno che mai recuperarlo, ma impegnarci a superarlo e cambiarlo. No, anche se è vero che vedevamo molti italiani, tutto il personale sanitario in testa, dare il meglio di sé, troppi altri italiani, allora e dopo, non vollero rispettare le regole.

Il predicatore errante che è in me, il *Wanderredner*, come mi ha qualificato la mia cara amica sociologa tedesca Birgitta, che segue assiduamente le mie escursioni politico-culturali, fu appiedato e confinato. Soppressi tutti gli impegni pubblici nel liceo di Teramo e nella biblioteca di Terni, quelli ai quali tenevo di più poiché avrei parlato della Costituzione agli studenti. Spostata a data da destinarsi la lezione, cui tengo moltissimo, su Sartori prevista a Torino per fine marzo 2020. Cancellata la conferenza a Modena sul 25 aprile, il resto è un elenco troppo lungo che mi rattrista. Tuttavia, ci fu chi, come la mia ex allieva Elisabetta De Giorgi riuscì subito a organizzare una lezione con Zoom per i suoi studenti di Gorizia (e lo fece anche nel 2021). Funzionò sorprendentemente bene. In seguito sia con Skype sia con Zoom mi trovai a fare molti più interventi, anche due o tre nella stessa giornata, di quelli che mai sarei riuscito a fare se avessi dovuto essere presente di persona. Cancellata la conferenza internazionale sulla democrazia prevista all'Università di Rosario, Argentina, "La demócracia en tiempos de desconfianza e incertidumbre global. Acción y politización de las desigualdades en la escena pública", feci conferenze online per studenti di Bogotà, di Città del Messico, di Buenos Aires, di Asunción e di Singapore. L'estate aprì una finestra di opportunità che mi portò "live" al Molino Scodellino di Castel Bolognese. Poi riuscii a combinare due settimane di vacanze al mare in agosto con la presentazione del mio libro *Minima Politica. Sei lezioni di democrazia* (2020) ad Alba Adriatica. A settembre mi impegnai nella battaglia contro il "taglio dei parlamentari" tornando ad Alba Adriatica, andando a Roma, partecipando a diversi dibattiti in provincia di Bologna, girando con piacere in Toscana: Santa Croce sull'Arno e Castelnuovo Garfagnana. Quest'impennata di attivismo si concluse a Orta il 10 ottobre. Subito dopo il mio ritorno a Bologna, riprese il confinamento e saltarono tutti i rimanenti impegni di fine d'anno. Inoltre, nessuno si fidò più di organizzare qualsiasi incontro nei successivi quattro, cinque mesi tranne quelli che potessero svolgersi online.

Non avevo "paura", per quanto soggetto a rischio, per età e per precedente embolia polmonare, ma di certo ero notevolmente preoccupato. Per mesi la mia "proiezione esterna" si esercitò esclusivamente in due direzioni: l'edicola dei giornali (ne preferivo una non vicina a casa mia per potere muovere le gambe) e il supermercato. Non sono mai stato un grande consumatore di televisione, tranne i film la sera, quindi, mi trovai con qualche impegno pregresso di scrittura, con una enorme quantità di tempo a mia disposizione. Ho fatto molte buone letture di articoli e libri di scienza politica, di romanzi e di autobiografie. Portai faticosamente a compimento quella di Günter Grass, *Sbucciando la cipolla* (2007), regalatami in inglese da Birgitta, e ne lessi almeno altre tre tra le quali, molto opportunamente, anche quella di Bobbio, *Autobiografia* (da lui regalatami con dedica).

Era da una decina d'anni che mi ripromettevo di scrivere il seguito di un libro di Bobbio, *Profilo ideologico del Novecento italiano* (1986). Per incrementare le mie, dolorosamente inadeguate, conoscenze procedevo a letture ad ampio raggio sulla storia d'Italia (per esempio, quanto scritto da Giuseppe Galasso), sul fascismo (De Felice), su Croce e Gentile (Gennaro Sasso). Invidiavo la prosa di Galasso e soprattutto quella, magnifica, di Sasso. Ne traevo spunti e indicazioni. Facevo altre letture, meno soddisfacenti, dei contemporanei. Effettuai anche un paio di tentativi di scrittura. Una prima stesura di quaranta, cinquanta pagine mi lasciò del tutto insoddisfatto. Cestinata. Una seconda stesura mi parve molto al di sotto della sfida anche perché sentivo di saperne di più e di non avere risolto il cruciale problema di organizzazione del materiale che raccoglievo e selezionavo. Cestinata due. Scoraggiato ma ostinato feci altre letture, fra le quali, approfonditamente, due pregevoli libri di Piergiorgio Zunino: *L'ideologia del fascismo. Miti, credenze e valori nella stabilizzazione del regime* (2013) e *La Repubblica e il suo passato* (2003). Ripresi in mano il libro di Bobbio e sentii che potevo fare un terzo tentativo a cominciare dalla stesura di un indice, meno ambizioso, ma più preciso.

Avevo iniziato a raccogliere le idee, a scrivere appunti e a recuperare materiale per questa autobiografia già nel corso di fine giugno, inizio luglio 2020. Alternai alcune pagine dell'autobiografia con la stesura molto laboriosa, ma intensa, di *Libertà inutile. Profilo ideologico dell'Italia repubblicana*, impegnandomi a fondo e riuscii a consegnare il testo completo nel mese di settembre. Nella collezione dei libri che ho scritto *Libertà inutile* occupa un posto importante per molte buone ragioni. L'ho pensato molto a lungo. Volevo muovermi, pur consapevole delle mie inadeguatezze, lungo la strada tracciata da Bobbio con il suo *Profilo ideologico*. Era un modo per mettere alla prova la mia cultura in senso lato, ma anche per imparare. Infatti, sono stato costretto a fare molte letture al di fuori della scienza politica. Ne sono lieto, anche se alcune di quelle letture, variamente incensate nel dibattito pubblico italiano, mi sono parse settarie e superficiali, spesso gravemente provinciali, e ho sentito il dovere di criticarle. In particolare, ho trovato diseducativi tutti (quasi) gli articoli e i libri che argomentano la per me inesistente crisi della democrazia in quanto tale, come idea, come ideale, come valore, non sapendo tenerla distinta dai problemi, che, invece, sempre esistono, dagli inconvenienti operativi che sempre si affacciano, dalle difficoltà di funzionamento che sempre affliggono tutti i sistemi politici e non fanno eccezione per le democrazie reali.

Il mio libro è influenzato dalla mesta convinzione che l'Italia si trovi da almeno trent'anni in condizioni di declino: pessimismo dovuto al ciclo della mia vita oppure fondato su una valutazione sobria con prove convincenti? Bobbio fu spesso accusato di pessimismo. Certo, il filosofo torinese non era per niente incline a facili entusiasmi, ma per quel che riguardava l'Italia la sua posizione non era di pessimismo quanto, piuttosto, di amareggiata delusione per un insieme di opportunità mancate e di preoccupazioni future. "Libertà inutile" era il titolo che prese in considerazione per un capitolo conclusivo che non scrisse. Mi sia consentito di pensare che avrebbe gradito almeno in parte la mia trattazione del tema.

Le pagine di *Libertà inutile* sono anche una riflessione sulla mia vita, sulle mie vicissitudini, su quello che è stato, ma anche su quello che poteva (potrà ancora?) essere. Di tanto in tanto, in occasione di qualche presentazione, rileggo alcune pagine. Sono lieto di affermare che il filo del discorso mi pare appropriato e, spesso, sufficientemente tagliente. Però, vedo molti punti degni di qualche approfondimento, di qualche escursione esterna, di qualche puntualizzazione critica. Continuo a discutere idealmente con Bobbio, approfondendo il significato dei suoi insegnamenti e dei suoi scritti, per me (e per voi). La discussione prosegue anche con Sartori, che in *Libertà inutile* fa essenziale comparsa con la sua concezione della scienza politica, teorica, empirica, applicativa, intesa come sfida alle culture politiche italiane idealiste, astratte, mai messe a contatto con i fatti, con «le dure repliche della storia», come diceva spesso Bobbio (citando Hegel). Giungo alla considerazione, che non ritengo affatto sia da considerare conclusiva, che c'è ancora molto da imparare da Bobbio e Sartori; c'è ancora molto da studiare; c'è ancora molto da suggerire, indicare, precisare. Ogniqualvolta mi pare opportuno, procedo in quel senso. Non posso trattenermi dall'aggiungere che c'è moltissimo da fare per avere un dibattito pubblico decente, vale a dire un confronto pubblico sulle idee. Parlo, ovviamente, della mia esperienza personale. Sono sicuro, però, che una ricognizione sui dibattiti pubblici svoltisi nell'Italia repubblicana sarebbe assolutamente istruttiva. Mi limito a *Libertà inutile*, che è stata variamente discussa in televisione nel programma condotto da Giorgio Zanchini; presentata in un'intervista a "La Stampa"; recensita nel "Corriere della Sera" con critiche fuori luogo e fuori tema e stroncata in "Il Sole 24 Ore" da chi non ne ha colto la complessità, e non ha saputo confrontarvisi, soffermandosi su sette righe relative al fascismo e sfuggendo all'analisi dei sette capitoli sull'evoluzione dell'Italia repubblicana: un ennesimo, pessimo segnale della povertà intellettuale del dibattito pubblico, ma anche della bassa qualità del giornalismo italiano.

***

Ho sempre pensato che alla ricerca scientifica bisogna sapere accompagnare la divulgazione. In questo, mi considero, almeno in via di principio, degno allievo di Bobbio e di Sartori. Infatti, entrambi hanno avuto la grande capacità, forse ineguagliata fra i loro contemporanei (farei un'eccezione per Francesco Alberoni con alcuni suoi libri e negli anni settanta con i suoi brillanti articoli sul "Corriere della Sera"), di intervenire nel dibattito pubblico utilizzando al meglio le loro conoscenze di filosofia e di storia del pensiero politico e di scienza politica. Le raccolte degli editoriali di Bobbio e Sartori pubblicati rispettivamente su "La Stampa" e sul "Corriere della Sera" continuano a costituire a distanza di molti anni letture gradevolissime e istruttive. Se ne potrebbe fare uso per spiegare momenti della storia d'Italia (qui il riferimento a *Italia in trasformazione* di Alberoni, pubblicato nel 1976, è più che appropriato) e non solo, ma anche per analizzare l'evoluzione della società e della politica. Purtroppo, altro segno dei *Mala Tempora* (che è il titolo di un fortunatissimo volume che raccoglie numerosi editoriali di Sartori) in cui viviamo, fra gli editorialisti italiani contemporanei nessuno è minimamente all'altezza dei due diversamente grandi maestri.

Rispondendo, non a un bisogno di imitazione, ma alla mia insopprimibile doppia convinzione che è necessario, persino doveroso, tentare di insegnare e che è possibile che almeno alcuni settori dell'opinione pubblica abbiano interesse a imparare, ho variamente partecipato a numerose imprese di riviste che definirò in senso lato di cultura politica. Come ho già scritto, cominciai con "Biblioteca della Libertà", piccola, ma vivace rivista liberale di nome e di fatto che accolse molte mie riflessioni anche quando erano distanti dalle idee del direttore, Piero Ostellino, e dei finanziatori. A sprazzi, per qualche tempo, negli anni settanta, fui lieto di scrivere articoli per "Mondoperaio" diretto da Federico Coen. In seguito alla torsione craxiana del mensile socialista non mi chiesero più articoli, fino quando all'inizio degli anni duemila, fui gentilmente invitato a riprendere la collaborazione, seppure in maniera non frequentissima, dal nuovo direttore, Luigi Covatta (purtroppo improvvisamente scomparso nell'aprile 2021).

Per anni, dal 1992 al 2010, ho scritto lunghe recensioni-discussioni, ma anche articoli di intervento politico-culturale su "la Rivista dei Libri", molto abilmente diretta da Pietro Corsi. Era l'ambizioso tentativo di fare qualcosa di simile alla prestigiosissima "The New York Review of Books". Non godevamo del vantaggio inestimabile di un pubblico potenzialmente enorme come quello di lingua inglese, ma, certo, ci aspettavamo un numero di lettori più ampio di quello che ci seguì e, soprattutto, speravamo, crescente. Purtroppo, no. Ho raccolto i davvero molti articoli che vi scrissi (settantatré) in un volume: *Politica è* (2012). Pochissimo tempo dopo, i fratelli Roberto e Gian Primo Quagliano insistettero per colmare quella che ritenevano una lacuna culturale significativa. Mi offrirono la direzione di "451. Via della Letteratura, della Scienza e dell'Arte". Alquanto riluttante, persuaso che il necessario spazio per la circolazione di quel tipo di riviste si fosse addirittura ristretto e fosse molto inferiore alle ambizioni e alle aspettative dei Quagliano, accettai e mi misi al lavoro con grande impegno. Leggere libri, recensirli, discuterne, motivatamente "stroncarli" quando è necessario, cercando sempre di offrire chiavi di lettura con qualche fondamento storico, politologico, scientifico, mi è sempre piaciuto. Nata nel 2011 la rivista ebbe vita breve e relativamente grama. Per dirla con le parole giuste, non sfondammo mai. Fu inevitabile chiudere nell'ottobre 2017. La Fondazione Nova Spes di Roma possiede l'intera collezione di "451" da me donatale. Ho raccolto una selezione dei miei articoli e dopo opportune revisioni li ho ripubblicati nel libro *Deficit democratici. Cosa manca ai sistemi politici, alle istituzioni e ai leader* (2018).

Mentre stava giungendo a conclusione la mia esperienza di direttore di "451" entrai casualmente in contatto con la professoressa Laura Paoletti, segretaria generale della Fondazione Nova Spes e direttrice responsabile della rivista "Paradoxa". Avevo assai apprezzato un fascicolo fortemente e, a mio modo di vedere, giustamente critico dei *maîtres* e delle *maîtresses* (ahi ahi) *à-penser* della sinistra italiana, non noti/e per il loro senso dell'umorismo. Mi fu offerta l'opportunità di curare un fascicolo. Scelsi quale tema quello delle non poche incongruenze di alcuni di coloro che in Italia si dichiarano orgogliosamente (altezzosamente) liberali (numero 1 del 2012 dal titolo *Liberali, davvero!*) i quali, in verità, in troppe occasioni si rivela(va)no, a mio modo di vedere, piuttosto conservatori e sostanzialmente accomunati dall'ostilità a qualsiasi espressione e variante della sinistra. Una bella (cioè, molto critica), ampia (tutta una pagina della sezione cultura del "Corriere della Sera") recensione/discussione a opera di Piero Ostellino nella quale l'ex direttore del "Corriere" esprimeva il suo aspro dissenso, proprio come si deve in un dibattito pubblico, diede un'enorme visibilità a quel fascicolo, purtroppo non accompagnata da nessuna impennata delle vendite e degli abbonamenti. Dopo di allora, ho curato numerosi altri fascicoli sempre con l'obiettivo di intervenire in quel poco di dibattito culturale e politico che fa la sua comparsa in Italia: dalla corretta interpretazione da dare al fenomeno del non voto, ma anche alle motivazioni di chi vota, alla critica a tutti coloro che pensano che la scienza politica sia più tecnica che comprensione e persino filosofia delle istituzioni; dalla riflessione su *La scomparsa delle culture politiche in Italia* (numero 4 del 2015) con articoli sulla crisi del pensiero politico socialista (Giuliano Amato); cattolico-democratico (Agostino Giovagnoli); comunista (Achille Occhetto); di destra (Marcello Veneziani); azionista (Stefano Merlini); liberale (Giorgio Rebuffa); federalista europea (Pier Virgilio Dastoli) alla schematica, superficiale e, in definitiva, sbagliata contrapposizione fra una sfera politica deprecabile e sempre criticabile e una società civile buona e generosa.

Al contrario, pur senza nessuna necessità di rivalutare la politica italiana, che non se lo merita proprio, collaboratori e collaboratrici dei fascicoli da me curati hanno messo in evidenza le caratteristiche di egoismo, di corporativismo, di carenza di etica di molti settori della società italiana che, naturalmente, contribuiscono a spiegare perché la politica non è e non riesca a diventare migliore. Anche se non tutti noi ci meritiamo la politica italiana com'è, purtuttavia è vero che senza profondi cambiamenti nella cultura e nelle modalità di funzionamento delle associazioni italiane le probabilità che la politica italiana pervenga a più elevati livelli di funzionamento e di efficacia appaiono minime. Affidare in maniera indiscriminata e senza fondamento i possibili miglioramenti a giovani, cresciuti nel periodo di declino culturale dell'Italia, chiamandoli a costruire il futuro è una operazione malamente consolatoria. Molti di loro sanno di essere impreparati protagonisti in un mondo che li sfida e rende la loro vita più difficile di quella dei genitori. Questa consapevolezza può/potrà forse motivarli allo studio e all'azione.

Tuttavia, nulla di buono può trovarsi in un mondo nel quale tutto viene messo in discussione, ma non perché ci siano scoperte rivoluzionarie riguardo alle modalità con le quali gli uomini e le donne organizzano la loro vita nei sistemi politici. Piuttosto, perché anche grazie a Internet è diventata possibile una diffusa incessante attività di manipolazione dei concetti e di diffusione di notizie false e tendenziose. Naturalmente, i regimi autoritari e totalitari hanno sempre fatto ricorso a propaganda ingannevole e a distorsioni terminologiche. Il nazista Joseph Goebbels si è conquistato un posto di rilievo fra i comunicatori dotati di grandi capacità. Oggi, il suo blog di potente *influencer* sarebbe fra i più frequentati. Il grande scrittore politico inglese George Orwell pose al centro dei regimi totalitari proprio il loro deliberato tentativo di stravolgere il linguaggio comune dando vita al *newspeak*, a una neolingua. Solo colpevolmente acconsentendo che alle parole sia attribuito il significato che vogliono i leader politici è possibile finire per credere che esistano "democrazie illiberali", insidiosissimo e pericolosissimo ossimoro. È un compito civico, persino etico, quello di precisare il significato dei concetti che servono a descrivere e interpretare correttamente i fatti. Anche questa è una lezione che viene da Sartori.

Per più di una decina d'anni, all'incirca dal 2000 al 2012, ho goduto di un'altra inaspettata e grande opportunità di partecipare al dibattito pubblico e di diffondere le mie idee, le mie interpretazioni, le mie valutazioni: mi fu offerta da Aldo Forbice conduttore della molto ascoltata trasmissione radiofonica su Rai Radio 1 *Zapping* dalle 19.40 alle 21 tutte le sere dei giorni feriali. Certo, Forbice aveva le sue idee e le sue preferenze, ma, anche nel conflitto con ascoltatori intemperanti e, talvolta, esagerati, "specchio del paese reale", la trasmissione risultava vivace e godibile. Mi diede moltissima gradita "visibilità" testimoniata al meglio quando, entrato di corsa in un taxi alla stazione di Padova e pronunciate le sole parole: «Per favore, via del Santo 2» (sede della Facoltà di Scienze politiche), senza neppure guardare nello specchietto, il conducente rispose: «Certo, professor Pasquino». «Come ha fatto a riconoscermi?» «Dalla voce. Ascolto *Zapping* quasi tutte le sere.»

Nel giugno 2012 Forbice, debbo usare l'espressione più adeguata, venne fatto fuori di brutto. Come fossimo degli appestati, nessuno degli invitati abituali, tranne occasionalissime eccezioni, è stato interpellato dal nuovo conduttore Giancarlo Loquenzi. In verità, in occasione del referendum costituzionale del 2016, mentre mi trovavo a Chicago fui invitato a una specie di duello radiofonico con l'ex presidente del Senato Marcello Pera sulle riforme costituzionali di Renzi. Contraddissi entrambi, Pera e Loquenzi, favorevoli a riforme che la loro incerta (in) cultura costituzionale considerava molto positive, ma, naturalmente, ne pagai il prezzo: perdurante ostracismo. Da allora, non sono più stato invitato a *Zapping*.

Quanto alle presenze televisive, non è il caso che qui ne faccia un più o meno lungo elenco. Mi limiterò quindi a dire, da un lato, che tutte le volte che ho espresso posizioni contrarie e critiche non proprio velate alle preferenze/affermazioni del/la conduttore/trice, la sanzione è stata la caduta degli inviti, il silenziamento. Dall'altro, che il conduttore più bravo, perché capace di domande precise e di repliche costruite sulle risposte, mi pare senza dubbio Roberto Vicaretti, allora a Rai News

Studio 24. Come ho detto forse oramai fin troppe volte, oltre a divertirmi, ho sempre pensato alla partecipazione alle trasmissioni televisive come a una modalità importante per diffondere le mie idee, quindi, divulgazione, ma anche per intervenire in un dibattito politico sempre bisognoso di chiarimenti, di precisazioni, di indicazioni per approfondimenti. Difficile valutare freddamente i risultati. Non mi sono montato la testa. Però, senza nessuna prova concreta, continuo a ritenere che *gutta cavat lapidem*. Non sono affatto sicuro che il mezzo sia, come sosteneva Marshall McLuhan, il messaggio. Credo, invece, che il mezzo televisivo veicoli il messaggio più, non necessariamente, meglio, ma neanche automaticamente peggio, di qualsiasi altro strumento. Ci provo e, anche se mi dolgo della qualità di alcune trasmissioni, non mi annovero né fra gli ingrati né fra i pentiti.

Per fortuna, prima che scoppiasse la pandemia, con Sara ed Emanuele, entrambi turisti curiosi e brillantemente anglofoni, riuscimmo a fare due "escursioni" di grande interesse e importanza. La nostra prima e finora unica visita in Cina fu, fine ottobre 2018, a Shanghai per un convegno sulla crisi della/e democrazia/e. Il convegno fu concluso da un accalorato intervento del professore cinese cosponsor e detentore di un'alta carica nel Partito comunista cinese, che offriva la sua più che certa soluzione alla crisi delle democrazie occidentali: diminuire drasticamente il numero dei partiti (però, non giunse fino ad affermare *reductio ad unum*). Sono lietissimo di aggiungere che il mio paper, *The Ideal of Western Liberal Democracy and Real Democracies*, è stato pubblicato nella "Chinese Political Science Review". Nel maggio del 2019 andammo a Harvard, per i miei figli una apprezzata novità, per me un ritorno, al prestigioso Center for European Studies, ma ancora una volta mi fu chiaro che l'Italia non è fra i maggiori interessi degli studiosi Usa. Una carenza alla quale solo una decente politica culturale del governo italiano potrebbe porre rimedio.

La pandemia, scoppiata il 21 febbraio 2020, ha inciso sulla mia vita con modalità e conseguenze che non sono ancora in grado di valutare. Retrospettivamente sono convinto di avere fatto buon uso del tempo per studiare, scrivere e fare conferenze anche transatlantiche con tutte le tecnologie possibili da Skype a Zoom. Tuttavia, ho sinceramente sofferto la mancanza di contatti con coloro che venivano di persona alle mie conferenze, qualcosa che ho sempre gradito e apprezzato. Gradualmente, la pandemia è stata messa in buona misura sotto controllo anche grazie alle vaccinazioni diffuse e in numero crescente. Venne il tempo della riflessione su che cosa abbiamo imparato, su come costruire un futuro migliore, sul non tornare affatto al prima. Due problematiche emersero in maniera prepotente: da un lato, la necessità di cooperazione e coordinamento nazionale e internazionale, dall'altro, le diseguaglianze. Per quel che riguarda la prima, ho costantemente fatto riferimento all'incipit di una poesia dell'inglese John Donne (1572-1631) resa famosa poiché messa in epigrafe del libro *Per chi suona la campana* (1940) di Ernest Hemingway: *No man is an island.* Nessuno può isolarsi né, secondo Donne, dovrebbe farlo. Quanto alle diseguaglianze, alle quali quasi tutti dicono di essere sensibili, spesso riferendosi esclusivamente agli aspetti economici, è vero che alcuni ricchi sono diventati ancora più ricchi, mentre molti si sono impoveriti e molti, già poveri, sono diventati poverissimi. Nella pandemia ho pensato che il modo migliore di porre rimedio a questa situazione di diseguaglianze non può essere quello di dedicarsi prioritariamente e sistematicamente alla riduzione delle ricchezze dei ricchi, ma di tassarle secondo aliquote progressive non punitive, e, conseguita una soglia di sussistenza per tutti, orientare l'intervento del potere politico che ha acquisito maggiore e migliore legittimazione, a produrre e riprodurre eguaglianze di opportunità. Cattive sono le diseguaglianze che immobilizzano una società; buone sono le diseguaglianze che, da un lato, mettono in moto una società e, dall'altro, possono servire alla emulazione e alla competizione, addirittura giustificandosi come esito di impegno e talento. Mi è parso che, ma non ne ho visto riferimenti convincenti e una effettiva ripresa, la pandemia potesse e dovesse riaprire un discorso multidisciplinare sulla società giusta, forse, riconoscendo l'importanza delle tradizioni e delle condizioni di partenza, delle società giuste. Siamo appena all'inizio.

Provvisoriamente

Ripensando a quello che ho fatto nella mia vita e cercando di esporlo in maniera tale da chiarire anche a me stesso il senso di una pluralità di avvenimenti lontani, mi sono chiesto se dalla narrazione dovesse emergere un filo, ovviamente rosso (*sic*), in grado di guidare alla comprensione delle mie molte attività ed esperienze nel corso di una vita abbastanza lunga e, complessivamente, fortunata. In estrema, ma fedele, sintesi, ho insegnato scienza politica, ho scritto libri di scienza politica, ho praticato la politica e ho cercato di divulgarla. *I did it my way.* L'ho fatto a modo mio anche perché, in parte per scelta in parte per le circostanze in parte per incapacità, sono sempre stato un outsider. Non ho mai avuto cariche nelle associazioni, tranne il Mulino e la Società italiana di scienza politica. Non sono mai stato cooptato in consigli di amministrazione tantomeno delle banche e delle fondazioni. Non ho mai fatto parte di correnti, cordate, consorterie, né di piccoli né, tantomeno, di grandi gruppi di potere anche perché mi sono costantemente attenuto all'espressione latina *semper magis amica veritas*. Ho sempre cercato di trovare e dire quella che mi pareva essere la verità e di argomentarla. Intransigentemente. Incapace di opportunismo come, per esempio, quello di coloro che sono passati da "Quaderni Piacentini" a un sedicente liberalismo "inclusivo", ho agito con intransigenza. Ho subito e assorbito non poche sconfitte, ma contano le battaglie combattute e come, senza rancori e senza ripiegamenti in improduttivi rimpianti.

Inevitabilmente, chi stila un bilancio di quanto ha fatto, non fatto e fatto più o meno bene o male, è influenzato dal suo "senno di poi". Sicuramente, in non poche situazioni avrei dovuto e potuto agire diversamente. Forse sarei riuscito a evitare errori, talvolta gravi. Però, non è così che si dà un senso alle proprie vicissitudini. Le correzioni ex post servono unicamente se contribuiscono a migliorare i comportamenti e le scelte future, non so quanti/e, che seguiranno la pubblicazione della mia autobiografia. Ho pensato che il mio filo rosso debba essere collocato, come suggerisce il titolo che ho scelto, fra la scienza e la politica. La scienza è quello che ho imparato, che ho insegnato per decenni, che ho predicato in conferenze e libri, in lezioni e dibattiti pubblici, che ha effettivamente guidato molti miei comportamenti e dettato molte scelte, che continuo ad aggiornare e revisionare. La politica è stata il mio impegno come parlamentare, ma anche come commentatore e come "predicatore". Continua a esserlo. Senza cedimenti senza esitazioni senza ripensamenti.

Il filo rosso ha talvolta intrecciato e cucito scienza e politica, talvolta le ha fatte scontrare, anche in maniera feconda. Nella misura del possibile, ho cercato di preservare l'autonomia relativa di entrambe le sfere. Tuttavia, la loro dialettica mi è spesso apparsa feconda. Da Max Weber ho imparato che è giusto operare in base sia all'etica della convinzione sia all'etica della responsabilità, ma che è preferibile riuscire a combinarle perché «si completano a vicenda». Bobbio sosteneva che una delle conseguenze dell'invecchiare è la consapevolezza di non essere più in grado di formulare progetti. Replicavo che bisogna sfruttare il tempo e la possibilità di raccogliere e utilizzare al meglio le esperienze fatte, le lezioni imparate, le conoscenze acquisite. Riflettere su quello che non ha avuto buon esito, e per quali motivi, nella speranza di lasciare qualcosa in eredità, qualcosa su cui gli altri sapranno costruire, tanto meglio se lo faranno con riconoscenza.

Non so che cosa e quanto seguirà. Sono, però, lieto di avere consegnato a queste pagine quello che ho ritenuto utile e importante raccontare, quello che sono riuscito a ricordare. Chiudo, almeno temporaneamente. Sono seduto alla scrivania che ha accompagnato i miei spostamenti da più di cinquant'anni, sulla quale ho scritto prima con la Lettera 32 poi con tre o quattro computer inevitabilmente succedutisi nel corso del tempo, tutti i miei libri meno uno: quello che scrissi a Harvard. Dietro a me sta un elegantissimo distintissimo tucano giallo nero, l'ultimo regalo di mia mamma, Natale 1988. Per il suo profilo che ricorda quello di Norberto Bobbio, mio figlio Emanuele lo ha affettuosamente battezzato Norby. Controlla la situazione e, all'occorrenza, vola alto. Davanti a me, negli scaffali della mia biblioteca vedo alcuni dei libri non esclusivamente di scienza politica che nei decenni mi sono stati di grande giovamento. Dalla loro lettura ho tratto piacere intellettuale e una molteplicità di insegnamenti e ispirazioni. Alcuni meritano di essere effettivamente considerati libri della mia vita: Canetti, *Auto da fé* e Musil, *L'uomo senza qualità*. Ne vedo anche altri, non pochi, che non ho ancora avuto tempo di leggere. Continuo a ripromettermelo. Loro sono fiduciosi. Senza retorica, so che, alla fine, mi renderò conto che non basta una vita per "leggere" tutto quello che vorremmo.

Bologna, un giorno di fine estate 2021

Bibliografia dei testi citati

Adelaide Aglietta, *Diario di una giurata popolare al processo delle Brigate Rosse*, Lindau, Torino 2009 [1979].

Francesco Alberoni, *Italia in trasformazione*, il Mulino, Bologna 1976.

Graham T. Allison, *Essence of Decision: Explaining the Cuban Missile Crisis*, Little, Brown and Company, Boston 1971.

Gabriel A. Almond, G. Bingham Powell Jr., *Comparative Politics: A Developmental Approach*, Little, Brown and Company, Boston 1966.

Augusto Barbera, Andrea Morrone, *La Repubblica dei referendum*, il Mulino, Bologna 2003.

Lelio Basso, *Il Principe senza scettro. Democrazia e sovranità popolare nella Costituzione e nella realtà italiana*, Feltrinelli, Milano 1958.

Silvano Belligni (a cura di), *La giraffa e il liocorno. Il Pci dagli anni '70 al nuovo decennio*, Franco Angeli, Milano 1983.

Edmondo Berselli, *Venerati maestri. Operetta immorale sugli intelligenti d'Italia*, Mondadori, Milano 2006.

Ernesto Bettinelli, *Par condicio. Regole, opinioni, fatti*, Einaudi, Torino 1995.

Norberto Bobbio, *Profilo ideologico del Novecento italiano*, Einaudi, Torino 1986.

Id., *Autobiografia*, a cura di Alberto Papuzzi, Laterza, Roma-Bari 2004.

Id., Nicola Matteucci, Gianfranco Pasquino, *Dizionario di politica*, Utet, Milano 2016.

Donatella Campus, Gianfranco Pasquino, *Maestri della scienza politica*, il Mulino, Bologna 2004 [ed. ingl. *Masters of political science*, Ecpr Press, Colchester 2009].

Andrea Lorenzo Capussela, *State-Building in Kosovo. Democracy, Corruption and the Eu in the Balkans*, Tauris Academic Studies, London 2015.

Fernando Henrique Cardoso, Brian Winter, *The Accidental President of Brazil*, PublicAffairs, New York 2007.

Stefano Ceccanti, Oreste Massari, Gianfranco Pasquino, *Semipresidenzialismo. Analisi delle esperienze europee*, il Mulino, Bologna 1996.

Maurizio Cevenini, Federica Cevenini, *Bologna nel cuore. Il Cev raccontato a mia figlia*, Pendragon, Bologna 2011.

John Dinges, Saul Landau, *Assassination on Embassy Row*, McGraw-Hill, London 1980.

Antonio Floridia, *Un partito sbagliato. Democrazia e organizzazione nel Partito Democratico*, Castelvecchi, Roma 2019.

William J. Fulbright, *The Arrogance of Power*, Random House, New York 1966.

Antonio Giolitti, *Riforme e rivoluzione*, Einaudi, Torino 1957.

Günter Grass, *Beim Häuten der Zwiebel. Erinnerungen*, Steidl, Göttingen 2006 [ed. it. *Sbucciando la cipolla*, trad. di Claudio Groff, Einaudi, Torino 2007].

Paolo Guzzanti, *Cossiga, uomo solo*, Mondadori, Milano 1991.

David Halberstam, *The Best and the Brightest*, Random House, New York 1972.

David Hine, *Governing Italy: The Politics of Bargained Pluralism*, Clarendon Press, Oxford 1993.

George C. Homans, *Coming to My Senses: The Autobiography of a Sociologist*, Transaction Books, New Brunswick 1984.

Samuel P. Huntington, *Political Order in Changing Societies*, Yale University Press, New Haven 1968.

Id., Myron Weiner (a cura di), *Understanding Political Development*, Little, Brown and Company, Boston 1987.

Id., *Lo scontro delle civiltà e il nuovo ordine mondiale. Il futuro geopolitico del pianeta*, Garzanti, Milano 2000.

Id., *Ordine politico e scontro di civiltà*, a cura di Gianfranco Pasquino, il Mulino, Bologna 2013.

Italian National Elections Studies, *Perché ha vinto il centro-destra*, il Mulino, Bologna 2001.

Gary King, Kay Lehman Schlozman, Norman H. Nie (a cura di), *The future of political science: 100 perspectives*, Routledge, New York 2009.

Karl Marx, *Il 18 Brumaio di Luigi Bonaparte*, Editori Riuniti, Roma 1964.

Marco Meacci (a cura di), *Partito Democratico. Le parole chiave*, Editori Riuniti, Roma 2007.

Gianfranco Miglio, *Una Repubblica migliore per gli italiani (verso una nuova costituzione)*, Giuffrè, Milano 1983.

Hans Morgenthau, *Politics Among Nations*, Alfred A. Knopf, New York 1948.

Id., *In Defense of the National Interest*, Alfred A. Knopf, New York 1951.

George Orwell, *Homage to Catalonia*, Secker & Warburg, London 1938 [ed. it. *Omaggio alla Catalogna*, trad. di Giorgio Monicelli, Mondadori, Milano 1948].

Angelo Panebianco (a cura di), *Una certa idea di scienza politica. Saggi in onore di Gianfranco Pasquino*, il Mulino, Bologna 2016.

Gianfranco Pasquino, *Modernizzazione e sviluppo politico*, il Mulino, Bologna 1970.

Id., *Recenti tendenze di ricerca in scienza politica*, in "il Mulino", XIX(1970), n. 1, pp. 150-162.

Id., *Militari e potere in America latina*, il Mulino, Bologna 1974.

Id., *Crisi dei partiti e governabilità*, il Mulino, Bologna 1980.

Id., Donatella Della Porta (a cura di), *Terrorismo e violenza po-*

litica. Tre casi a confronto: Stati Uniti, Germania e Giappone, il Mulino, Bologna 1983.
Id., *La prova delle armi*, il Mulino, Bologna 1984.
Id., *Restituire lo scettro al principe. Proposte di riforma istituzionale*, Laterza, Roma-Bari 1985.
Id., *Teoria e prassi dell'"ingovernabilità" nella Commissione per le Riforme Istituzionali*, in "Stato e mercato", XV(1985), n. 3, pp. 365-396.
Id. (a cura di), *Manuale di scienza della politica*, il Mulino, Bologna 1986; nuova ed. *Nuovo corso di scienza politica*, il Mulino, Bologna 2009.
Id., *Una certa idea della sinistra*, Feltrinelli, Milano 1987.
Id., *Rappresentanza e democrazia*, Laterza, Roma-Bari 1988.
Id., *La giornata di un senatore*, in "il Mulino", XL(1991), n. 5, pp. 892-901.
Id., "Art. 49", in Alessandro Pizzorusso, Giuseppe Branca (a cura di), *Commentario della Costituzione. Rapporti politici*, Zanichelli, Bologna 1992.
Id., Stephen Hellman (a cura di), *Politica in Italia. I fatti dell'anno e le interpretazioni. Edizione 1992*, il Mulino, Bologna 1992.
Id., Stephen Hellman (a cura di), *Politica in Italia. I fatti dell'anno e le interpretazioni. Edizione 1993*, il Mulino, Bologna 1993.
Id. (a cura di), *Votare un solo candidato. Le conseguenze politiche della preferenza unica*, il Mulino, Bologna 1993.
Id., Carol Mershon (a cura di), *Politica in Italia. I fatti dell'anno e le interpretazioni. Edizione 1994*, il Mulino, Bologna 1994.
Id., Oreste Massari (a cura di), *Rappresentare e governare*, il Mulino, Bologna 1994.
Id., *Elogio dei ribaltoni*, in "il Mulino", LXVI(1997), n. 1, pp. 93-101.
Id., *La oposición en las demócracias contemporáneas*, Editorial Universitaria de Buenos Aires, Buenos Aires 1997.
Id., *La classe politica*, il Mulino, Bologna 1999.
Id., *La demócracia exigente*, Alianza Editorial, Madrid 2000.

Id., Mark Gilbert (a cura di), *Politica in Italia. I fatti dell'anno e le interpretazioni. Edizione 2000*, il Mulino, Bologna 2000.

Id., *La experiencia italiana: dos transiciones (1943-1948; 1989-2001)*, in "POSTData", n. 8, 2002.

Id., *Sistemas politicos comparados*, Prometeo libros, Buenos Aires 2004.

Id., *Los poderes de los jefes de gobierno*, Prometeo libros, Buenos Aires 2007.

Id., *Le istituzioni di Arlecchino*, ScriptaWeb, Napoli 2009.

Id., Marco Valbruzzi (a cura di), *Il potere dell'alternanza. Teorie e ricerche sui cambi di governo*, Bononia University Press, Bologna 2011.

Id., *Quasi sindaco. Politica e società a Bologna 2008-2010*, Diabasis, Parma 2011.

Id. (a cura di), *Liberali, davvero!*, in "Paradoxa", XXI(2012), n. 1.

Id., *La fisarmonica del Presidente*, in "La Rivista dei Libri", II(1992), n. 3 [ora in *Politica è...*, Casadeilibri, Padova 2012, pp. 15-22].

Id., *Politica è...*, Casadeilibri, Padova 2012.

Id., Marta Regalia, Marco Valbruzzi (a cura di), *Quarant'anni di scienza politica in Italia*, il Mulino, Bologna 2013.

Id., *Partiti, istituzioni, democrazie*, il Mulino, Bologna 2014.

Id., *Cittadini senza scettro. Le riforme sbagliate*, Università Bocconi Editore, Milano 2015.

Id. (a cura di), *La scomparsa delle culture politiche in Italia*, in "Paradoxa", XXXVI(2015), n. 4.

Id. (a cura di), *Classico fra i classici. "Parties and Party Systems" quarant'anni dopo. Analisi e interpretazione dei mutamenti nei sistemi partitici*, in "Quaderni di scienza politica", XXIII(2016), n. 3.

Id., *No positivo. Per la Costituzione. Per le buone riforme. Per migliorare la politica e la vita*, Edizioni Epoké, Novi Ligure 2016.

Id., Carlo Galli, Marco Valbruzzi, Maurizio Viroli, *Per voi che ragionate e non plebiscitate. C'è chi ci mette la faccia, noi ci mettiamo la testa*, in "Il Fatto Quotidiano", 14 maggio 2016.

Id., *Deficit democratici. Cosa manca ai sistemi politici, alle istituzioni e ai leader*, Università Bocconi Editore, Milano 2018.

Id., *The Ideal of Western Liberal Democracy and Real Democracies*, in "Chinese Political Science Review", IV(2019), n. 2, pp. 238-254.

Id., *Bobbio e Sartori. Capire e cambiare la politica*, Università Bocconi Editore, Milano 2019 [ed. spagn. *Bobbio y Sartori: Comprender y cambiar la política*, trad. di Miguel De Luca, Eudeba, Buenos Aires 2020].

Id., *Italian Democracy. How It Works*, Routledge, London 2020.

Id., *Minima Politica. Sei lezioni di democrazia*, Utet, Milano 2020.

Id., *Libertà inutile. Profilo ideologico dell'Italia repubblicana*, Utet, Milano 2021.

Patrizio Peci, *Io, l'infame*, Mondadori, Milano 1983.

Robert D. Putnam, *Bowling Alone: The Collapse and Revival of American Community*, Simon & Schuster, New York 2000 [ed. it. *Capitale sociale e individualismo. Crisi e rinascita della cultura civica in America*, trad. di Roberto Cartocci, il Mulino, Bologna 2004].

Guido Quazza, *Resistenza e storia d'Italia*, Feltrinelli, Milano 1976.

Sergio Rizzo, Gian Antonio Stella, *La casta. Così i politici italiani sono diventati intoccabili*, Rizzoli, Milano 2007.

Roberto Ruffilli, Piero Alberto Capotosti (a cura di), *Il cittadino come arbitro. La Dc e le riforme istituzionali*, il Mulino, Bologna 1988.

Dankwart A. Rustow, *A World of Nations: Problems of Political Modernization*, Brookings Institution, Washington DC 1967.

Id., *Transitions to Democracy: Toward a Dynamic Model*, in "Comparative Politics", II(1970), n. 3, pp. 337-363.

Id., Robert E. Ward (a cura di), *Political Modernization in Japan and Turkey*, Princeton University Press, Princeton 1964.

Giovanni Sartori, *Parties and party systems: A framework for analysis*, Cambridge University Press, Cambridge 1976.

Id., *Mala Tempora*, Laterza, Roma-Bari 2004.

Altiero Spinelli, *Rapporto sull'Europa*, Edizioni di Comunità, Ivrea 1965 [ed. ingl. *The Eurocrats: Conflict and Crisis in the European Community*, trad. di Charles Grove Haines, The Johns Hopkins University Press, Baltimore 1966].

Corrado Stajano, *Promemoria. Uno straniero in patria tra Campo de' Fiori e Palazzo Madama*, Garzanti, Milano 1997.

George Tsebelis, *Poteri di veto. Come funzionano le istituzioni politiche*, il Mulino, Bologna 2004.

Marco Valbruzzi, *Primarie. Partecipazione e leadership*, Bononia University Press, Bologna 2005.

Gabrio Vitali, Aldo Garzia (a cura di), *Eliseo Milani. Eleganza operaia e stile comunista. Biografia, scritti, testimonianze*, Lubrina Bramani, Bergamo 2017.

Max Weber, *Il lavoro intellettuale come professione*, Einaudi, Torino 1948.

Luigi Zingales, *Europa o no. Sogno da realizzare o incubo da cui uscire*, Rizzoli, Milano 2014.

Aristide R. Zolberg, *Creating Political Order: The Party-States of West Africa*, Rand McNally and Co., Chicago 1966.

Piergiorgio Zunino, *La Repubblica e il suo passato*, il Mulino, Bologna 2003.

Id., *L'ideologia del fascismo. Miti, credenze e valori nella stabilizzazione del regime*, il Mulino, Bologna 2013.

Indice dei nomi

Abbagnano, Nicola 17
Abbate, Annamaria 170
Adornato, Ferdinando 78
Afeltra, Gaetano 75-76
Aglietta, Adelaide 11
Agnelli (famiglia) 12
Agosti, Giorgio 11
Alberoni, Francesco 75, 241-242
Alberti, Giorgio 150-151, 153
Alessandri, Jorge 156
Alfieri, Cesare 46, 157
Alfonsín, Raúl 153
Alice (figlia del *dean* del college) 169
Allara, Mario 18
Allende Gossens, Laura 160
Allende, Salvador 154-157, 160, 164
Allison, Graham T. 20
Almond, Gabriel A. 34, 145
Alvarez, Chaco 153
Amato, Giuliano 57, 175, 227-229, 235, 244
Amendola, Giorgio 18
Andreatta, Beniamino 54, 88, 98, 146-147, 149
Andreotti, Giulio 75, 96, 103, 111, 119
Angius, Gavino 184
Annan, Kofi Atta 146
Anne 24
Anselmi, Giulio 83
Antonicelli, Franco 11
Apter, David 200
Arriagada, Genaro 162
Ariemma, Iginio 183
Aylwin, Patricio 162
Azzolini, Lauro 113

Bachelet, Michelle 154, 164
Balzanelli, Aldo 200-202
Barbagli, Marzio 75, 207
Barbano, Filippo 16
Barbera, Augusto 98, 227
Bardi, Luciano 51, 213
Barrera, Pietro 98
Barrientos del Monte, Fernando 150, 165
Bartolini, Stefano 51, 140, 213
Bascone, Francesco 32
Baslini, Antonio 210
Basso, Lelio 102, 218
Bell, Daniel 61
Belligni, Silvano 90
Bellocchio, Marco 57, 142
Benigni, Roberto 226
Benso, Camillo conte di Cavour 10
Berlinguer, Enrico 75, 89, 158
Berlin, Isaiah 103, 170
Berlusconi, Silvio 46, 131, 134-135, 182, 229
Berruti, Livio 11, 66

Bersani, Pierluigi 189, 196, 226, 231
Berselli, Edmondo 210-211
Bettinelli, Ernesto 93
Birgitta 160, 237-238
Bobbio, Norberto 11, 14, 16-19, 45-46, 48, 50-51, 53-56, 84, 90-92, 151, 163, 176, 206, 211, 234, 238-241, 252-253
Bocca, Giorgio 75
Bodrato, Guido 77
Bongiorno, Mike 17
Borgonzoni, Lucia 198
Bossi, Umberto 112
Botana, Natalio 168
Bozzi, Aldo 98
Bradley, Bill 29
Branca, Giuseppe 93
Bravo, Anna 16
Brecht, Bertolt 22
Brookings 174
Brosio, Manlio 66
Brosio, Sergio 65-66
Buffa, Pier Vittorio 84
Bull (cane) 10
Bull, Martin 170
Bundy, William 37-38
Bush, George W. 130, 174-175

Cacciari, Massimo 217
Caldarola, Peppino 78, 83
Calderoli, Roberto 110
Calise, Mauro 214
Cammelli, Marco 88, 93, 212
Campus, Donatella 11, 62, 213
Cancellieri, Annamaria 191, 195
Canetti, Elias 253
Cantarella, Michele 64
Caporale, Antonello 80
Capotosti, Piero Alberto 104
Cappellaio Matto 169
Capussela, Andrea Lorenzo 144
Cardetti, Giorgio 12
Cardoso, Fernando Henrique 168
Carloni, Carla 52, 60
Carmilla, Nanni 84
Carraro, Franco 111
Carroll, Lewis 169
Casini, Pier Ferdinando 203-204
Castellina, Luciana 96
Cattaneo, Carlo 51, 53, 71-73, 75, 181, 202, 205, 207-209
Cavalli, Luciano 157
Cavazza, Fabio Luca 76, 205
Cavazzuti, Filippo 87-88, 92, 96, 148
Cazzola, Alfredo 193
Cazzola, Franco 17, 19
Cazzullo, Aldo 143
Ceccanti, Stefano 108, 139
Celentano, Adriano 49
Center for European Studies 64, 66, 68, 70, 200, 247
Cevenini, Federica 196
Cevenini, Maurizio 195-196
Charlton, Bobby 172
Cheli, Enzo 75
Chiaromonte, Gerardo 78, 87
Chicchi, Giuseppe 130
Chruščëv, Nikita 18
Ciampi, Carlo Azeglio 175, 229
Ciarrapico, Giuseppe 103
Citati, Pietro 211
Clinton, Bill 129
Coen, Federico 242
Cofferati, Sergio 189-190
Coggiola, Domenico 12
Colombo, Furio 32, 79
Colonna, Paolo 66
Conso, Giovanni 233
Contessi, Pier Luigi 205, 208
Corsi, Pietro 242
Cosmo, Umberto 11
Cossiga, Francesco 96, 228
Cotta, Maurizio 140
Cotta, Sergio 210

Covatta, Luigi 242
Craxi, Bettino 75-76, 80, 89, 94, 97-98, 108, 111-112, 210, 228
Croce, Benedetto 239

Dahl, Robert 199
Dahrendorf, Ralph 103
D'Alema, Massimo 78, 109, 112, 173, 175, 183
D'Alessandro, Martín 137, 166
D'Alimonte, Roberto 110, 226
Dastoli, Pier Virgilio 244
Deaglio, Mario 76
De Amicis, Edmondo 9
de Bortoli, Ferruccio 83-84
de Bosis, Lauro 63, 68
Debray, Régis 156
De Felice, Renzo 239
de Gaulle, Charles 78, 177
De Giorgi, Elisabetta 214, 237
Degli Esposti, Gian Luigi 205
De Gregorio, Concita 79
Delbono, Flavio 189, 193-195, 198
Della Porta, Donatella 72
Della Terza, Dante 63
Del Noce, Augusto 210
De Maria, Andrea 194, 198
De Martino, Francesco 131-132
De Mita, Ciriaco 98, 107, 111-112
Di Lellio, Anna 90
Di Marino, Angelo 84
Dinges, John 33
Dini, Lamberto 135
Donini, Raffaele 196
Donne, John 248
Donzelli, Carmine 192
Dossetti, Giuseppe 224
Draghi, Mario 65-66
Draper, Ruth 63, 68
Dulles, Allen 39
Dulles, John Foster 39

Eco, Umberto 17, 26
Egidio, Giovanni 202
Einaudi, Giulio 211
Elda 49
Eleanor 40-41, 43, 216
El Greco 149
Elia, Leopoldo 15, 93
Elias, Norbert 207
Emiliani, Vittorio 76
Emmott, Bill 233
Engels, Friedrich 172
Evangelisti, Giovanni 52, 54, 60, 115, 140

Fanfani, Amintore 98
Faravelli, Giuseppe 156
Fassino, Piero 175, 185
Feltrinelli, Carlo 192
Feltri, Stefano 84
Feltri, Vittorio 77
Ferrario, Mario 66
Filetti, Cristoforo 160
Fini, Gianfranco 112, 131
Fiori, Peppino 79
Firpo, Luigi 14, 20
Fisichella, Domenico 62, 95, 103, 110, 131
Fitzgerald, Francis Scott 23
Flaiano, Ennio 218
Floridia, Antonio 187
Foa, Renzo 78
Foa, Vittorio 11
Forbice, Aldo 84, 246
Forcella, Enzo 75
Forgnone, Magda 68
Formica, Salvatore 109
Forte, Francesco 16
Fortuna, Loris 210
Foti, Tommaso 137
Franceschini, Alberto 113
Franceschini, Dario 186, 204
Franco, Ernesto 204
Frattini, Franco 134

Freedberg, David 198
Fukuyama, Francis 167, 174
Fulbright, William J. 34-35

Gabetto, Guglielmo 14
Gabetto, Luigi 14
Galante Garrone, Alessandro 22
Galante Garrone, Maria Teresa 22
Galasso, Giuseppe 239
Galbraith, John Kenneth 64
Galli, Carlo 217
Galli, Giorgio 156, 208
Gallinari, Prospero 113
Gallo, Franco 235
Gallo, Marcello 14-15
Garofalo, Carmine 131
Garretón, Manuel Antonio 164
Garton Ash, Timothy 173
Gava, Antonio 112
Gentile, Giovanni 239
Ghino di Tacco 80
Gian Arturo 41
Giannella, Salvatore 77
Gianotti, Fabiola 235
Giglioli, Pier Paolo 207
Gilbert, Mark 208
Ginzburg, Leone 11
Giolitti, Antonio 12, 19
Giovagnoli, Agostino 244
Giugni, Gino 98, 112
Goebbels, Joseph 245
Gonzalez, Felipe 168
Gossens (famiglia) 160
Gozzini, Mario 96
Gramsci, Antonio 183
Grandis, Roberto 9
Grass, Günter 238
Gregg, Rosemary Mallory 31-32
Gregg, Timothy 31
Grevi, Vittorio 72
Grosso, Giuseppe 18
Gualtieri, Libero 74, 111
Guareschi, Giovanni 95
Guarnieri, Carlo 51, 213
Guazzaloca, Giorgio 71, 201
Guelfi, Carlo 178
Guerzoni, Luciano 87-88
Guevara, Ernesto (Che) 155
Guzzanti, Paolo 228

Halberstam, David 36
Harris, Kamala 33
Harvard 63-66, 68-70, 95, 130, 146, 199-200, 208, 247, 253
Hegel, Georg Wilhelm Friedrich 241
Hellman, Stephen (Steve) 32, 208
Hemingway, Ernest 248
Herter, Christian 33
Hine, David 169-170
Ho Chi Minh 36
Hobbes, Thomas 134
Hoffmann, Stanley 63-64
Homans, George C. 69, 95
Hopkins, Johns 21, 23, 26, 41, 139, 147, 214, 230
House, Adams 64
Humpty Dumpty 169
Huntington, Samuel P. 61, 67, 69

Iacuzzi (famiglia) 217
Iannuzzi, Andrea 84
Imbeni, Renzo 71, 148, 202
Inglese, Giorgio 235
Ingrao, Chiara 173
Ingrao, Pietro 90-91, 173
Iotti, Nilde 92, 117

Jakobson, Roman 64
Johnson, Lyndon B. 35-37, 40
Jordan, Micheal 146
Joyce, James 23

Karen 66
Kennedy, John Fitzgerald 20, 27, 36, 40

Kennedy, Robert F. 35
Kuczyinski, Pedro Paulo 168
Kuznets, Símon 64

La Forgia, Antonio 136, 181
La Malfa, Giorgio 112
Landau, Saul 33
Lane, Robert E. 200
Lange, Peter 70
LaPalombara, Joseph 64, 199
Laterza, Giuseppe 101
La Valle, Raniero 96
Lenin, Vladimir 114
Le Pen, Marine 110
Letelier, Orlando 33
Letta, Enrico 180, 221, 225
Levi, Ricardo Franco 83
Lijphart, Arend 61
Lincoln, Abraham 175
Lindblom, Charles 199
Linz, Juan J. 61, 64, 167, 200
Livi Bacci, Massimo 234
Loach, Ken 171
Lombardi, Riccardo 12
Lombardini, Siro 16
Luotto, Clementina 13
Lystad, Robert 34

Macaluso, Emanuele 76, 78
Machiavelli, Niccolò 153, 216, 236
Macri, Mauricio 168
Macron, Emmanuel 230
Magris, Claudio 210-211
Mainwaring, Scott 166
Mair, Peter 47
Malagodi, Giovanni 46, 112
Malone, Karl 146
mamma (madre dell'autore) 9-11, 13, 15-16, 22, 27, 41, 45-46, 49-51, 74, 91, 149, 253
Mancini, Federico 26, 29, 205, 210
Maraini, Dacia 63
Maria Sanguinetti, Julio 168
Marletti, Carlo 16, 72
Martelli, Claudio 111
Martignetti, Giuliano 51
Martina, Maurizio 217
Martinazzoli, Mino 109
Marx, Karl 14, 20
Marziali, Oscar 49
Massari, Oreste 139, 213
Mattarella, Sergio 100, 129-130, 135, 229
Matteucci, Nicola 46, 50-51, 53-56, 205, 208
Mattioli, Giovanni 179
Mayhew, David 199
McLaughlin, John 37
McLuhan, Marshall 247
Meacci, Marco 183
Melandri, Leonardo 104
Merighi, Claudio 194
Merlini, Gianni 50
Merlini, Stefano 244
Merlo, Francesco 81
Merola, Virginio 196, 198
Meroni, Gigi 10
Mershon, Carol 208
Mieli, Paolo 143
Miglio, Gianfranco 132
Mila, Massimo 11
Milani, Eliseo 98
Miller, Arthur 23
Mitterrand, François 89, 186
Mittone, Alberto 12
Modigliani, Franco 65
Monti, Augusto 11
Monti, Mario 179
Montroni, Romano 191
Moretti, Nanni 155-156, 159
Morgenthau, Hans J. 37-38
Morlino, Leonardo 140
Moro, Aldo 15, 75, 89, 106, 113
Morrone, Andrea 227
Mortati, Costantino 15

Moynihan, Daniel Patrick 147
Musil, Robert 253
Mussolini, Benito 63

Nadia 131, 152
Nanni, Armando 201
Napoleoni, Claudio 96-97
Napolitano, Giorgio 81, 90, 129, 175-176, 178-179, 219, 221, 225, 229
Natta, Alessandro 98-100
Negarville, Celeste 12
Newell, James L. 137
Nigra, Costantino 10
Nitze, Paul H. 33
Nohlen, Dieter 165
Norby (tucano) 253
Nussbaum, Martha 216

Occhetto, Achille 80-81, 244
Ojetti, Paolo 84
Oppenheim, Felix 64
Oppo, Anna 207
Orwell, George 23, 171, 245
Ossicini, Adriano 96
Ostellino, Piero 77, 242, 244
Ottone, Piero 75

Padellaro, Antonio 79, 84
Pajetta, Giancarlo 11
Panebianco, Angelo 56-57, 88, 140, 143, 213
Pannella, Marco 98
Pannunzio, Mario 19
Pansa, Giampaolo 81, 211
Paoletti, Laura 243
Paoli, Gino 49
Pareto, Vilfredo 19
Parisi, Arturo 75, 88, 102, 110, 180-181, 207-209, 217
Parisi, Giorgio 235
Parsons, Talcott 64
Pasolini, Pier Paolo 75
Pasquino, Emanuele 10, 50, 70, 87, 153, 213, 217, 247, 253
Pasquino, Sara 70, 87, 216, 247
Pasquino, Sergio 19, 49
Passerin d'Entrèves, Alessandro 16, 20, 91
Passerin d'Entrèves, Ettore 15-16
Passigli, Stefano 83
Pavese, Cesare 11
Peci, Patrizio 79
Pedrazzi, Luigi 8, 208, 210
Pellizzi, Camillo 59, 207
Peppino di Capri 49
Pera, Marcello 246
Pertini, Sandro 97, 229
Pestelli, Leo 11
Piero della Francesca 27
Pinelli, Giuseppe 153
Pinochet Ugarte, Augusto 33, 42, 157, 159, 161-162
Piro, Franco 88
Polastri, Roberto 94
Pomata, Gianna 51
Pombeni, Paolo 189
Portillo, Michael 173
Powell, G. Bingham Jr. 34
Predieri, Alberto 103
Preti, Luigi 98
Prévert, Jacques 43
Prodi, Romano 63, 110, 180-182, 186, 189, 194-195, 198, 204
Putnam, Robert D. 69-70, 208

Quadrio Curzio, Alberto 234-235
Quagliano, Gian Primo 243
Quagliano, Roberto 243
Quazza, Guido 15-16
Quercini, Giulio 81

Rae, Douglas 200
Ramadan, Tariq 173
Ramat, Marco 73
Rapaport, David 145

Rapezzi, Claudio 153
Rebuffa, Giorgio 244
Regalia, Marta 176, 213
Renzi, Matteo 110, 180, 215-218, 220- 221, 223-226, 230-232, 246
Reverberi, Jones 114
Riminucci, Sandro 29
Rinaldi, Claudio 77
Riva, Massimo 80
Rizzo, Sergio 114
Rodotà, Stefano 72, 80-81, 97-100
Rodriguez, Jesus 153
Rognoni, Virginio 98
Rokkan, Stein 61
Romanini, Olivio 192
Rosato, Ettore 110, 231
Rossanda, Rossana 156
Rossi, Pietro 233
Rotelli, Ettore 88
Roversi Monaco, Fabio Alberto 62, 213
Ruffilli, Roberto 88, 98, 104, 106, 111
Russett, Bruce 199
Rustow, Dankwart 48

Sabattini, Sergio 130
Salvati, Michele 217
Salvemini, Gaetano 19, 63, 65
Salvi, Cesare 101, 129, 136
Sani, Giacomo 206
Santucci, Antonio 205
Sartori, Giovanni 45-47, 50-51, 53, 57-62, 84, 103, 135, 142, 151, 155, 157-158, 168-169, 176-177, 206, 233-234, 237, 240-242, 245
Sasso, Gennaro 235, 239
Scalfari, Eugenio 13, 77, 79, 81, 90, 100, 211
Scansani, Alessandro 192
Schmitt, Carl 132
Schmitter, Philippe 137
Schönberg, Arnold 146
Schumacher, signora 32
Scognamiglio Pasini, Carlo 131-132
Scoppola, Pietro 98, 109, 183, 208, 210
Secci, Torquato 73
Sechi, Lamberto 76
Segni, Mariotto 98, 109, 112, 229
Segre, Liliana 235
Serafini, Annamaria 175
Shakespeare, William 23
Sherrod III, Drury (Drew) 27
Simili, Bruno 205
Simon (cane) 11
Sinigaglia, Roberto 103
Skinner, Burrhus Frederic 64
Spadolini, Giovanni 83, 103, 117, 131-132, 157, 159, 162
Spinelli, Altiero 24, 54
Stajano, Corrado 101
Stampa, Roberto 22
Steinbeck, John 23
Stella, Gian Antonio 114
Stille, Ugo 82
Storani, Federico Manuel 153
Sylos-Labini, Paolo 63, 147

Tillman, Seth 34
Tocqueville, Alexis de 50
Tomic, Radomiro 156
Tranfaglia, Angelo 194
Travaglio, Marco 84
Tsebelis, George 144-145
Turci, Lanfranco 71-72, 90-91, 202

Ulianich, Boris 96
Unamuno, Miguel de 149
Urbani, Giuliano 46, 50
Uribe, Àlvaro 166

Vaccari, Lanfranco 77
Valbruzzi, Marco 176, 187, 213, 217
Valenzuela, Arturo 159
Vassalli, Giuliano 73

Veltroni, Walter 78, 98, 110, 180-181, 186
Veneziani, Marcello 244
Ventura, Sofia 213
Verba, Sidney 67-68
Verderami, Francesco 141
Vespa, Bruno 78, 210
Vicaretti, Roberto 85, 246
Vidal, María Eugenia 168
Videla, Jorge Rafael 42
Violante, Luciano 72, 217
Viroli, Maurizio 217
Visco, Ignazio 179

Wallerstein, Immanuel 200
Ward, Robert E. 48
Warren, Earl 36
Weber, Max 19, 154, 252
Williams, Tennessee 23
Wolfowitz, Paul 129
Wright, Frank Lloyd 216

Zamagni, Stefano 195
Zampa, Sandra 198
Zanchini, Giorgio 241
Zangheri, Renato 92-93, 98
Zani, Mauro 112, 184
Zariski, Raphael 65
zia Amelia 49
zia Clementina 49
zia Clotilde 49
zia Franca 41
Zingales, Lugi 216
zio Antonio 52
Zolberg, Aristide R. 34
Zuccarini, Oliviero 19

Questo volume è stato realizzato nel rispetto dell'ambiente,
utilizzando carte che impiegano cellulosa proveniente
da foreste gestite in modo ecosostenibile.

Finito di stampare nel mese di febbraio 2022
da PUNTOWEB S.r.l. – Ariccia (Roma)